FABLES

DE

P. LACHAMBEAUDIE

COURONNÉES DEUX FOIS
PAR L'ACADÉMIE FRANÇAISE

PRÉCÉDÉES

D'UNE LETTRE DE P.-J. DE BÉRANGER

ÉDITION ILLUSTRÉE

D'APRÈS LES DESSINS DE D'AUBIGNY, GÉRARD SEGUIN, CABASSON, ADRIEN GUIGNET, C. NANTEUIL,
CH. MARVILLE, G. STAAL, TRAVIÈS, VALANTIN, HADAMARD.

ET ORNÉE DU PORTRAIT DE L'AUTEUR GRAVÉ PAR PANIER

PARIS

J. BRY AÎNÉ, LIBRAIRE-ÉDITEUR

27, rue Guénégaud, 27

FABLES

DE

P. LACHAMBEAUDIE

PARIS. — TYPOGRAPHIE DE GAITTET ET Cⁱᵉ
RUE GIT-LE-CŒUR, 7

FABLES

DE

P. LACHAMBEAUDIE

COURONNÉES DEUX FOIS PAR L'ACADÉMIE FRANÇAISE

PRÉCÉDÉES D'UNE

LETTRE DE BÉRANGER

ILLUSTRÉES D'APRÈS LES DESSINS DE

DAUBIGNY, GÉRARD-SÉGUIN, CABASSON, ADRIEN GUIGNET, C. MARVILLE, C. NANTEUIL
STAAL, TRAVIÈS, VALENTIN, HADAMARD, ETC., ETC.

PARIS

J. BRY, LIBRAIRE-ÉDITEUR

27, RUE GUÉNÉGAUD, 27

1855

FABLES
DE
P. LACHAMBEAUDIE

COURONNÉES DEUX FOIS PAR L'ACADÉMIE FRANÇAISE

PRÉCÉDÉES D'UNE

LETTRE DE BÉRANGER

ILLUSTRÉES PAR LES CRAYONS DE

EDOUARD FRÈRE, GRENIER, CHARPENTIER, ANDRIEU, GUILBERT, CH. MAUVILLE, CH. BAZELAIRE,
STAAL, TRAVIÈS, CLERGET, BARANGER, ETC., ETC.

PARIS

J. BRY, LIBRAIRE-ÉDITEUR
27, RUE GUÉNÉGAUD, 27

1855

LETTRE DE BÉRANGER.

« Vos deux fables[1] sont charmantes, Monsieur, et je suis fier que l'une d'elles me soit dédiée, si aventurée que soit la comparaison que vous voulez bien faire du rossignol au vieux chansonnier. Je ne me suis jamais cru qu'un pauvre oiseau, et je ne sais trop encore de quelle espèce. Au moins suis-je de ceux qui aiment à saluer les belles voix et les doux chants. Voilà pourquoi j'ai cherché des échos pour les engager à répéter le bien que je pensais de vos fables, et je suis heureux qu'un d'eux vous ait redit mes paroles.

« Je ne me rappelle plus trop, Monsieur, les conseils de vieillard que je vous ai donnés; mais ils devaient être excellents, s'ils ont contribué à vous faire faire le *Moucheron et la Mouche*. Je crois plutôt que vous avez écouté votre instinct de poëte, et que vous faites à mon expérience plus d'honneur qu'elle ne mérite. Votre recueil a une telle supériorité sur la plupart de ceux que je connais, votre style porte si bien l'empreinte de l'étude de nos grands maîtres, que des conseils comme les miens ne vous sont pas nécessaires, et que je m'étonne que ce recueil ne soit pas aussi connu qu'il devrait l'être.

« Je vous remercie de la jolie composition gravée[2], que vous m'envoyez. Vous avez des amis qui vous comprennent; c'est un grand encouragement : c'est celui qui m'a aidé à traverser des années bien pénibles. Pour eux comme pour vous, je vous souhaite autant de bonheur que vous avez de talent.

« Recevez, Monsieur, l'assurance de mon affectueuse considération.

« BÉRANGER. »

Passy, 28 septembre 1842.

1. La première et la deuxième du V⁰ livre.
2. *La Fleur et le Nuage*, dessin d'Adrien Guignet, gravure d'Ernest Monnin.

LETTRE DE RÉPONSE.

« Vos doux éloges, mon cher oncle, Monsieur, et je sais lire, que l'on m'a « très-peil désiré, et « assurent que soit à compensation que vous voulez bien faire du ressentiment chez mon oncle. Je « ne me suis jamais vu qu'un pouce absent, et je ne suis trop crainte de parler espère. Je veux « suis-je de ceux qui attendent à saluer les belles voix et les chers chants. Voilà comment j'ai « tout le « des règles pour les voyages à répéter à voir que je pays-ais de vos fables, et je suis bien résolu « d'user ni réel nos regrets.

« Je ne suis appelée plus trop, Monsieur, les remèdes de l'oubliée que je conçoi d'avance, mais je « déclare très excellent. Elle est aussi fixé à vous faire cette brillante bonté à la Bourse. Je vais « plaider que vous avez trouvé votre hauteur de parti, et que vous êtes, vous repointez plus d'hon-« neur qu'elle ne mérite. Votre arrivée a une telle supériorité sur la préparé de tous, que je conseille « votre style peut-si l'a la l'acceptation le l'école de nos grands poètes, que ils se souviennent connaître les « miens ne vous sont pas injurieuses, et que je m'efforce que ce travail ne soit pas à ce comme par « devoir l'écrit.

« Je vous remercie en la pleine complaisant garant, que vous m'assurez. Vous avez des amis « qui vous compromis, c'est un grand encouragement ; c'est celui qui m'a aidé à traverser des « auprès bien perdues. Pour eux comme pour vous, je vous souhaite autant de bonheur que vous « avez de talent.

« Recevez, Monsieur, l'assurance de mon distingué considération.

« BARANTE. »

Paris, 28 novembre 1829.

1. La première de la Septième de Pollux.
2. La Muse et le Poète, Charles-Quint romains, Attristée et Ernest Numéro.

LE POËTE.

A mon ami Pierre Lachambeaudie.

Poëte, c'est la vérité
Que ta fable pour nous décèle ;
Ton vers est la pure étincelle
Qui brille en notre obscurité.

Où donc menez-vous le poëte,
Soldats qui servez les méchants ?
Vous l'avez pris dans la tempête :
Inspiré par de nouveaux chants,
Il marche en consolant ses frères,
Le captif au front radieux.
A-t-il des paroles amères ?
Non ! mais, riant de vos faux dieux,
Il marche en consolant ses frères.

Poëte, c'est la vérité
Que ta fable pour nous décèle ;
Ton vers est la pure étincelle
Qui brille en notre obscurité.

Dans vos casemates de pierre
Où pèse le froid des tombeaux,
Sur un doux rhythme une prière
Fait vibrer les sombres arceaux.
L'apôtre porte une couronne ;
Nul bourreau ne peut la flétrir :
C'est le peuple ou Dieu qui la donne,
La verte palme du martyr :
L'apôtre porte une couronne.

Poëte, c'est la vérité
Que ta fable pour nous décèle ;
Ton vers est la pure étincelle
Qui brille en notre obscurité.

Voyez en mer ce haut navire ;
Ses flancs cachent bien des douleurs ;
Mais, à bord, les sons d'une lyre
Raniment la foi dans les cœurs.
Les femmes pleurent au rivage,
Et, par de fraternels élans,
Mêlent, dans les bruits de l'orage,
Leur voix aux cris des *Goëlands*[1] :
Les femmes pleurent au rivage.

Poëte, c'est la vérité
Que ta fable pour nous décèle ;
Ton vers est la pure étincelle
Qui brille en notre obscurité.

Si de la patrie on t'exile,
Tu vas, ô pieux pèlerin,
Prêcher le nouvel Évangile :
La muse a fleuri ton chemin.
Va remplir un devoir austère :
Ralliant les cœurs désunis,
Fais rayonner l'amour, mon frère,
Sur la famille des bannis :
Va remplir un devoir austère.

Poëte, c'est la vérité
Que ta fable pour nous décèle ;
Ton vers est la pure étincelle
Qui brille en notre obscurité.

Antoine-Marc Monnin.

Paris. — Mai, 1852.

1. *Voir* à la table des poésies diverses.

LIVRE PREMIER

I.

LA GOUTTE D'EAU.

Un orage grondait à l'horizon lointain,
Lorsqu'une Goutte d'eau, s'échappant de la nue,
Tombé au sein de la mer et pleure son destin.
« Me voilà dans les flots, inutile, inconnue,
Ainsi qu'un grain de sable au milieu des déserts.
Quand sur l'aile du vent je roulais dans les airs,
Un plus bel avenir s'offrait à ma pensée :
J'espérais sur la terre avoir pour oreiller
L'aile du papillon ou la fleur nuancée,
Ou sur le gazon vert et m'asseoir et briller... »
Elle parlait encore : une huître, à son passage,
S'entr'ouvre, la reçoit, se referme soudain.
Celle qui supportait la vie avec dédain

Durcit, se cristallise au fond du coquillage,
Devient perle bientôt, et la main du plongeur
La délivre de l'onde et de sa prison noire,
Et depuis on l'a vue, éclatante de gloire,
Sur la couronne d'or d'un puissant empereur.

O toi, vierge sans nom, fille du prolétaire,
Qui retrempes ton âme au creuset du malheur,
Un travail incessant fut ton lot sur la terre ;
Prends courage ! ici-bas chacun aura son tour :
Dans les flots de ce monde, où tu vis solitaire,
Comme la Goutte d'eau tu seras perle un jour...

II.

L'HIRONDELLE ET LE CHIEN.

Octobre commençait; l'automne sur son aile
Ramenait les frimas précurseurs de l'hiver,
Et l'on voyait déjà s'enfuir une hirondelle,
Quittant le toit propice à sa famille ouvert.
Un chien, de la maison active sentinelle,
 Lui dit : « Tu pars, tu quittes ces lambris
  Où tu trouvas de chauds abris,
Où chacun admirait ta naissante couvée,
Où par votre présence on se croyait béni,
Où comme un saint trésor on conservait ton nid!... »
L'Hirondelle répond : « L'époque est arrivée
 Où sur ces toits hospitaliers
Fondent les ouragans que l'aquilon déchaîne,
Où viennent des hivers les corbeaux familiers.
Mes compagnes et moi, nous allons par milliers
 Cherchant pour la saison prochaine
 Un vent plus frais, un ciel plus bleu.
Au retour du printemps nous reviendrons peut-être :
  Adieu!
— Pour moi, que l'ouragan gronde aux toits de mon maître,
Ou que de beaux soleils lui donnent de beaux jours,
Soumis à son destin, je lui serai fidèle... »

Courtisans, faux amis, parasites, toujours,
Quand le ciel devient noir, imitent l'Hirondelle.

III.

LA VIGNE ET L'ORMEAU.

« Laissez-moi m'attacher à votre tronc robuste,
Disait un jour la Vigne à l'Ormeau son voisin.
Sans vous, adieu ma tige, adieu mon doux raisin!
 Je ne suis qu'un fragile arbuste
Que les bœufs fouleront sous leurs sabots pesants,
Et que viendra brouter quelque animal vorace.
Ormeau, pour que je vive, accueillez-moi, de grâce,
 Et vous me verrez, tous les ans,
De mes pampres fleuris vous faire une couronne;
 Et puis, le vent de chaque automne
Faisant sur vos rameaux flotter mon fruit vermeil,
 Vous serez l'Ormeau sans pareil... »
L'arbre plein de bonté reçut la jeune plante,
Qui longtemps vit éclore une moisson brillante,
Et grandit, vigoureuse, autour de son appui.
Quand de nombreux hivers eurent fondu sur lui,
 Les aquilons, riant de sa faiblesse,
Contre son front ridé vinrent en menaçant;
 Mais l'arbuste reconnaissant
Fut pour l'Ormeau débile un bâton de vieillesse.

IV.

LA POULE ET LES CAILLOUX.

C'était vers le printemps : Cocotte, la poulette,
Du matin jusqu'au soir caquetait, caquetait,
    Et tous les jours pondait.
Vainement sur ses œufs se fiait la pauvrette ;
Isabeau, la fermière, au marché les portait.
Aussi Cocotte allait, criait, se lamentait :
Femmes qui me lisez, vous comprendrez sa peine.
    Pour lui jouer un malin tour,
    Un enfant sur le sable, un jour,
De cailloux blancs et ronds ramasse une douzaine,
    Et les pose furtivement
    Dans le nid de la désolée.
    Il réussit parfaitement.

Voyant ces œufs menteurs, la Poule, consolée,
Couve, couve, et s'écrie, en son ravissement :
    « L'amour n'est pas une chimère!
    Enfin, enfin je serai mère,
Mère de beaux enfants qui feront mon bonheur!... »
Trop tôt s'évanouit cette flatteuse erreur,
Trop tôt l'espoir fit place à la douleur amère.

De ce récit ne riez pas, lecteur :
Notre pauvre planète en pareils faits abonde.
Souvent bien des penseurs, aussi sages que vous,
Ont cru dans leur cerveau faire germer un monde,
    Et n'ont couvé que des cailloux...

V.

LA LOCOMOTIVE ET LE CHEVAL.

Un Cheval vit, un jour, sur un chemin de fer,
Une Locomotive, à la gueule enflammée,
Aux mobiles ressorts, aux longs flots de fumée.
« En vain, s'écria-t-il, ô fille de l'enfer,
En vain tu voudrais nuire à notre renommée.
Une palme immortelle est promise à nos fronts ;
Et toi, sous le hangar honteuse et délaissée,
Tu pleureras ta gloire en naissant éclipsée.
De vitesse avec moi veux-tu lutter? — Luttons!
Dit la machine : enfin ta vanité me lasse. »

Elle roule, elle roule, et dévore l'espace ;
Il galope, il galope, et d'un sabot léger
Il soulève le sable et vole dans la plaine.
Mais il se berce, hélas! d'un espoir mensonger :
Inondé de sueur, épuisé, hors d'haleine,
Bientôt l'imprudent tombe et termine ses jours ;
Et que fait sa rivale?... elle roule toujours.

La routine au progrès veut disputer l'empire ;
Le progrès toujours marche, et la routine expire.

VI.

LA FOLLE.

Sur la réalité malheureux qui s'appuie !
Ah ! plutôt embrassons quelque fraîche utopie,
Ayons notre marotte, agitons nos grelots.
Pour le cœur des amants, pour l'âme des poëtes
La vie est un miroir aux brillantes facettes...
Il ne faut pas souffler sur leurs prismes si beaux,
Ni jeter de nuage entre leurs silhouettes...

Elle était vieille et folle, et les petits enfants
Tout le long du chemin la suivaient, triomphants.
Elle, fière au milieu de ce bruyant cortège,
Disait : « Mes bons amis, c'est moi qui vous protége;
Les plus grands empereurs redoutent mon pouvoir ;
J'ai des palais d'azur, je suis reine du monde... »
Les passants curieux s'arrêtaient pour la voir.
Elle traînait en pompe une livrée immonde,
Une robe fangeuse et de noirs oripeaux;
Des plumes ondoyaient sur son chapeau de paille,
Sa droite balançait un sceptre de roseaux.
Longtemps elle dansa dans la foule qui raille,
Et les passants émus glissèrent dans sa main
Quelques pièces de cuivre et des miettes de pain.

Pauvre femme ! parmi tant de riants mensonges,
Parmi tant de puissance et de félicité
Dont l'optique en ton cœur déroule les doux songes,
Seule, ton indigence est une vérité.
O vous ! sages du siècle, ô vous, fils d'Épidaure,
Qui traitez son erreur de folles visions,
Ah ! laissez-lui son rêve et ses illusions,
Car, rêver au bonheur, c'est du bonheur encore !...

VII.

L'ANE ET SON MAITRE.

Généreux, bienfaisant, un Maître prétendait
Devoir du bât honteux affranchir son Baudet.
On dit que l'animal lui parla de la sorte :
« Depuis que je suis né, chaque jour je le porte;
Mon père et mes aïeux le portèrent aussi,
Et, certes, ces gens-là me valaient, Dieu merci!

Je refuse vos dons; j'aurais mauvaise grâce,
Moi, Baudet misérable, à renier ma race... »

Combien voit-on de gens, sottement entêtés,
Qui, nés avec le bât, veulent mourir bâtés!

VIII.

LE ROI ET LE PEUPLE.

Un Peuple gémissait, accablé de détresse.
Le prince ayant appris ces revers affligeants,
Résout de visiter ses sujets indigents,
   Pour mettre un terme au mal qui les oppresse,
   Et pour doter sa patrie aux abois
De plus riches travaux et de plus sages lois.
   Quoiqu'il voulût, en homme sage,
Surprendre incognito le malheur sur les lieux,
   Ses courtisans officieux,
Aux champs, dans les cités, annoncent son passage,
   Et les plus pauvres aussitôt,
A l'envi simulant une gaîté parfaite,
Pour la première fois mettent la poule au pot,

Remplacent leur pain noir par des gâteaux de fête,
Sous leurs plus frais haillons cachent leur nudité.
Le prince croit réelle une fausse richesse;
Il prend pour du bonheur cette feinte allégresse,
Si bien qu'en son palais il retourne, enchanté
   D'avoir, au lieu de la tristesse,
Vu partout tant de joie et de félicité.

Voilà comme les rois savent la vérité :
Courtisans de malheur, engeance diabolique,
Quand un roi, par hasard, veut faire son devoir,
Ne couvrez pas de fleurs l'infortune publique,
   Afin qu'il ne puisse la voir!

IX.

LE VOYAGEUR.

Un homme, gravissant des montagnes arides,
  Ne voyait depuis trois longs jours
Que des rocs escarpés, les ailes des vautours,
Des abîmes profonds et des torrents rapides.
Sentant ses pieds meurtris aux ronces du chemin,
Et voulant terminer de pénibles voyages,
  Il maudit le sort inhumain
Qui l'abandonne ainsi sur des rochers sauvages,
Et demande à la mort un plus beau lendemain.
Il allait s'élancer au fond des précipices,
Quand un pâtre l'arrête, et, lui tendant la main,
  Lui dit : « Vivez sous de meilleurs auspices;
Frère, de votre cœur chassez le désespoir,
    Courage! suivez-moi; ce soir,
De ces monts sourcilleux nous gagnerons le faîte.
Sous un manteau de fleurs, sous des habits de fête,
La terre y voit régner un printemps éternel.
Là vous partagerez, sous un toit fraternel,
Le lait de nos brebis et l'eau de nos fontaines;
Vous verrez sous vos pieds les terrestres domaines,
Et sur vous passeront les étoiles du ciel. »

Peuple, dont le pied saigne aux buissons de la route,
    Ainsi tu marches, et, sans doute,
Dans les sentiers mauvais tu saigneras encor.
Garde que ton courage aux cailloux ne se brise :
Bientôt tu parviendras à la terre promise
Où doit briller pour tous un nouvel âge d'or.

X.

LE FIGUIER STÉRILE.

Un jour, sur la montagne annonçant l'Évangile,
  Jésus fut surpris par la faim.
S'écartant de la foule, il aperçut enfin
  Un Figuier... un Figuier stérile.
« Apprends, dit le Seigneur, apprends, Figuier maudit,
Que tout arbre stérile est indigne de vivre,
Et qu'aux feux éternels il faut que je te livre... »
En tremblant aussitôt le Figuier répondit :
« Révoquez, ô Seigneur, la fatale sentence!
Sur l'aride rocher je reçus l'existence;
Je courbai mille fois mes rameaux agités
Sous le vent des hivers, sous le feu des étés;
  Jamais une onde fécondante
N'infiltra sous mes pieds une sève abondante;
  Jamais la main du vigneron

Ne détruisit la ronce attachée à mon front :
Or, n'ayant rien reçu, que pouvais-je vous rendre? »
  Il dit : alors, sans plus attendre,
Jésus, de sa justice apaisant la rigueur,
L'arrache et le transporte au pied de la montagne,
Où, prospérant bientôt sur un sol producteur,
Il donna par milliers des fruits au voyageur.

Combien de parias que la honte accompagne,
Sur le roc du malheur rameaux abandonnés,
A végéter sans fruits semblent prédestinés!
Loin de les condamner au vent de l'anathème,
De la manne des arts qui pleut sur vos élus,
Riches, versez sur eux l'ineffable baptême :
Cultivez-les, vos soins ne seront pas perdus.

XI.

LES ENFANTS ET LE PAPILLON.

Aux mains des échansons rendons nos coupes d'or :
Dans l'ivresse toujours notre raison s'endort!
Jeunesse, qui poursuis une beauté frivole,
En froissant sa couronne, auréole de fleurs,
  Arc-en-ciel aux mille couleurs,
Tu sens sous les plaisirs ton bonheur qui s'envole!...

Un jour, le Papillon, ce fils de l'Orient,
Sur ses ailes de moire étalait, en fuyant,

  Une vivante mosaïque,
Hiéroglyphes d'or, alphabet fantastique
  Que Dieu seul épèle à son gré;
Et puis on le voyait, le Papillon volage,
Effeuillant chaque rose éclose à son passage,
Caressant chaque fleur qu'il trouvait dans un pré.
Des Enfants, accourus vers l'insecte qui brille,
Le saisissent enfin, de sueur tout trempés;
Et puis son aile tombe; et les enfants trompés
Ne pressent sous leurs doigts qu'une informe chenille!..

XII.

LA CLOCHE ET LE BOURDON.

A M. AUG. CHAHO DE NAVARRE.

Aux tours de Notre-Dame une Cloche sonnant,
    Tintant, carillonnant,
Aux offices communs appelait les fidèles;
Mais elle se taisait aux fêtes solennelles.
Près de là, le Bourdon, grave, majestueux,
    Dès longtemps gardait le silence.
La babillarde, un jour, d'un ton plein d'insolence,

Lui dit : « Lourd fainéant, tu t'endors en ces lieux,
Tandis que de mes chants retentissent les cieux! »
Ébranlant les échos des poudreuses murailles,
« C'est vrai, dit le Bourdon, je sonne rarement :
Mais j'annonce toujours d'augustes funérailles;
Toujours ma voix se mêle à l'airain des batailles;
Et toujours je salue un grand événement... »

XIII.

LE SERPENT ET L'OASIS.

Le calife Al-Raschid et Giafar le visir
Allaient par le pays déguisés en derviches.
Répandre des bienfaits était leur seul plaisir :
Ce devrait être aussi le seul plaisir des riches.
Les royaux pèlerins virent près d'un palais
Un homme à coups de pied chassé par des valets.
Al-Raschid dit au maître : « Est-ce ainsi que l'on traite
Celui qui vient au nom de l'hospitalité?
Tu dois au voyageur sous tes murs arrêté
Le froment pour sa faim, le chevet pour sa tête.
As-tu vu par ses mains ton palais dévasté? »
Le riche répondit : « Non pas, en vérité;
Mais c'est un étranger maudit par le Prophète,
Un de ces vils chrétiens ennemis du Coran... »
Le calife poursuit : « Le pauvre est notre frère !
Écoute un apologue et sois plus tolérant :

Un jour à l'Oasis le Serpent en colère
Disait : « Aveuglément tu prodigues tes eaux,
L'ombre de tes bosquets, le chant de tes oiseaux,
Et tes rayons de miel et tes fruits si suaves :
L'impie et le croyant, les rois et les esclaves;
Les méchants et les bons, tous indistinctement
Viennent dans tes trésors puiser abondamment...
— C'est vrai, dit l'Oasis; j'offre à tous un refuge
Contre la faim, la soif et l'ardeur du soleil ;
C'est vrai, car à mes dons tous ont un droit pareil.
Je suis leur bienfaiteur : Allah seul est leur juge ! »
Or, le riche écouta la fable en souriant,
Et puis, en son palais menant le mendiant,
Il lui fit par ses soins oublier son outrage,
Et les deux pèlerins reprirent leur voyage.

XIV.

LES DEUX MOINEAUX.

Vers la fin du printemps, saison des pâquerettes,
   Saison riche pour les poètes,
   Mais bien pauvre pour les oiseaux,
   Aux champs habitaient deux Moineaux.
   Bientôt, n'ayant plus de quoi vivre,
  Au désespoir le plus jeune se livre.
   L'autre lui dit : « Je vais au loin
   Pourvoir à ce pressant besoin :
   Sans doute le ciel aura soin
   De veiller à notre existence.
Que des grains ou des fruits tombent en ma puissance,
   Je les cueille et viens sans retard
   T'apporter la meilleure part :
   En attendant, prends patience.
   Adieu ! » Disant ces mots, il part.

Longtemps il vole en vain ; rien ne s'offre à sa vue.
Sur le soir, cependant, il trouve un cerisier ;
Or, les fruits étant mûrs, il mange à plein gosier ;
Il mange, le glouton, jusqu'à la nuit venue,
Et, trop vite oubliant que son frère avait faim,
   Il s'endort jusqu'au lendemain.
Au lever du soleil, vers le nid il se hâte,
Portant des fruits au bec, des fruits à chaque patte.
Il vole, vole, arrive ; hélas ! il n'est plus temps,
Car son frère était mort depuis quelques instants.

   Tel, issu des rangs populaires,
   Au pain des grandeurs s'engraissa,
Qui laisse dans l'oubli le nid qui le berça,
Et dans leur infortune abandonne ses frères.

XV.

LE BAQUET D'EAU.

Pour frapper sur l'enclume et tirer le soufflet,
   Un forgeron à son service
Avait pris un garçon fort gros, mais fort novice.
Il faut que je le prouve ; écoutez, s'il vous plaît :
   Un beau jour notre Nicodème,
   Voyant son maître asperger le foyer,
Et, par enchantement, les charbons flamboyer,
   Aussitôt se dit en lui-même :
« Si quelques gouttes d'eau forment un si grand feu,
Versons-y le Baquet, et nous verrons beau jeu... »
De son invention s'émerveillait le sire.
   Bientôt le maître se retire,
   Et l'autre, sans perdre un moment,

Vous inonde la forge, et, comme on peut le croire,
   Éteint le feu fort proprement.
« Eh bien ! me dira-t-on, que nous prouve l'histoire
De ton gros imbécile et de son Baquet d'eau ? »
   Patience, je vous en prie ;
Écoutez jusqu'au bout ; c'est une allégorie.
L'amour et l'amitié sont armés d'un flambeau.
Une froideur légère, un caprice de l'âme,
   Souvent fournissent à la flamme
Une étincelle ardente, un élément nouveau ;
Mais qu'un affront mortel soudain vienne l'atteindre,
   On la voit pâlir et s'éteindre.

XVI.

LES DINDONS.

C'était fête à Paris : vers les Champs-Élysées,
  Des Dindons s'ébattant,
  S'égosillant, sautant,
  Du peuple excitaient les risées.
« Ce groupe, dit quelqu'un, doit être bien content :
Par des cris et des bonds comme sa joie éclate!
— Les malheureux, réplique un autre spectateur,
Ont un fer rouge sous la patte. »

Brûlés au fer chaud du malheur,
Femmes, poëtes, prolétaires,
N'avons-nous pas souvent, bouffons involontaires,
Le sourire à la bouche et des larmes au cœur?

XVII.

LA FORÊT ET LA LUMIÈRE.

Dans une Forêt sombre, aux sentiers tortueux,
Un voyageur marchait, triste et silencieux.
La nuit, comme un manteau répandant les ténèbres,
Promène dans les airs ses fantômes funèbres.
Il entend le hibou hurler sur les ormeaux,
Et l'aquilon mugir à travers les rameaux;
Il réveille, en passant, des reptiles sans nombre,
Et sur les rocs aigus se déchire dans l'ombre.
Dans ce noir labyrinthe il attend le trépas,
Lorsqu'au loin dans les bois scintille une Lumière;
Feu follet décevant, ou lampe hospitalière,
N'importe! vers ce phare il dirige ses pas.
Le nocturne flambeau ranimant son courage,
Il oublie à l'instant les tourments du voyage;
Il marche, marche, arrive à l'objet de ses vœux;
Mais un fossé béant les engloutit tous deux.

Le voyageur, c'est l'homme exilé sur la terre;
La Forêt, c'est la vie; et le lointain flambeau,
C'est, pour le malheureux pleurant et solitaire,
L'espoir qui devant lui brille jusqu'au tombeau,

XVIII.

HOMÈRE.

Un soir, quand du soleil le flambeau se reflète
　Sur les cités et les hameaux,
Homère sommeillait, et sa lyre muette
　Pendait aux branches des ormeaux.
Tout à coup un son vague arrive à son oreille.
　Ce murmure inconnu l'éveille :
Il voit un papillon sur le luth arrêté,
Dont l'aile, en frémissant, cherche la liberté.
« Il a perdu, dit-il, la poussière divine
　Qui soutenait son vol aux cieux;

Mais il mourra sur la corde argentine,
　Parmi des sons délicieux...
Voilà l'image de ma vie ;
　En chantant j'ai brisé l'essor
Qui mène vers les biens une foule ravie,
　Et l'indigence fut mon sort.
Eh bien ! j'expirerai dans le plus beau délire,
En célébrant les dieux, la gloire, la beauté,
Et peut-être la brise, en passant sur ma lyre,
Portera mes concerts à l'immortalité... »

XIX.

LES CHAMPIGNONS.

« Qui veut des Champignons? s'écriait une femme ;
J'ai des rouges, des bruns, des jaunes et des blancs ;
Prenez, vous en ferez des ragoûts excellents !...
—Gardez vos Champignons! dit quelqu'un; sur mon âme,
Souvent les plus exquis sont des empoisonneurs. »

Un ministère tombe, un roi descend du trône ;
Pour siéger au conseil, pour ceindre la couronne,
S'offrent des prétendants de toutes les couleurs,
　Moi, je les crains comme la peste,
Car le meilleur de tous est un mets indigeste.

XX.

LES DEUX ORMEAUX.

Sous un Ormeau grand et robuste
Était un jeune Ormeau, frêle et chétif arbuste.
L'arbre géant lui dit : « J'ai su te protéger
Contre l'assaut des vents et d'orages sans nombre;
　Sous mes rameaux et sous mon ombre
　Tu crois à l'abri du danger.
Je dois, par tant de soins et tant de bienfaisance,
Avoir acquis des droits à ta reconnaissance...
　— Ah! de votre feinte bonté
　Osez-vous tirer vanité?
　Dit en pleurant l'Ormeau débile;

Vous fûtes un tuteur dévorant son pupille,
　Et vous avez de mes rameaux naissants
Écarté du soleil les rayons caressants.
　Vous avez absorbé ma sève;
Vous m'avez étouffé sous vos traîtres abris,
　Et chaque jour je dépéris,
Tandis que vers les cieux votre tige s'élève :
Je crains plus vos bienfaits que les vents destructeurs. »

Méfions-nous, amis, de certains protecteurs.

XXI.

LE MAQUIGNON, L'ANE ET LE BOEUF.

Un jour, par certain Maquignon
Un Baudet fort chétif est conduit à la foire.
　Notre roussin, s'il faut en croire
Le portrait séduisant fait par son compagnon,
Est un Ane accompli : « Voyez, il est mignon!
　Il est robuste, il fait merveilles!
Comme ses pieds sont beaux! comme son poil est fin!...
　— On sait m'apprécier enfin!
Dit l'Ane, en redressant ses deux longues oreilles :
　Mon maître est juste, honneur à lui! »
Un Bœuf, tout près de là, se lassant de l'entendre :
« De louanges, dit-il, s'il t'accable aujourd'hui,

　　C'est que ton maître veut te vendre. »

Sot auteur d'un sot livre, enfin tu viens à bout
De te faire éditer, et voilà que partout,
　Par l'annonce et par la réclame,
　Comme un génie on te proclame;
De la littérature on te dit le soleil.
　Tu prends ce bruit déclamatoire
　Pour la trompette de la gloire,
Et tu vois dans ton œuvre un trésor sans pareil...
Eh bien! ton éditeur, s'il faut qu'on te le dise,
Pour s'en débarrasser, vante sa marchandise.

XXII.

LE DOGUE.

Un gros Dogue passait : un lourdaud le rencontre ;
    Aussitôt il lui montre
Une pierre, et lui dit : « Apporte ! ou de ma main
    Tu seras sanglé d'importance. »
Le Chien ne s'émeut pas de cette impertinence ;
Il fait la sourde oreille et poursuit son chemin.

Mais un petit enfant lui fait signe ; il s'arrête.
L'enfant cueille une rose, et, joyeux, la lui jette.
    Le Dogue avec rapidité
        S'élance,
Et sans peine il accorde à l'amabilité
Ce qu'il refuse à l'insolence.

LIVRE DEUXIÈME

I.

L'AVARE ET LA SOURCE.

Au pied d'une colline, une limpide Source,
Bientôt ruisseau paisible, arrosait dans sa course
Les champs riches d'épis, les prés riches de fleurs.
D'un paisible sommeil ignorant les douceurs,
Et pressant dans sa main les cordons d'une bourse,
Un Avare, en passant, sur ses bords vient s'asseoir,
Et dit : « Tu devrais bien, Source trop imprudente,
Pour conserver les flots de ton urne abondante,
Te creuser sous la terre un vaste réservoir.
Là, dans ta profondeur te contemplant sans cesse,
Tu connaîtrais enfin l'ineffable richesse,
Au lieu de t'épuiser pour des vallons ingrats.
Crois-moi; c'est le conseil et l'exemple d'un sage...
— C'est l'exemple d'un sot, d'un méchant personnage!
Votre égoïsme étroit ne me tentera pas.
Je veux par des bienfaits signaler mon passage;

Et quand le rossignol chante sur le bouleau,
Quand la fille des champs vient se mirer dans l'eau,
Quand de son aile, enfin, m'effleure l'hirondelle,
Je murmure d'orgueil dans mon lit de cailloux.
Oh! de tant de bonheur qui ne serait jaloux!
Dites, ne dois-je pas vous servir de modèle?
Que si l'été brûlant me tarit quelquefois,
Bientôt l'eau du ciel tombe et me rend à la fois
Mes flots et le plaisir de les répandre encore... »

A l'avare inhumain votre mépris est dû :
Mais celui que pour tous un saint amour dévore,
Qu'un amour éternel par tous lui soit rendu;
Et s'il voyait jamais sa richesse épuisée,
Qu'il reçoive au centuple, en céleste rosée,
Tout l'or que pour le peuple il aura répandu!

II.

LA FLEUR ET LE NUAGE.

L'été règne; une Fleur languissante au vallon
Appelle un nuage qui passe :
« O toi qui voles dans l'espace
Sur les ailes de l'Aquilon,
Verse-moi tes flots de rosée,
Et par toi ma tige arrosée
Verra renaître son printemps...
— J'y penserai, dit le Nuage;
Mais je dois remplir un message :
    Attends!... »

Il s'éloigne. Elle meurt, vers la terre penchée.
Le Nuage revint sur la Fleur desséchée
Répandre, mais trop tard, ses ondes par torrents.

Toujours le malheureux nous trouve indifférents;
    Mais quand sous sa croix il succombe,
    Souvent nous allons sur sa tombe
Semer de vains regrets, de stériles trésors :
Ni largesses ni pleurs ne réveillent les morts...

III.

ADAM CHASSÉ DU PARADIS.

Par une faute irréparable
Perdons-nous une amante, un ami précieux,
Quelque Éden enchanté, séjour délicieux :
Combien plus doux alors, combien plus ineffable
Brille dans nos regrets, dans notre souvenir,
Ce bonheur envolé qui ne peut revenir!

Puni dans son orgueil par un arrêt suprême,
Adam avait passé le seuil du Paradis,
    Sainte oasis, lieux à lui-même,
A sa postérité pour jamais interdits;
Avant de pénétrer dans la terre des larmes,
    Il veut dire un dernier adieu

A ces bosquets remplis de charmes
Dont l'a déshérité la justice de Dieu.
Il s'arrête, il regarde, et les mille merveilles
Que d'un esprit distrait il voyait autrefois,
Des trésors infinis, des lueurs sans pareilles,
Des ruisseaux murmurants, d'harmonieuses voix
Éblouissent ses yeux, vibrent à ses oreilles...
En revoyant ces biens, ces balsamiques fleurs,
Ces gazons odorants et toutes les splendeurs
Dont il prive à jamais sa race malheureuse,
    Il pleure, accablé de remord,
Et reprend sans retour la route douloureuse
Qui conduit au travail, qui conduit à la mort.

IV.

L'ENFANT ET LE CHIEN.

Gabriel, l'écolier, l'espiègle personnage,
Et le gourmand surtout (on sait que de son âge
　La gourmandise est le plus gros péché),
Dans une armoire, un jour, vit un gâteau caché.
Or, la tentation fut si forte, si forte,
Que d'une main furtive il entr'ouvrit la porte,
Et saisit le gâteau. Du frauduleux repas
Médor seul fut témoin : Médor ne dormait pas.
Il garda le silence, en âme charitable.
A quelque temps de là, flairant sur une table
Un pain que par hasard on venait d'oublier,

Médor s'en régala sans se faire prier.
Gabriel l'aperçut : « Voleur abominable,
Le bien que l'on dérobe est-ce donc notre bien?
— C'est parler en Caton, lui répondit le Chien ;
　Mais je n'ai pas perdu mémoire
De certain gros gâteau pris dans certaine armoire...
Gabriel, tu rougis... Écoute, Gabriel :
Veux-tu que tes conseils ne soient jamais frivoles?
　Garde qu'à tes belles paroles
Ta conduite ne donne un démenti formel... »

V.

LES ALOUETTES, LE MANNEQUIN ET LE MIROIR.

Tel fuit, plein d'épouvante, un fantôme impuissant,
Qui se prend de lui-même au piége caressant.

« Allons cueillir les grains, disent les Alouettes ;
Aux champs, depuis le jour, vont les bergeronnettes,
　Et les laboureurs sont partis :
　　Point de retard, quittons les nids!... »
Et voilà nos oiseaux d'aller et de s'ébattre,
Et d'exhaler vers Dieu leurs naïves chansons ;
　Et voilà la troupe folâtre
De récolter pour elle et pour ses nourrissons.
Mais parmi les voleurs qui vient jeter l'alarme?
Pourquoi, tout effarés, vont-ils se dispersant?
C'est qu'on voit dans la plaine un monstre menaçant

Dont chaque bras brandit une arme.
Or, ce monstre, objet de terreur,
Ce n'est qu'un Mannequin paisible,
De paille et de lambeaux assemblage risible,
Épouvantail planté par quelque laboureur.
Mais lorsqu'ainsi fuyaient toutes les Alouettes,
Un verre éblouissant, prisme fascinateur,
Les séduit, les captive, et nos belles coquettes,
　Dans le Miroir
　Veulent se voir.
Tandis qu'autour du verre, imprudence funeste !
Tournaient les oisillons, tournaient les pauvres fous,
Le fusil d'un chasseur les tua presque tous,
Un filet dans ses nœuds emprisonna le reste.

VI.

LE SAC DE MARRONS.

Des marrons, dans un sac, brillaient un jour de foire.
Séduit par leur aspect, le bonhomme Grégoire
Crut faire un marché d'or en les payant fort cher,
Et les porta chez lui, tout radieux et fier.
Or, lecteurs, du marchand apprenez l'artifice :
    Il avait mis à l'orifice
    Les plus rares et les plus beaux ;
Mais on n'eût pas donné le reste à des pourceaux.
Grégoire en vain traita tous les marchands d'infâmes ;
Contre un mal sans remède à quoi servent les cris?

    Des maris ont trouvé des femmes,
Des femmes, à leur tour, ont trouvé des maris ;
Tels et tels font des lois et portent des couronnes,
Pour avoir su trop bien, les matoises personnes,
Par des dehors flatteurs allécher les badauds,
Et dans le fond du sac cacher tous leurs défauts.

VII.

L'OR ET LES PERLES.

Un voyageur, passant sur des monts escarpés,
    Vit des travailleurs occupés
A faire dans le roc des entailles énormes.
« Infortunés, dit-il, tailler ces blocs informes,
C'est un rude travail pour un mince trésor!
— Non, s'écrie un passant, ce sont des mines d'Or! »
Aussitôt l'étranger, poursuivant son voyage,
Arrive vers la mer, et s'arrête au rivage.
    Or, voyant au loin des plongeurs
Qui visitaient des flots les sombres profondeurs,
« Ces fous rasent, dit-il, l'écueil épouvantable,
Pour rapporter enfin... des cailloux et du sable! »
    Alors un pêcheur lui répond .
« L'écueil est menaçant, le gouffre est redoutable,
    Mais on voit des Perles au fond! »

Apôtres, qui venez, régénérant le monde,
Ne brisez de dégoût la pioche ni la sonde ;
Courageux plébéiens, fouillez, fouillez encor :
La montagne est aride et la mer est profonde ;
Mais vous y trouverez des Perles et de l'Or !

VIII.

LE PRINCE ET LE ROSSIGNOL.

Un Prince dans les bois entend un Rossignol :
« Chantre inspiré, dit-il, jusqu'à moi prends ton vol;
Je veux payer tes chants d'un bonheur ineffable,
D'un bonheur qu'environt tous les oiseaux du ciel.
Tu pourras à ton gré, voltigeant sur ma table,
Puiser dans le cristal l'ambroisie et le miel;
Sur le mol édredon tu feras de doux songes;
Dans une cage d'or on t'entendra chanter;
Enfin, mille tableaux, délicieux mensonges,
Dans tes bosquets absents sauront te transporter.

— Laissez-moi, dit l'oiseau, le cristal des fontaines
Et les buissons ardents dont je cueille les graines;
Laissez-moi des vallons l'écho mélodieux,
Mes palais de verdure et ma voûte des cieux.
J'ai parmi les roseaux bâti mon nid de mousse,
Hamac obéissant au zéphyr qui le pousse;
Je redoute bien plus l'atmosphère des cours
Que l'orage, et la foudre, et l'ongle des vautours;
Sous le nom du bonheur vous m'offrez l'esclavage,
Et votre cage d'or, c'est toujours une cage... »

IX.

LES OISEAUX ET LES SERPENTS.

Devant un nid peuplé de beaux Oiseaux chanteurs,
Un passant s'arrêta dans la saison des fleurs.
« Doux nid, dit-il, foyer d'une joie infinie,
    Berceau d'amour et d'harmonie,
De ton sein chaque jour voleront jusqu'aux cieux
    Mille soupirs délicieux!... »
A ces mots, le passant s'éloigna du bocage.
Vers l'automne il revint; mais, pendant son voyage,

    Les Oiseaux s'étaient dispersés,
Et des Serpents affreux les avaient remplacés.

Ainsi, lorsque s'en vont tous nos rêves d'enfance,
Inconstants messagers d'amour et d'espérance,
Trop souvent leur succède au fond de notre cœur
    Le noir Serpent de la douleur.

X.

L'HOMME ET LES CHATS.

Des Chats faisaient sabbat dans un appartement,
Mais sabbat infernal; rien n'y manquait, vraiment.
Nos drôles s'escrimaient de la gueule et des pattes,
Et, pour gagner le cœur de mesdames les chattes,
Par leurs miaulements témoignaient leurs transports.
C'était un tintamare à réveiller les morts.
Aussi, dans le logis, le Maître ni sa femme
Ne purent fermer l'œil, on doit bien le penser.
« Au diable les Matous et leur vacarme infâme!
Dit enfin le Mari; s'ils ne veulent cesser,
A grands coups de bâton je les ferai danser. »
Le bruit continuant, vers la chambre voisine,
Sur la pointe des pieds, notre Homme s'achemine.
　　Il ouvre, il entre, et le voilà
　　Frappant par-ci, frappant par-là,
　　Et renversant tout à son aise
La pendule, une armoire, une table, une chaise,
Et brisant mainte glace et maint vase de prix.
Pourtant, sous le bâton pas un Chat ne fut pris.
Pourquoi? me direz-vous. — La Question est bonne!
Je croyais que le fait ne surprendrait personne :
Comme il n'est tel qu'un Chat pour y voir clair la nuit,
Le Maître avait eu beau s'introduire sans bruit,
Quand il ouvrit la porte, ils avaient sans trompette
　　Pris doucement la poudre d'escampette.
Qui fut penaud? le Maître, on le devine assez;
　　Il en paya les pots cassés.

Thémis souvent ressemble à l'homme de ma fable :
A-t-on commis un crime quelque part,
Vers le lieu du délit aussitôt elle part.
Tandis qu'adroitement se sauve le coupable,
Dans l'ombre elle s'en va, tout juste saisissant
　　　L'innocent.

XI.

LE BŒUF-GRAS ET SON COMPAGNON.

A pas lents, le Bœuf-Gras, délaissant le village,
Allait du carnaval augmenter les plaisirs.
Un de ses Compagnons revient du labourage,
Et lui parle en ces mots, après de longs soupirs :
« Heureux frère! tu pars, oubliant la charrue;
Et lorsque, couronné de festons et de fleurs,
Roi fastueux et fier, tu suivras chaque rue
Aux acclamations de la foule accourue,
Moi, j'aurai pour partage et le joug et les pleurs... »
Le laboureur lui dit : « N'envions pas sa gloire;
Son triomphe d'un jour le conduit à la mort! »

L'histoire du Bœuf-Gras, c'est aussi notre histoire :
Rarement la grandeur est un bienfait du sort.

XII.

LA ROSE MOUILLÉE.

Aline, avec sa mère aux champs allant un jour,
Voit la reine des fleurs, la Rose, son amour,
Courbant son sein baigné de larmes matinales.
Pour la débarrasser de l'humide fardeau,
Elle agite la tige, et les frêles pétales
S'éparpillent soudain avec les gouttes d'eau.
La pauvre enfant pleurait : « Aline, dit sa mère,

Voilà ce qu'ont produit tes soins inopportuns.
Bientôt un doux soleil, aspirant l'onde amère,
T'aurait rendu la fleur avec tous ses parfums.
Ma fille, il est, crois-moi, des blessures cruelles
　　Que l'amitié doit respecter;
　　Il est des maux que sur ses ailes
　　Le temps lui seul peut emporter. »

XIII.

LE CYGNE ET LES ŒUFS DE TOURTERELLE.

　　Privés de l'aile maternelle,
Seuls dans le nid restaient des Œufs de Tourterelle :
Quelque vautour, sans doute, avait passé par là !
　　Heureusement, le Cygne, qui les trouve,
Au sein de ses roseaux les emporte et les couve.
L'officieux canard en ces mots lui parla :
　　« Voisin, délaissez cette engeance;
　　　　De votre bienfaisance
　　Savez-vous quel sera le prix?
Ces orphelins, par vous élevés et nourris,

Sans égard pour vos soins et pour votre tendresse,
　　Loin de ces lacs iront, un jour,
Roucouler dans les bois leur éternel amour.
Laissez-les; c'est l'avis qu'un ami vous adresse. »
Le noble oiseau répond : « Moi, par leur liberté
　　Je voudrais payer ma bonté !
Je voudrais les lier par la reconnaissance,
Entraver leurs penchants, contrarier leurs vœux !...
Si je les ai sauvés, et s'ils vivent heureux,
J'ai reçu, croyez-moi, toute ma récompense. »

XIV.

LE HIBOU PROFESSEUR.

Maître Hibou, professeur émérite,
Philosophe poudreux vanté pour son mérite,
Donnait sous un ormeau de savantes leçons.
A l'envi chaque mère au docte personnage
　　Envoyait ses chers nourrissons.
En tout de nos pédants il adoptait l'usage.
Il veut faire de l'âne un maëstro fini,
　　Un rival de Tamburini ;
　　A demoiselle l'araignée,
　　La poésie est enseignée ;
　　Le coq, émule de Jean Bart,
Doit un jour, à travers les flots et la tempête,
Enrichir son pays de plus d'une conquête ;
　　Et le cygne, nouveau Bayard,
Acquerra noblement, dans les rangs de l'armée,
　　La fortune et la renommée.
Leurs cours étant finis, les voilà tous classés
Selon les plans divers imposés par le maître.

Le baudet, sur la scène ayant osé paraître,
Fila les sons moelleux que vous lui connaissez,
Si bien qu'à coups de gaule on vous l'envoya paître ;
L'insecte, pour forger de pitoyables vers,
S'étant imprudemment mis la tête à l'envers,
　　Périt de honte et de misère ;
Le coq mourut de peur sur un vaisseau de guerre ;
Le cygne, au premier feu désertant les drapeaux,
Se sauva dans un lac, au milieu des roseaux.
Eh bien ! si, bravement abdiquant la routine,
Le maître avait compris avec sagacité
Leur instinct, leur penchant et leur capacité,
Du moulin toujours l'âne eût porté la farine ;
Le coq loin de la mer eût montré sa valeur ;
　　L'araignée eût tissé des toiles ;
Le cygne sur la mer eût dirigé ses voiles,
Et chacun dans sa sphère eût goûté le bonheur.

XV.

LE CHÊNE ET L'ARBUSTE.

Un Chêne plein de vanité,
Exaltant sa vigueur, sa taille, sa beauté,
Méprisait un Arbuste, à l'instar de ce Chêne
Qu'avec tant de génie et tant de majesté
La Fontaine, mon maître, a jadis mis en scène.
　Le frêle Arbuste répondit :
« Un point nous rend égaux.—Quel est-il?—C'est notre ombre:

Même toujours la vôtre est plus large et plus sombre. »
De cette vérité l'orgueilleux interdit,
　Dès lors, se montra plus modeste.

L'ombre, c'est le malheur qui tous, sans contredit,
Ici-bas, nous assiége; et, ma fable l'atteste,
Plus nous nous élevons, plus notre ombre grandit.

XVI.

LE FANTOME.

Un Fantôme franchit les monts et les vallées;
Et trois femmes en deuil courent échevelées,
Lui disant : « O mon fils, mon frère, mon époux,
Arrête! le bonheur est au milieu de nous! »
Ni son épouse, hélas! ni sa sœur, ni sa mère
N'obtiennent un soupir, un seul regard d'amour.
Vainement les beaux-arts, en cette vie amère,
Veulent bercer ses jours d'une douce chimère;
Vainement les vertus lui disent à leur tour
Que de l'humanité le salut le réclame:
Le Fantôme, contre eux endurcissant son âme,
Foule plus vite encor la poudre des chemins.

L'infirme, le vieillard, l'orphelin et la veuve,
Qui de tous les malheurs sentent la rude épreuve,
Se jettent à ses pieds et lui tendent les mains;
Mais il ferme son cœur à tous les maux humains.
Où va-t-il? où sa vue est-elle donc fixée?
Et quel point dans l'espace absorbe sa pensée?
— C'est qu'il a vu de l'or briller à l'horizon!
Et ce fantôme étrange, inflexible démon,
Qui foule aux pieds les arts, les vertus et les hommes,
Et qui n'a pour seul but, pour unique trésor,
Pour croyance ici-bas, pour espoir que de l'or,
De grâce, quel est-il? — C'est le siècle où nous sommes!

XVII.

LA FLAMME ET LA FUMÉE.

D'un faisceau de ramure en un bois allumée
Sortaient des tourbillons de Flamme et de Fumée.
La Flamme dit enfin : « Pourquoi me suivre ainsi?
Par toi l'air que j'éclaire est soudain obscurci. »
La Fumée en ces mots répondit à la Flamme :
« Je ternis ton éclat, ma sœur, je l'avourai;
Mais, que cela m'attire ou l'éloge ou le blâme,
 Toujours je t'accompagnerai. »

La Flamme, c'est la gloire; et l'autre... c'est l'envie :
De l'envie ici-bas toute gloire est suivie.

XVIII.

L'ENFANT AU SPECTACLE.

A MADAME CÉSARIE FARRENC.

Eugène avec sa mère assistait au spectacle;
Des cités, des palais, des forêts, des remparts,
Mouvant panorama, s'offraient à ses regards.
 Eugène, criant au miracle,
Jusqu'au troisième ciel se croyait transporté.
Vers sa mère bientôt il se tourne enchanté :
« Que ces reines, dit-il, ont un charmant visage,
Et que ces rois entre eux parlent un beau langage!
Sans doute quelque fée ou quelque dieu puissant
Nous apporta d'en haut ce monde éblouissant?... »
La mère dit : « Mon fils, reviens de ta méprise :
Sous le prisme imposteur d'un éclat emprunté
 Se cache la réalité;
Ces merveilles sans fin qui causent ta surprise,
 Ce sont des palais de carton,
Des roses sans parfum et des femmes fardées
 Et ridées,
Et de grands écoliers récitant leur leçon... »

Enfant, ainsi que toi, nous eûmes tous notre âge
 De naïve crédulité;
Mais des illusions le vaporeux mirage
Trop tôt s'évanouit devant la vérité.
Sous la pourpre des rois, dans le cœur de nos maîtres,
Nous crûmes voir la force unie à la bonté;
Nous crûmes voir aussi sous la robe des prêtres
Briller la modestie avec la piété;
Les juges, selon nous, jugeaient en conscience;
L'amour et non pas l'or désarmait la beauté.
Laissant dans son oubli la médiocrité,
Les rangs et la fortune à son obscurité
 Savaient arracher la science...
Erreur! c'était partout faiblesse et vanité,
Avarice, mensonge et partialité!
Erreur! car, se couvrant d'un masque de théâtre,
S'affublant d'oripeaux, de clinquant et de plâtre,
Chacun faisait à qui saurait le mieux
 Du public éblouir les yeux.

XIX.

MÉDOR.

Efflanqué, souffreteux, constamment enchaîné,
Médor dans son chenil hurlait comme un damné.
   Quand près de lui chacun passe et repasse,
    Tous à l'envi savent le fustiger;
Mais aucun ne lui donne un seul os à ronger.
Pourquoi? — C'est que Médor n'est pas de bonne race,
C'est qu'il n'a pas le poil assez fin, assez beau.
   Le maître pour Azor réserve les caresses,
   Les morceaux délicats, les soins, les gentillesses;
    Médor a les coups pour cadeau.
Le maître, armé d'un fouet, gagne un jour le tonneau
   Où notre paria traîne son existence :
« Je m'en vais, lui dit-il, t'étriller d'importance,
Et payer dignement ton infernal sabbat. »
   Disant ces mots, il le bat, il le bat,
Tant que son pauvre dos n'est plus qu'une blessure.
Mais de sa chaîne enfin Médor se délivrant,
   S'élance au cou de son tyran,
Et lui fait à la face une large morsure.
    Les domestiques accourant,

Vont délivrer leur maître et saisir le coupable.
Chacun s'efforce alors d'inventer un tourment
Capable d'expier ce crime abominable.
« Il faut le fusiller, dit quelqu'un... — Doucement!
Il faut l'écorcher vif... — Non pas, il faut le pendre... »
   C'est un bruit à ne plus s'entendre.
Mais un voisin leur dit : « Amis, assurément,
Vous auriez évité ce triste événement,
Si vous aviez voulu, du Chien brisant la chaîne,
   Lui ménager un meilleur sort.
   Or, maintenant, quelque genre de mort
   Que lui prépare votre haine,
Je soutiendrai toujours que seuls vous avez tort;
Car vous pouviez en faire un serviteur fidèle,
Et vous n'en avez fait qu'un esclave insoumis. »

    Chez nous un crime est-il commis,
Tous nos législateurs, se piquant d'un beau zèle,
    Forgent cent lois pour le punir :
    Que font-ils pour le prévenir?...

LIVRE TROISIÈME

LIVRE TROISIÈME

I.

L'OMBRE DE SALOMON.

A certain laboureur le plus sage des rois
   En songe apparut une fois :
« A tes pieds, lui dit-il, contemple
La fourmi du travail suivant les saintes lois,
Et son activité te servira d'exemple. »
A ces mots s'envola l'Ombre de Salomon.
De la charrue alors saisissant le timon,
L'homme aux champs chaque jour allait avant l'aurore.
A quatre-vingt-dix ans il labourait encore,
Lorsqu'un soir reparut l'antique vision :
« Et quoi! jusqu'à la mort tu travailles? » dit-elle.
« Vous m'offrîtes jadis la fourmi pour modèle...
— Mais, l'été, la fourmi fait sa provision
Pour vivre, dans l'hiver, à l'abri de l'orage :
L'hiver, c'est la vieillesse, et l'été, le jeune âge :
L'homme a droit au repos ainsi que la fourmi...
— Sans relâche au travail la misère m'enchaîne,
Car le travail du jour au jour suffit à peine.
— N'as-tu pas quelque fils ou quelque jeune ami
Dont le bras vigoureux du travail te dispense?
— Comme moi, pour compagne ils ont la pauvreté!
— Au laboureur, grand Dieu, donne sa récompense
   Dit l'Ombre; accorde, en ta bonté,
Un travail fructueux à l'ardente jeunesse,
   Et du repos à la vieillesse!... »

II.

LA VERTU ET LA CONSCIENCE.

Certain jour, la Vertu passait,
Répandant sur chaque souffrance
Le pain si doux de l'espérance.
A chaque cœur elle laissait
Le souvenir d'une caresse,
Le divin baume d'un bienfait :
Tous avaient part à sa tendresse.
Or, quand les justes dans leurs chants
Mêlaient leurs actions de grâces,
Les Vices, ingrats et méchants,
En blasphémant suivaient ses traces.
Mais tant que ces démons jaloux,
Lançant l'outrage et les cailloux,
Confondirent leurs cris de rage,
Une voix lui cria : Courage!
Une main essuya le sang
Qui baignait son corps fléchissant.
Jusqu'au sommet de son calvaire,
Elle entendit la même voix,
Et la main douce et tutélaire
Porta la moitié de sa croix.
« Accepte ma reconnaissance,
Dit en expirant la Vertu;
Mais, terrestre ou divine essence,
Ange ou femme, qui donc es-tu?
— Je suis... je suis ta Conscience. »

III.

LE LABOUREUR.

D'un terrain rocailleux maudissant la culture,
Guillot laisse ses bœufs errer à l'aventure,
Brise et rejette au loin l'impuissant aiguillon,
S'assied, désespéré, sur un triste sillon,
Et dit : « Je ne veux plus, sur un sol infertile,
Supporter les sueurs d'un labeur inutile ;
Dans ces champs, de cailloux, de ronces hérissés,
Vingt bœufs, avant le soir, tomberaient harassés ;
Puis, les oiseaux du ciel, avant qu'ils soient en herbe,
Dévoreront les grains par ma main dispersés,
Et, plus tard, la tempête et les vents courroucés
Ne me laisseront pas récolter une gerbe... »
Aussitôt un passant, qui l'avait entendu,
Vient lui rendre en ces mots l'espoir qu'il a perdu :
« Tu t'imposas, sans doute, une pénible tâche ;
Eh bien! jusqu'à la fin poursuis-la sans relâche ;
Arrache, chaque jour, avec acharnement,
Les ronces, les cailloux qui causent ton tourment,
Et tu verras, malgré les oiseaux et l'orage,
D'abondantes moissons te payer ton courage... »

Vous qui de l'avenir creusez les vastes champs,
Et semez du progrès la semence céleste,
Si plus d'un épi meurt sous le pied des méchants,
De l'incrédulité si le souffle est funeste,
Sachez d'un dur labeur vaincre les longs ennuis ;
Par la persévérance enfantez des prodiges.
De grandes vérités mûriront sur leurs tiges,
Dont les peuples un jour recueilleront les fruits.

IV.

LE LIVRE ET L'ÉPÉE.

Dans un réduit obscur, une longue Rapière
Se couvrait, chaque jour, de rouille et de poussière.
Apercevant un Livre, elle lui parle ainsi :
« Que je hais le repos où je languis ici!
Tu reçois les honneurs et chacun me délaisse ;
Et je suis cependant plus utile que toi.
Tandis que dans les cœurs tu sèmes la mollesse,
Je vole droit au but ; tout tremble devant moi.
Je voudrais, m'éloignant de ces froides murailles,
Vivre, comme autrefois, de sang et de batailles... »
Le Livre lui répond : « Le Glaive a fait son temps ;
On ne convertit plus par la force brutale.
Ralentis, noble preux, ta valeur martiale ;
Où je vois des amis, tu vois des combattants.
Tu portes en tous lieux la haine et la vengeance,
Et moi, je prêche à tous paix, amour, espérance.
Quand tu vas promenant tes sanglantes fureurs,
Par de sages conseils je corrige les mœurs...
Allons, garde ta rouille et renonce à la guerre.
Voit-on le laboureur toujours creuser la terre?
Il dételle ses bœufs, il pose l'aiguillon,
Et puis sa main répand le grain dans le sillon.
Ainsi, comme le soc tu sus remplir ton rôle.
Moi, je vais désormais, répandant ma parole,
Faire germer pour tous des épis nourriciers :
Laisse-moi l'avenir, et dors sur tes lauriers. »

V.

L'ASSAUT D'ARMES ET LE PAYSAN.

On donnait un Assaut dans une salle d'armes.
Les maîtres, les prévôts, les simples amateurs,
D'un jeu fort innocent venaient goûter les charmes.
Un lourdaud se trouvait parmi les spectateurs;
C'était un Paysan de Brives-la-Gaillarde.
Voyant que nos champions allaient se mettre en garde,
Il sanglote et s'écrie : « Oh! ne vous tuez pas!
Je ne puis d'un poulet contempler le trépas,
Et l'on veut que je voie un tel carnage en face!
Messieurs, laissez-moi fuir ou finissez de grâce...
— Es-tu fou, lui dit-on, radotes-tu, vraiment?
Ce n'est qu'un jeu paisible, un pur amusement.
Un plastron rembourré cuirasse leur poitrine;
Sous un bouton se cache une pointe assassine;
Un masque est sur leur face et des gants à leurs mains...
Tu les verras bientôt, débonnaires, humains,
En loyaux compagnons se donner l'accolade,
Et s'en aller gaîment boire mainte rasade. »

Cet assaut de bretteurs, combat inoffensif,
Je le compare à ceux de certains journalistes
 Que le public, par trop naïf,
Croit de grands ferrailleurs, de francs antagonistes.
Au rocher de Cancale, au bal, à l'Opéra,
 Où chaque jour le plaisir les rassemble,
  Ils s'en vont préparer ensemble
  Les bottes qu'on se portera;
Ils se disent aussi comment on parera
  Et comment on ripostera...
Lecteur, ne les prends plus, par trop de confiance,
  Pour des ennemis acharnés;
D'élastiques plastrons couvrent leur conscience,
  Et leurs fleurets sont boutonnés...

VI.

LE ROI ET LES MINES D'OR.

Dans un pays fertile en Mines d'or,
Un Prince, à son orgueil donnant un libre essor,
 Disait : « Les Mines du Potose,
Près des nôtres, ma foi, vaudraient fort peu de chose,
Et Crésus, entre nous, n'était qu'un mendiant.
 Les merveilles de l'Orient
Vont pâlir à ma voix ainsi qu'un vain fantôme :
Je veux que dès demain on pave mon royaume
De ce métal divin à l'éclat sans pareil,
Et que cent palais d'or éclipsent le soleil.
 Pauvres, qui vous courbez sans cesse
Pour de maigres épis sur des sillons ingrats,
De plus nobles travaux réclament tous vos bras;
Dans les flancs de la terre est l'unique richesse!... »
Dès qu'un Roi dit : Je veux! sans aucun examen
 Les courtisans disent : Amen!
Ils applaudirent tous à cette œuvre insensée.
La reine, alors, voyant la glèbe délaissée
 Pour une futile moisson,

Réserve à son époux une haute leçon :
Une femme a toujours quelque sainte pensée.
 Elle annonce pour certain jour
Un festin somptueux au Monarque, à sa cour.
Le jour dit, au salon la foule qui s'avance
Des mets les plus exquis savoure l'espérance.
L'heure du banquet sonne, et l'on apporte enfin
Des plats tout chargés d'or, mais de l'or le plus fin,
Qu'on place en observant l'ordre et la symétrie.
« C'est, pensa-t-on d'abord, pure plaisanterie;
On veut par ces retards aiguiser notre faim;
Patience! les dents vont faire leur office. »
 On attend le second service :
Au second, au dernier, qu'apporte-t-on encor?
De l'or; puis au dessert? de l'or, toujours de l'or.
« Vous le voyez, seigneurs, dit la sage princesse,
Ce métal attrayant n'est qu'un fictif trésor,
Et sans l'agriculture il n'est pas de richesse!... »

VII.
LES GRENOUILLES ET LES NUAGES.

C'était un soir d'été; d'électriques Nuages,
Apportant dans leur sein l'ouragan destructeur,
    Partout répandaient la terreur.
Les Grenouilles soudain, du fond des marécages,
De leurs coassements font retentir les airs.
« C'est choisir à propos l'heure de vos concerts!
Leur dit un campagnard; osez-vous, inhumaines,
Chanter quand les torrents vont ravager nos plaines?

— Oui, nous chantons, en vérité,
  Car l'ouragan, par vous si redouté,
Doit de flots bienfaisants enrichir nos domaines. »

Ainsi, toujours quelqu'un sait exploiter pour lui
Les désastres publics, la commune détresse;
    Ainsi dans les larmes d'autrui
Quelqu'un trouve toujours des sujets d'allégresse.

VIII.
LE CÈDRE DU LIBAN.

Un Cèdre rabougri, véritable avorton,
D'un Cèdre gigantesque indigne rejeton,
    Végétait au Liban, inconnu, solitaire.
Mais, rêvant les honneurs d'un rang héréditaire,
L'orgueilleux se disait : « Si mon père autrefois
Orna de ses lambris le palais de nos rois,
Je puis des temples saints enrichir les portiques,
Ou, me transfigurant sous la main du sculpteur,
Déployer sur l'autel mes ailes séraphiques. »
Hélas! qu'il bâtissait un avenir menteur!

Bientôt, l'appréciant à sa juste valeur,
Le bûcheron armé sans pitié vint l'abattre,
Et jusqu'à la racine extirpa le crétin.
Il en fit des fagots qu'il porta dans son âtre,
Où le Cèdre expira, maudissant son destin.

Que du sang d'un héros naisse un lâche Thersite,
Qu'un homme de génie enfante un ignorant,
  Au fils dégénéré donnera-t-on le rang
Que le glorieux père acquit par son mérite?

IX.

L'HOMME ET LE MOINEAU.

Un Homme, un beau matin, va visiter les champs;
C'est l'heure où les oiseaux font entendre leurs chants,
   Où des zéphirs la douce haleine
   Réveille les fleurs dans la plaine.
Un Moineau cependant fait retentir les cieux
De ses battements d'aile et de ses cris joyeux.
« Ah! cet Oiseau, dit l'Homme, est la touchante image
   D'un cœur simple et religieux;
Avec quel saint transport il va de son hommage
   Saluer l'astre oriental,
   Et chanter, comme l'alouette,
Aux pieds de l'Eternel son hymne matinal! »
Notre Homme dans sa poche avait une lorgnette;
   Vers le Moineau la dirigeant,
Il voit, quelle surprise! un essaim voltigeant
   De moucherons dont l'oiseau fait sa proie.
« Ah! je distingue mieux, dit-il, en ce moment,
D'où viennent ces transports et ces longs cris de joie. »

Tel poëte au Moineau ressemble assurément :
Son âme, dites-vous, loin des sentiers immondes,
Sur des ailes d'azur visite d'autres mondes
   Et de célestes régions;
Vous croyez qu'elle a ceint la divine couronne,
Que c'est Dieu qui l'inspire, et qu'elle s'abandonne
   A de sublimes visions...
Si vous le dépouillez de sa robe mystique,
Vous verrez s'envoler son Eden poétique
   Et vos douces illusions.
Voyez : il rit de ceux dont l'âme vierge encore
N'encense que la gloire et son trône immortel;
   L'or seul est le dieu qu'il adore;
Il n'a pas d'autre muse, il n'a pas d'autre autel...

X.

LES DEUX RIVAGES.

Je veux, toujours fidèle au rôle de conteur,
   Rimer en quelques vers l'histoire
Dont le doux souvenir occupe ma mémoire.
Le long d'une rivière au murmure enchanteur,
   Coula mon enfance inquiète;
Confondus sur les bords, saules et peupliers
Offraient aux rossignols, aux amants, au poëte,
   Leurs ombrages hospitaliers.
Mille fleurs embaumaient les deux Rives égales,
Et des chantres ailés les laveuses rivales
Envoyaient aux échos leurs naïves chansons.
Mais voilà tout à coup, j'avais seize ans à peine,
   Qu'arrivent par centaine
   Charpentiers et maçons.
Les braves compagnons, se mettant à l'ouvrage,
D'arbres en un instant dépouillent un Rivage;
Les brouettes, les pieux, les haches, les marteaux
Bâtissent un canal pour maîtriser les eaux,
Au sommet du talus disposent un passage
Pour les bœufs remorqueurs qui traînent les bateaux.
Avide de trésors moins que de renommée,
J'ai quitté, depuis lors, et mon pays natal,
   Et sa rivière bien-aimée.
Puisse le positif, à nos rêves fatal,
N'avoir pas enlevé, d'une main trop puissante,
La dernière harmonie et la dernière plante
   Du domaine de l'idéal!

Le cours de notre vie a toujours deux Rivages;
Tous deux, dans notre enfance, et fleuris et joyeux,
Sont pleins de doux pensers, de chants insoucieux.
Plus tard, sur une Rive étendant leurs ravages,
L'intérêt, les besoins et les prévisions
Emportent la moitié de nos illusions.
   Heureux, quand la vieillesse arrive,
Si quelques fleurs encor restent sur l'autre Rive!

XI.

L'HOMME ET LE CADRAN SOLAIRE.

Un Homme cheminant voit un Cadran solaire.
Comme l'astre du jour en ce moment l'éclaire,
L'interprète du temps, d'un doigt indicateur,
 Annonce l'heure au voyageur.
 Plus tard, regagnant sa demeure,
 Notre Homme encore eût voulu savoir l'heure;
Mais autour du soleil un nuage passait,
Et le Cadran resta muet...

Le soleil, c'est la foi, le Cadran, c'est notre âme.
Tant que la foi nous verse un rayon de sa flamme,
Nous marchons pleins de force, utiles, glorieux;
Mais quand pèse sur nous le doute ténébreux,
Notre âme, qui languit dans un sombre esclavage,
Attend, pour se reprendre à des jours plus heureux,
Que le vent de l'espoir ait chassé le nuage.

XII.

LA POMME D'API ET LE VER.

Une Pomme d'api brillait dans un verger,
Jamais dessert de roi n'en eut de plus jolie.
Pour voir son incarnat, sa peau fraîche et polie,
Les papillons près d'elle aimaient à voltiger.
 Maints polissons, revenant de l'école,
  A coups de pierre, à coups de gaule,
L'auraient mise en quartiers; mais des buissons touffus
Opposaient un rempart à nos gamins confus.
Qu'elle est fière! des fruits elle se croit la reine.

Vanité! car bientôt la jeune souveraine
Se sentit dévorer par un Ver assassin,
Qu'un soleil de printemps fit éclore en son sein.

Sous le sort le plus beau, sous les biens qu'on envie,
 Le plus souvent se cache une douleur,
  Hélas! et sans qu'on le convie,
A nos joyeux festins vient s'asseoir le malheur.

XIII.

LA RÉPUTATION, LA GLOIRE ET LE GÉNIE.

La Réputation, la Gloire et le Génie,
A Paris, un beau jour, allaient de compagnie.
 L'un d'eux s'écrie : « Avant d'entrer
Dans cette ville immense où l'on peut s'égarer,
Où des siens, malgré soi, l'on se voit séparer,
Indiquons-nous, amis, quelque place connue,
Quelque grand édifice élancé vers la nue,

Centre où chacun de nous aille se rencontrer. »
La Gloire dit : « Pour moi, si je vous abandonne,
Vous me retrouverez au pied de la Colonne.
— Et moi, dit le Génie, auprès du Panthéon.
 — Moi, dit la Réputation,
Je ne vous quitte pas, car ceux qui m'ont perdue,
Une fois seulement, ne m'ont jamais revue. »

XIV.

LE GLAND ET LE CHAMPIGNON.

Un Gland tombe d'un chêne et blesse un Champignon.
    Celui-ci lui dit : « Compagnon,
    Tu pouvais bien prendre la peine
    De tomber quelques pas plus loin... »
    Le Gland répond : « Est-il besoin
    Que le fils d'un antique chêne
Respecte un avorton méprisable, inconnu,
On ne sait pas comment sur un fumier venu?

    — Je te vaux bien, je l'imagine,
Reprend le Champignon ; et, quoique sans aïeux,
    Je suis un mets délicieux,
Et quand j'irai des rois enrichir la cuisine,
Tu seras dévoré par quelque vil pourceau.... »

Plus d'un sot descendit d'une illustre origine,
Plus d'un homme célèbre eut un humble berceau.

XV.

M. JOBARD ET LE NUAGE.

Monsieur Jobard, brave et digne bourgeois,
Un de ces bons rentiers que le Marais engraisse,
Un dimanche matin secoua sa paresse;
Le doux soleil de mai réveillait à la fois

Les rentiers dans leurs lits, les oiseaux dans les bois.
Notre homme à son bonheur tout entier s'abandonne,
Et sort pour visiter les poudreux boulevards,
    L'Arc-de-Triomphe, la Colonne,

L'Obélisque et le Champ-de-Mars :
La gloire parle haut dans le cœur des Jobards.
Quelqu'un lui dit : « Voyez, le temps est à l'orage ;
Prenez un parapluie, ou vous n'êtes pas sage. »
Le conseil était juste et le danger pressant,
 Car un nuage épais et menaçant
  S'élevait alors dans l'espace.
« Ce n'est, répond Jobard, qu'une vapeur qui passe. »
Et le voilà courant pour voir son beau Paris
Ceint de frais boulevards et de jardins fleuris.
Il va ; mais tout à coup de la nue enflammée
Tombent le feu, la pluie, et mon pauvre héros
S'en retourne confus et trempé jusqu'aux os.
Depuis, se méfiant de la moindre fumée,
Et quoique l'horizon fût pur de tout brouillard,
Il sortait chaque jour armé d'un lourd *riflard*.

Lecteurs, n'a-t-on pas vu plus d'un haut personnage,
Inhabile à prévoir maint politique orage,
Prendre, quand le danger n'existait déjà plus,
Mille précautions, mille soins superflus ?

XVI.

LE SINGE ET L'ÉLÉPHANT.

Un Singe, un Éléphant s'en allaient à la foire,
Lorsqu'une grêle affreuse, à ce que dit l'histoire,
Arrive tout à coup sur l'aile des autans.
Jocko criait, jurait, faisait mainte grimace ;
Son compagnon lui dit : « T'entendrai-je longtemps ?
Imite mon courage et ris du mauvais temps !
— Taisez-vous, dit le Singe, oh ! taisez-vous, de grâce !
De la grêle et des vents, monseigneur, sur ma foi,
Je ne me plaindrais pas, si j'avais votre taille,
Si j'avais votre peau qui brave la mitraille... »

Le riche dit au pauvre : « Eh ! mon ami, pourquoi
Toujours te lamenter, toujours crier misère ?
Je trouve, quant à moi, que la vie est légère,
Que tout est pour le mieux, et que l'on a grand tort
D'oser incessamment pester contre le sort... »
Le pauvre lui répond : « Si j'avais vos richesses,
Si les destins amis me comblaient de largesses,
Je coulerais des jours bien paisibles, bien doux,
Et des cieux incléments je rirais comme vous. »

XVII.

LE PETIT GOURMAND.

Les doigts et le menton tout barbouillés de graisse,
D'un pâté monstrueux un enfant se bourrait ;
Aussi bien que des dents des yeux il dévorait.
D'enlever les débris sa mère enfin s'empresse :
 « Craignez, dit-elle en sa tendresse,
Qu'une indigestion ne menace vos jours. »
 Le marmot répond au plus vite :

« Maman, j'en veux encor !... maman, j'en veux toujours ! »

Avare, ambitieux, et toi, mou Sybarite,
Vous dont la jouissance augmente les désirs,
  Dans votre soif insatiable
  De trésors, d'honneurs, de plaisirs,
Vous êtes, croyez-moi, le Gourmand de ma fable.

XVIII.

LE PAPILLON, LA ROSE ET LE PAVOT.

Dans un parterre, un beau matin,
Éclôt une Rose vermeille.
Un Papillon s'en émerveille,
Et voilà le charmant lutin
Qui va, qui vole, qui s'empresse.
Soudain, ô surprise, ô douleur!
A des dards cachés sous la fleur
L'étourdi se pique, se blesse.
Il pleure et s'écrie aussitôt :
« Prude, dédaigneuse, cruelle,

Je te fuis; ce riche pavot
A mes vœux sera moins rebelle. »
Lors il y vole à tire-d'aile;
Il boit... il s'enivre... il s'endort...
Hélas! du sommeil de la mort!

Amis, à la beauté funeste
Qui se livre sans hésiter
Préférons la beauté modeste
Dont la vertu sait résister.

XIX.

LES DEUX SŒURS ET LE COUCOU.

« Veux-tu venir aux champs entendre le Coucou? »
　Dit Élise à sa sœur Hortense.
— Quoi! ce vilain criard, dit l'autre. En conscience,
Autant j'aimerais presque entendre le hibou.
— Mais cet oiseau, ma sœur, dit de si belles choses!
Il chante le printemps et le retour des roses.

Comme un magicien, cet oiseau merveilleux
Semble faire à sa voix, douces métamorphoses!
Éclore le bonheur et sourire les cieux;
　Et puis, Hortense,
N'est-il pas toujours beau, toujours mélodieux,
　Celui qui chante l'espérance?... »

XX.

LA CIGALE, LA FOURMI ET LA COLOMBE.

« Eh bien! dansez maintenant! »
A dit la Fourmi cruelle.
La Colombe survenant :
« Pour la Cigale, dit-elle,
J'ai des graines à son choix.
Si la pauvre créature
Ne reçut de la nature
Pour tout trésor que sa voix,
De faim faut-il qu'elle meure?
Vous travaillez à toute heure,
Elle chante les moissons :
Ainsi, tous nous remplissons

La loi que Dieu nous impose. »
L'oiseau, sans dire autre chose,
A tire-d'aile aussitôt
Part, et rapporte bientôt
Force grains dont la Cigale
A son aise se régale.

Ô Fourmi, ta dureté
A l'égoïste peut plaire :
Colombe, moi je préfère
Ta tendre simplicité.

XXI.

LA ROBE DE L'INNOCENCE.

Ayant perdu sa Robe, on dit que l'Innocence
En vain pour la chercher courut chez le Plaisir,
Chez la Fortune et la Puissance :
Qui la lui rapporta? — Ce fut le Repentir.

XXII.

LE MIROIR DOUBLE.

 Où va cette femme parée
De beauté, de jeunesse et de brillants atours?
Elle part pour un bal, élégante soirée,
Où l'attendent les jeux, la danse, les amours.
 Elle sortait, lorsqu'une Glace,
  Miroir à double face,
S'offrant à ses regards, reproduit, traits pour traits,
 Et sa parure et ses attraits,
Et l'émail de ses dents et les lis de sa joue,
Le panache onduleux où le zéphyr se joue,
Le collier de rubis, la couronne de fleurs,
Et la robe de soie aux riantes couleurs.

Mais, retournant la Glace, ô ciel! qu'aperçoit-elle?
 Elle aperçoit, dérision cruelle!
Crins hérissés, longs poils, pores béants,
Étalage sans nom sur une tête énorme,
Dents longues, nez affreux, bref, une masse informe,
 Un de ces types de géants
Que Gulliver trouva dans ses voyages...
Elle crie, elle pleure, et brisant le Miroir :
« Tu ressembles, dit-elle, à certains personnages
Qui, toujours recouverts d'un masque à deux visages,
Disent oui, disent non, disent blanc, disent noir,
Caressent le matin et déchirent le soir. »

LIVRE QUATRIÈME

I.

L'ENFANT ET LE GÉANT.

Un homme gigantesque, aux sauvages penchants,
Un chêne en main, parcourt les forêts et les champs.
A lui s'offre un Enfant, les yeux bleus, tête blonde,
Qui lui dit : Es-tu fort? — Je porterais le monde!
— Sous son joug souverain pas un ne t'a dompté?
    — Jamais! Mon bras vaut une armée;
    Pour moi tout homme est un pygmée.
    — Quelle est ta loi? — Ma volonté!
— Ta fierté me confond, ton audace m'étonne.
Aux malheureux, parfois, as-tu fait quelque bien?
— N'ayant pas besoin d'eux, je ne leur devais rien.
— Crains-tu Dieu? — Je t'ai dit que je ne crains personne.
    — Tu vois ce rapide torrent :
Pourrais-tu, réponds-moi, toi si fort, toi si grand,
Me porter au delà, monté sur ton épaule?
— Moi? je te porterais de l'un à l'autre pôle... »
D'une robuste main aussitôt il le prend,
Et comme un passereau sur son dos il le pose.
Mais à la traversée un obstacle s'oppose;
Plus le Géant s'avance et plus l'eau s'élargit,
Plus l'abîme est profond et plus le flot mugit,

Et, ce n'est pas un rêve au vaporeux mensonge,
L'Enfant se fait plus lourd et tout son corps s'allonge.
Sous l'accablant fardeau l'orgueilleux s'inclinant,
Tourne la tête et voit le Christ tout rayonnant.
Alors l'Enfant divin, qu'il vient de reconnaître,
Lui dit : « Deviens plus humble et confesse ton maître. »
    A ces mots, Jésus disparut,
    Et l'onde en même temps décrut.
Le Géant, recouvert de la plus pauvre étoffe,
Revenu désormais à des pensers meilleurs,
A travers le torrent passait les voyageurs.
Comme il porta le Christ, on l'appela *Christophe*.
Du ciel, jusqu'à la mort, il remplit les desseins,
Et l'Église l'admit au nombre de ses saints.

Frères, vous le voyez, quand l'âme ou la matière
A ses brutaux instincts se livre tout entière,
Elle accomplit le mal ou fait de vains travaux,
    Mais quand l'esprit la vivifie,
Par la foi, par l'amour, elle se sanctifie,
Et compte les instants par des bienfaits nouveaux.

II.

LA VERGE DE MOÏSE.

La baguette, docile aux ordres d'une fée,
Pour une simple femme est un simple fuseau;
Douce flûte de Pan, tendre lyre d'Orphée,
Vous ne seriez aux mains de l'enfant au berceau
Que des cordes sans voix, qu'un stupide roseau.

« Peuple, disait un jour la Verge de Moïse,
Si jamais tu parviens à la terre promise,
De civiques lauriers ne couronne le front
   De Moïse ni d'Aaron;
L'encens et les lauriers sont dus à mes prodiges :
   J'ai confondu les vains prestiges
   Des magiciens de Pharaon;

Quand tu fuyais l'Égypte et l'esclavage,
Et nos fiers ennemis qui te glaçaient d'effroi,
Les flots de la mer Rouge, en s'ouvrant devant moi,
   A ton salut livrèrent un passage,
   A nos tyrans creusèrent un tombeau;
   Plus tard, cédant à ma puissance,
Le rocher du désert t'abreuva de son eau,
Et puis... » On mit un frein à sa folle jactance,
   En lui disant : « Faible roseau,
Du trône où tu t'assieds abandonne le faîte :
Des miracles nombreux qui font notre bonheur
   Ne revendique plus d'honneur;
Tu n'es que l'instrument du ciel et du prophète!... »

III.

LE SAUVAGE.

   Sur le fleuve de ses déserts
Un sauvage Africain dirigeait sa nacelle,
Quand un orage affreux éclate dans les airs.
Autour du frêle esquif la vague s'amoncelle,
Et l'entraîne en grondant sur les rocs entr'ouverts.
Le Sauvage longtemps combat l'onde terrible;
Mais, certain qu'il oppose un effort impuissant
   A la fureur du fleuve mugissant,
Il abandonne aux flots sa rame trop flexible,

Dans sa nacelle il s'assied, il s'endort,
   Et tranquille, il attend la mort.

Lecteurs, dans le péril imitons le Sauvage :
   Tant que l'espoir brille en son cœur,
   Il lutte contre le naufrage;
Mais lorsque la tempête a lassé son courage,
   Il dort sur l'abîme vainqueur.
Le sage noblement se résigne au malheur.

IV.

LE TORRENT ET LE NIL.

   Un Torrent grossi par l'orage
Voit les Égyptiens prosternés près du Nil,
   Au fleuve-dieu rendant hommage.
   « Peuples injustes, leur dit-il,
Votre stupidité me révolte et m'outrage!
Et quoi! vous l'honorez comme un grand personnage?
Mais sa naissance, à lui, nul ne la sait encor,
   Et moi, je descends du Thabor...

— Qu'importe? n'es-tu pas un destructeur immonde?
N'es-tu pas des sillons l'ennemi redouté?
Tu ravages les champs que ce fleuve féconde,
   Et son flot, lorsqu'il nous inonde,
Sur nous répand la vie et la fertilité... »
Vous qui revendiquez l'honneur et la puissance,
Dites-nous vos bienfaits, et non votre naissance.

V.

L'ENSEIGNE DE CABARET.

Devant un cabaret ces mots étaient écrits :
« Aujourd'hui vous paierez le pain, le vin, la viande;
« Demain vous mangerez gratis. »
Janot, que l'enseigne affriande,
Dit : « Aujourd'hui je n'entre pas :
Il faudrait payer la dépense,
Mais demain je vais faire un si famoux repas
Que le cabaretier s'en souviendra, je pense. »
Le lendemain on voit entrer Janot
Qui va se mettre à table et s'écrie aussitôt :
« Servez vite, maître Grégoire!
Servez! jusqu'à la nuit je veux manger et boire!
Apportez du meilleur; je suis de vos amis! »
A peine le couvert est mis
Qu'il faut voir mon Janot des dents faire merveilles,
Et vider bel et bien les plats et les bouteilles.

S'étant lesté la panse, il se lève gaiment,
Et sans cérémonie il regagne la porte.
Mais Grégoire l'appelle et lui dit brusquement :
« Mon brave! il faut payer avant que l'on ne sorte!
— Vous riez, dit Janot, vraiment,
Et la plaisanterie est forte;
Vous deviez aujourd'hui, si je m'en souviens bien,
Nous servir à dîner pour rien...
— Oh! répond l'Hôtelier, votre erreur est extrême,
Car je dis aujourd'hui ce qu'hier je disais :
Regardez, tous les jours mon enseigne est la même.
— Vous ne m'y prendrez plus, dit l'autre, désormais,
Et vous ne m'eussiez pas leurré par un vain conte,
Si j'avais su qu'à votre compte
Demain signifiât *jamais*. »

VI.

L'ONCE ET LES POIDS.

Un jour, un épicier pesant de la chandelle,
Ou du sucre, ou du poivre, ou bien de la cannelle,
En vain, pour faire contre-poids,
Avait dans le plateau déjà mis tous ses poids.
Rien n'y faisait, ni quart, ni livre, ni demie.
« Maître, dit l'Once, eh quoi! vous ne me voyez pas?
Je puis, cela s'est vu, vous tirer d'embarras. »
Les autres aussitôt de s'écrier : « Ma mie,

Quelle prétention! mais tu n'es bonne à rien. »
L'épicier, plus juste et plus sage,
La mit dans la balance, et tout alla fort bien.

Il n'est pas, croyez-moi, de mince personnage,
D'être si malheureux et si déshérité,
Qui n'apporte en naissant sa part d'utilité.

VII.

L'AVARE ET LES DEUX PAUVRES.

Un Riche en son chemin rencontre un Mendiant,
　Qui lui dit d'un ton suppliant :
« Donnez-moi quelque chose, et que Dieu vous le rende!
— Je ne donne jamais à celui qui demande! »
Dit le Riche en courroux; mais un Pauvre honteux,
Dont la triste défroque affiche l'indigence,
　De l'Avare frappe les yeux,
Et celui-ci murmure avec indifférence :
« Plus loin, sans m'arrêter, je dirige mes pas ;
A qui ne me dit rien je ne donnerai pas... »

Quand de vous secourir l'avarice refuse,
Elle sait à propos inventer une excuse.

VIII.

L'HIVER ET LE PRINTEMPS.

On était au Printemps, alors que les beaux jours
Font éclore les fleurs, les oiseaux, les amours.
Un soleil radieux fécondait la nature :
Un hymne s'exhalait de chaque créature,
Quand du septentrion arrive un vent glacé
Qui dessèche la rose et chasse l'hirondelle.
On voit l'Hiver aux cieux donnant de grands coups d'aile.
« Vieillard, dit le Printemps, ton règne était passé,
Et tu viens, relevant ton trône renversé,
Sous un sceptre de plomb faire courber la terre!

Pourquoi, sans nul égard, me déclarer la guerre,
Troubler les éléments et l'ordre des saisons?...
— Pour en agir ainsi j'ai de bonnes raisons,
Répond l'hiver : souvent ton haleine, ô mon frère,
Fondit avant le temps ma neige et mes glaçons,
Et, sous les courts soleils de mon pâle solstice,
Elle ressuscita les fleurs et les chansons...

Eh bien! qu'on ose encore me taxer d'injustice!...»

Jeunes, nous survient-il des rides de vieillard,
Éprouvons-nous des maux attendus bien plus tard,
Sachons nous consoler; quelquefois la vieillesse
N'a-t-elle pas aussi ses retours de jeunesse?

IX.

LA CHOUETTE VOLEUSE.

Lasse d'avoir des fils hideux à faire peur,
Des monstres rechignés, prophètes de malheur,
  Dame Chouette
  A l'alouette
 Déroba quelques nourrissons
  Dont les chansons
 Lui valurent mainte louange.
Les oiseaux d'alentour trouvaient la chose étrange;
  Les chouettes et les hiboux
  D'un tel miracle étaient jaloux.
« Ces petits, disait-on, sont de jeunes merveilles!

Leurs chants mélodieux, qui charment nos oreilles,
Valent, sans contredit, les chants du rossignol!... »
Ce triomphe imposteur fut de courte durée;
Avant la fin du jour, l'alouette éplorée
Vint réclamer ses fils et dénoncer le vol.

D'un écrivain forban cette fable est l'histoire;
 C'était dimanche un âne renforcé;
Son front portait lundi l'auréole de gloire...
Dans le nid du voisin c'est qu'il s'était glissé.

X.

LA VIEILLE CHATTE ET LES JEUNES CHATS.

Par l'âge et les exploits une Chatte vieillie
 Était réduite à la bouillie.
 Apercevant de jeunes Chats
Qui vigoureusement faisaient la chasse aux rats :
« Mes fils, l'intempérance est un piége funeste;
Les os sont durs, dit-elle, et la chair indigeste;
Mettez-vous au régime, et vous serez prudents. »
 Le plus espiègle de la troupe

Lui dit : « Mère, montrez vos dents...
— Hélas, je n'en ai plus... — Eh bien! mangez la soupe :
Nous croquerons les rats sans crainte d'accidents. »

 Souvent la morose vieillesse
  Reproche à la jeunesse
Le penchant qui l'entraîne au plaisir, à l'amour :
« Mère, montrez vos dents! » lui dirai-je à mon tour.

XI.

LE RÉVERBÈRE.

Oubliant le poteau qui l'attachait au sol,
Et sottement épris de sa pâle lumière :
« Fi du noir allumeur! se dit un Réverbère;
Loin du vil carrefour élevons notre vol.
    Comme il faut qu'un soleil remplace
    Notre soleil qui se fait déjà vieux,
      C'est moi qui vais prendre sa place;
Allons, quittons la terre et montons jusqu'aux cieux! »
Il dit; l'aube paraît; elle éclaire l'espace,

Et, comme pour confondre un orgueil sans pareil,
L'allumeur d'un seul souffle éteint le faux soleil.

    Si le peuple qui vous révère,
O juges, députés, pairs, ministres et rois,
Daigna vous confier le dépôt de ses droits,
Il réserve aux ingrats un châtiment sévère :
Fît-il briller sur vous les rayons du pouvoir,
S'il alluma la lampe, il garde l'éteignoir.

XII.

LE FERMIER ET LA VACHE.

Pierre, le lourd fermier, possédait une vache
    Qui, sans murmurer, lui donnait
      Tout son lait..
L'animal était maigre et toujours à l'attache.
« Peu donner, disait Pierre, et beaucoup recevoir,
  C'est le moyen d'augmenter son avoir. »
Un jour, tenant en main quelques brins d'herbe fraîche,
    Il gagne l'étable et la crèche

Où la vache se meurt de langueur et de faim.
Il l'embrasse et lui dit : « O ma belle, ô ma chère,
A l'avenir, crois-moi, tu feras bonne chère... »
L'autre, de l'écouter se lassant à la fin,
    Lui dit : « Trêve de flatteries,
  De promesses en l'air et de cajoleries!
C'est mon lait que tu veux; prends donc, et, par pitié,
Que je n'entende plus tes serments d'amitié. »

XIII.

HERCULE ET LE SATYRE.

Déjà fameux par ses douze travaux,
Hercule, en attendant des prodiges nouveaux,
    S'endormit un jour sous un chêne.
    Sortant d'une grotte prochaine,
Un Satyre moqueur réveille le héros :
» Eh quoi! le grand Alcide a besoin de repos!

Lui dit-il, sa massue à ses côtés se rouille!
Du lion de Némée, ô fils de Jupiter!
    Tu déshonores la dépouille.
    Hercule, si vaillant, si fier,
Voudrait-il, abdiquant sa glorieuse tâche,
Vivre désormais comme un lâche?... »

Le héros se relève et fait vibrer dans l'air
　　Sa massue effroyable :
« Fuis, dit-il, ou tu vas expier, misérable,
　　Ton insolence par ta mort!... »
Le Satyre s'enfuit, Hercule se rendort.

Un public exigeant du Satyre est l'image :

Il veut que le génie, ainsi que le courage,
　　Ne se repose qu'au tombeau.
Si chaque jour n'enfante un prodige nouveau,
Du prodige d'hier il ne vous tient pas compte,
Et vos travaux passés, il les prend en escompte
　　Sur les travaux de l'avenir;
A lui plaire, en un mot, on ne peut parvenir.

XIV.

LE LÉOPARD ET LE RENARD.

　　Un jour le Léopard,
　　Accostant le Renard,
Lui dit : « Ami, bonjour! j'allais vers ta tanière;
Je te trouve à propos. » L'autre répond : « Seigneur,
Moi, votre ami! d'où me vient cet honneur?
— C'est que des préjugés on va combler l'ornière;
De la fraternité flottera la bannière;
Plus de titres pompeux, de castes, ni de rangs!
Les faibles et les forts, les petits et les grands,
Des priviléges vains franchissant la barrière,
Vont enfin cimenter une sainte union,
　　Et, ce soir même, le lion,
　　Pour fêter cette nouvelle ère,

A de joyeux festins, où tous seront admis,
Invite ses sujets, ou plutôt ses amis...
　　— En vérité, dit le Renard, je loue
Ces nobles sentiments, et longtemps, je l'avoue,
J'appelai de mes vœux cet avenir promis.
　　Maudissant le destin contraire,
Je gémissais tout bas de mon obscurité;
Mais aujourd'hui je touche à la félicité.
Allons, joie et bonheur! car je suis votre frère!
　　Vive, vive l'égalité!...
Pourtant, nous n'admettrons à nos fêtes, j'espère,
Ni le pourceau fangeux, ni le singe éhonté? »

XV.

LA ROSE NATURELLE ET LES ROSES ARTIFICIELLES.

De la fleuriste, un jour, franchissant l'atelier,
Des Roses de satin, de soie et de papier,
Roses que le soleil n'avait pas fait éclore,
Dans un vase étalaient leur éclat inodore.
Une Rose des champs auprès d'elles brillait,
Riche de ses parfums et fille de l'Aurore :
Aussi pour l'admirer tout le monde accourait.
S'attribuant l'honneur qu'on rend à leur compagne,
Les autres se gonflaient d'orgueil et de mépris,
Et lui dirent enfin : « Retourne à la campagne!
Paysanne, oses-tu nous disputer le prix?
C'est de nous, non de toi, que chacun est épris! »

Elle ne souffla mot, la Rose naturelle;
　　Mais quelqu'un répondit pour elle :
« Folles, il vous sied mal d'affecter ce dédain.
Sur vous de cette fleur rejaillit le mérite;
Si loin d'ici brillait celle qui vous irrite,
　　On vous délaisserait soudain. »

Ce trait de Cendrillon nous rappelle l'histoire :
C'est encore une fois la vertu, la beauté
De ses indignes sœurs essuyant la fierté,
Et les ennoblissant du reflet de sa gloire.

XVI.

UN RICHE D'A PRÉSENT.

Un de ces vils traitants, Macaire sans pudeur,
Qui savent exploiter la bonne foi publique,
Avait contre de l'or échangé son honneur :
Ainsi souvent chez nous la chose se pratique.

Il s'écriait, un jour : « Je ne comprends pas, moi
Vraiment, comment on peut mépriser la richesse...
— Pour moi, je le comprends, dit quelqu'un, quand je voi
Ceux à qui de nos jours la fortune s'adresse... »

XVII.

LE LION ET LE RENARD.

Un sujet du Lion, contre sa majesté
   Certain jour s'étant révolté,
Se cachait, résolu de ne jamais se rendre.
En vain mille espions furetaient dans les bois,
   Aucun ne pouvait le surprendre.
A son prince un Renard propose de le vendre;
« Celui qui met, dit-il, vos limiers aux abois,
Des amis constamment se montra le modèle;
En plus d'une rencontre il fut mon bienfaiteur :
Je le livre pourtant, pour vous prouver mon zèle
   Et mériter votre faveur.
   J'ai su découvrir sa retraite,
Et, foi de fin Renard, je vous promets sa tête. »
Le marché se conclut; le rebelle est livré;

Et le nouveau Judas va toucher son salaire.
A quelques jours de là, de ses gens séparé,
Le roi se promenait; or, l'ayant rencontré,
Le Renard le salue, et le prince en colère
Rugit. « N'ai-je donc pas, dit l'autre, pour vous plaire,
Traduit à votre barre un criminel d'État?
Sans moi l'impunité couvrait son attentat.
— Sottement, dit le roi, tu croyais, sur mon âme,
Gagner mon amitié par ta conduite infâme.
Ah! si l'on récompense un traître qui nous sert,
   On lui voue un mépris suprême;
Et puis, mon ennemi, tu le vendis hier;
   Demain, tu me vendrais moi-même... »

XVIII.

L'OIE QUE L'ON ENGRAISSE.

Dans une basse-cour se dandinait une Oie,
Et, fière, elle disait : « Je nage dans la joie!
De Cocagne, vraiment, j'habite le pays;
On me gorge de son, de froment, de maïs.
La femme, les enfants, les valets et le maître
Sont, par amour pour moi, voués à mon bien-être.
— Cesse, lui dit quelqu'un, de croire en leur bonté;

Apprécie un peu mieux leur générosité :
Ils te réservent tous une amère disgrâce,
Et te feront rôtir lorsque tu seras grasse... »

Ceux qui de nous servir se montrent empressés
Nous prodiguent parfois des soins intéressés.

XIX.

LE LAURIER, LA LYRE ET LE LIERRE.

Quelqu'un sur un Laurier suspendit une Lyre.
  Or, quand le souffle du zéphire
  Agitait les rameaux, soudain
Elle exhalait des sons étranges, fantastiques,
Comme en rendaient jadis les harpes prophétiques
    Sur les saules du Jourdain.
Au même arbre attaché, tortueux parasite,
Un Lierre, en qui l'orgueil tenait lieu de mérite,
En vain depuis longtemps sur le Luth se tordait;
Jamais à ses efforts le Luth ne répondait.
A la fin, n'écoutant qu'une funeste envie :
« Vous allez voir, dit-il, ma vengeance assouvie!

Puisqu'à vous égaler je ne puis parvenir,
De votre gloire au moins je saurai vous punir... »
Alors comme un serpent il commence à s'étendre,
Et de ses nœuds pressés tous deux les étouffant,
« Désormais nos chanteurs, dit-il en triomphant,
  Ne pourront plus se faire entendre. »

Voilà de l'envieux ce que l'on doit attendre :
Toujours près du mérite on le voit se glisser,
Et comme à ses succès il n'oserait prétendre,
Dans ses mille replis il cherche à l'enlacer.

XX.

LA ROSE ET LE PAPILLON.

Un arbuste odorant, le Papillon folâtre,
Vouèrent à la Rose un amour idolâtre.
Qui fut le préféré? Ce fut le Papillon.
    Ne riez pas, belles, je vous en prie :
    Légèreté, grâce, coquetterie,
N'est-ce pas pour vos cœurs un puissant aiguillon?
On vit, à la faveur d'une belle journée,
Les oiseaux d'alentour confondre leurs accents,
Les arbres et les fleurs d'un fraternel encens
Embaumer à l'envi la couche d'hyménée,

Pour fêter dignement l'épouse fortunée.
Mais pourquoi vers le soir la vit-on se flétrir,
    Tomber feuille à feuille et mourir?
C'est que le Papillon inconstant, infidèle,
Pour de nouveaux amours s'était éloigné d'elle.
« Trop juste châtiment, disaient ses jeunes sœurs :
Avec l'arbuste sage, et qui n'avait pas d'aile,
Elle eût d'un long hymen savouré les douceurs... »
    Et moi je dis : « Ne blâmez pas la Rose,
Car plus d'une, peut-être, eût fait la même chose... »

XXI.

LES HOMMES ET LA TOUR

Des Hommes autrefois bâtirent une Tour.
L'un d'eux monte au sommet; or, voyant à l'entour
Les campagnes au loin s'étendre parfumées,
Et ses frères en bas paraissant des pygmées,
Il s'écrie aussitôt : « Tous ces biens sont à moi!
Vils troupeaux, à genoux! car je suis votre roi! »
Indigné qu'à ses droits un frère ose prétendre,

Le peuple sans retard monte et le fait descendre,
Et lui dit : « Pour nous voir tomber à tes genoux,
Quels titres sont les tiens? dis, vaux-tu mieux que nous!
Es-tu fait d'autre sorte? As-tu plus de courage?
Rentre au sein de la foule et reste notre égal,
Et sache qu'on n'est pas un plus grand personnage
Parce qu'on est assis sur un haut piédestal... »

XXII.

LE CERFEUIL ET LA CIGUË.

Le Cerfeuil odorant et la Ciguë amère
Côte à côte vivaient sur le bord d'un chemin.
Un enfant, certain jour, d'une imprudente main,
Les cueille tous les deux et les porte à sa mère.
« Voilà pour le ragoût de ce soir! » lui dit-il.
Mais, elle, avec frayeur elle écarte la plante
        Bienfaisante

De la plante au poison subtil.
    « Mon fils, plus souvent qu'on ne pense,
Le mal, dit-elle, est à côté du bien :
    Il en a même l'apparence.
Sache entre eux, désormais, faire la différence;
    De ma leçon profite bien. »

XXIII.

LE MEUNIER, LE FERMIER ET L'ANE.

Pour ses travaux un Meunier possédait
    Un Baudet.
Tous les jours pour notre âne étaient jours de carême.
En vain se plaignait-il de sa maigreur extrême ;
On lui regrettait l'herbe et le moindre chardon...
Hors les sacs de farine et les coups de bâton.
Un jour, comme ils allaient au plus prochain village,
    Maître Meunier, déjà sur l'âge,
Charge de blé sa bête et monte par-dessus :
    Mais le Baudet qui n'en peut plus,
Voulant se délivrer d'un cruel esclavage,
Par un sublime effort s'élance... Tout à coup
    Le Meunier tombe et se casse le cou.
L'âne, se voyant seul, renverse la farine,
Saute, gambade, rue et casse son licou.
Bientôt le gros Fermier d'une ferme voisine
Aperçoit dans les champs l'animal révolté,
Qui se vautre dans l'herbe et broute en liberté :
« C'est moi qui vais, dit-il, sous le joug te soumettre,
Et tu m'appartiendras sans bourse délier. »
Lors, d'un ton doucereux, il va le supplier

De vouloir bien le reconnaître
Comme son protecteur, sinon comme son maître.
Il aura, tous les jours, l'avoine au ratelier ;
Plus d'accablants fardeaux ; chacun lui fera fête :
Enfin, il lui promet félicité parfaite.
Or, l'imprudent se livre... Et vous saurez comment
    Le gros Fermier tint son serment :
    Il enfourche la pauvre bête,
Lie au bout d'une gaule une botte de foin
    Que dans l'air il agite au loin.
Plus l'Ane trotte, et plus l'amorce horizontale
S'enfuit devant la dent qui cherche à l'attraper.
Hélas ! pour le Baudet qui s'est laissé tromper
    C'est le supplice de Tantale.
S'il peste contre un jeu qui ne lui convient pas,
Quelques coups de bâton le remettent au pas.
    Il a beau dire, il a beau faire,
L'autre toujours le leurre et le frappe plus fort.

Je connais tel État sur un point de la sphère
A qui de ce pauvre Ane on fait subir le sort.

LIVRE CINQUIÈME

I.

L'AVARE ET L'HYDROPIQUE.

« Hydropique, disait l'Avare,
　Votre sort est vraiment bizarre;
Quoi! vous buvez toujours sans vous désaltérer,
Et, par une imprudence étrange, inconcevable,
Vous-même alimentez le mal qui vous accable!

Il faut savoir se modérer...
—Mais vous, maître Harpagon, pareil mal vous tourmente,
　Lui dit quelqu'un... la soif de l'or!
Vous n'avez qu'un seul but, grossir votre trésor :
Eh bien! plus il grossit, plus votre soif augmente. »

II.

LA FAUVETTE ET LE PINSON.

A M. BÉRANGER.

Dès l'aube jusqu'au soir la Fauvette chantait;
　　C'était
　Tout son bonheur, toute sa vie.
Le Pinson vint lui dire : « Excités par l'envie,
　Le geai, le merle, le dindon,
　Le corbeau, la pie et l'oison,
Disent insolemment que tu devrais te taire,
Et toi, malgré leurs cris, malgré leurs sots discours,

　Joyeuse, tu chantes toujours...
De ta persévérance apprends-moi le mystère. »
La Fauvette répond : « Hier, au fond des bois,
　Le rossignol, ce roi de l'harmonie,
Daigna d'un doux sourire encourager ma voix.
　Va, mon frère, quand le génie,
Oracle irrécusable, applaudit à nos chants,
Que nous font les clameurs des sots et des méchants! »

III.

LE MOUCHERON ET LA MOUCHE.

Sage, craintif, docile aux conseils de sa mère,
Loin du feu voltigeait un jeune Moucheron.
　　La chandelle lui dit : « Poltron!
D'un péril idéal, d'une folle chimère
　　Cesse enfin de t'épouvanter.
　　Viens au plus tôt, viens habiter
Le magique palais que ma flamme environne.
Des sylphes, des lutins y font une couronne
D'azur et de saphir... Elle sera pour toi : »
　Approche, approche... et tu vas être roi!
Que fait le Moucheron? Vous le savez d'avance :
Ébloui, fasciné, vers la flamme il s'élance,
Et dans le beau palais il rencontre la mort.
Une mouche était là, vieille prude, et la dame
　　A l'écart observait le drame.

« Cet insensé, dit-elle, a mérité son sort.
Pourquoi s'envolait-il sur une mèche ardente?
　　Que la jeunesse est imprudente!... »
　　Tandis qu'ainsi notre Mouche parlait,
Elle voit sur la table un vase plein de lait.
　　« Dans ce nectar, dit la friande,
　　On trouve plaisir et profit :
Là du moins, il n'est pas de feu qu'on appréhende... »
Mais on peut s'y noyer... et c'est ce qu'elle fit.

Mouches et Moucherons, depuis cette aventure,
N'évitent pas toujours un semblable accident :
L'homme, image de Dieu, sublime créature,
Depuis la chute d'Ève est-il donc plus prudent?

IV.

LE FLOT.

Une voix dit au Flot : « Pourquoi fuir ces rivages,
Ces fleurs, ce sable d'or et ces beaux coquillages?
Oh! ne va plus ainsi, sur les mers t'égarant,
Livrer ton onde si limpide
Au récif anguleux, au gouffre dévorant... »
　　Le Flot répond : « Lent ou rapide,

Toujours m'entraîne le courant.
Sur des rocs, sur des fleurs, vers l'abîme ou la nue,
Poursuivant une route à moi seul inconnue,
　　A son gré je roule incertain. »

Le Flot et le courant, c'est l'homme et le destin.

V.

LES DEUX CEPS DE VIGNE.

　　Courbé sous le poids du raisin,
　　Un jeune Cep a pour voisin
Un vieux Cep tortueux, couvert de cicatrices,
Qui compte avec orgueil soixante ans de services,
Et n'a plus pour richesse et pour tout ornement
Que des grains clair-semés sur un dernier sarment.
　Or, le vieux Cep, au temps de la cueillette,
　　Fournit un nectar généreux....

— Et l'autre? — De ses fruits nombreux
　　On fit un tonneau de piquette.

En frivoles propos ne voit-on pas, toujours
　　Abonder la folle jeunesse?
Vieillesse parle moins; mais ses rares discours
Sont pleins de bons conseils mûris par la sagesse.

VI.

L'ENFANT ET LE SUCRE.

« Enfant, tu sais cet homme et si sombre et si noir,
Dont l'aspect, autrefois, t'accablait de tristesse :
   Eh bien! à cet homme, ce soir,
Tu rendais, je l'ai vu, caresse pour caresse.
D'où vient ce changement? Parle, petit lutin.
— C'est... c'est qu'il m'a donné du Sucre ce matin. »

Hier, contre les rois Paul lançait l'anathème ;
   Mais aujourd'hui, changeant de thème,
   Des rois il chante les vertus...
On a donné du Sucre au moderne Brutus.

VII.

LE CHIEN ET LE LION.

Sous un sceptre de fer courbant les animaux,
Le Lion, roi cruel, les accablait de maux ;
Comme les dieux païens il vivait d'hécatombes.
Chacun a ses tyrans : les cerfs et les colombes
Dans l'air et dans les bois périssent tous les jours
Sous l'ongle des lions, sous le bec des vautours.
Tous pleuraient sous le poids d'un pénible esclavage,
Lorsqu'un Chien se dévoue, et, s'armant de courage,
Pour le salut commun gagne l'antre du roi.
Voulant frapper son cœur d'un salutaire effroi,
« Apprenez, lui dit-il, qu'un cri de délivrance

Peut remplacer bientôt le cri de la souffrance,
Et que le ciel, témoin de nos affreux tourments,
Vous réserve la foudre et de longs châtiments.
Vous verrez dans vos nuits chaque pâle victime
Troubler votre sommeil et vous glacer d'horreur...
Allons, quittez enfin le noir sentier du crime... »
Le Lion, à ces mots, étrangla l'orateur.

Plus d'un noble avocat d'une cause sublime,
Pour ses frères bravant la colère des rois,
Gémit dans les cachots ou mourut sur la croix !

VIII.

LES GRENOUILLES QUI CHANGENT DE GOUVERNEMENT.

Des Grenouilles, un jour, vers un lac s'assemblèrent,
   Et, dans leur mécontentement,
     Elles changèrent
   La forme du gouvernement.

Je ne sais pour laquelle elles se décidèrent ;
Prirent-elles pour chef un prince, un prêtre, ou bien
   Un dictateur? Je n'en sais rien.
« Mesdames, leur dit-on, vous connaissez, j'espère,

De vos antiques sœurs le destin peu prospère;
　D'un amer désenchantement
Jupiter sut payer leur soif de changement...
　— Jupiter fut un mauvais père,
Répondit aussitôt le peuple coassant.

Au lieu d'un soliveau, d'une hydre épouvantable,
Que ne leur donnait-il quelque prince équitable,
　Quelque maître sage et puissant!
A souffrir en silence il faut donc se contraindre?
Tant qu'on est malheureux on a droit de se plaindre... »

IX.

LE HANNETON.

Un enfant, dans sa main tenant un Hanneton,
L'attache par un fil au bout d'un long bâton.
L'insecte prend son vol; il tourne dans l'espace,
Et dans le même cercle il repasse et repasse.
Bientôt, se croyant libre, il se voit dans les airs,
Franchissant les cités, les forêts, les déserts,
Les peuples de la terre et les peuples de l'onde.
Il allait parvenir jusqu'aux bornes du monde;
Tout à coup il s'arrête... On devine aisément

Quel dut être aussitôt son désappointement...

Députés, c'est à vous que ma fable s'adresse :
Au bâton du pouvoir Hannetons mis en laisse,
Vous vous battez les flancs, vous prenez vos ébats,
Et dans un cercle étroit vous bourdonnez sans cesse.
Est-ce qu'on vit jamais, après vos longs débats,
Les affaires du peuple avancer d'un seul pas?

X.

LE DERVICHE ET LE ROI.

Un Derviche allait faire un long pèlerinage.
Quand la nuit descendit, portant l'ombre et l'effroi,
Il s'assit pour dormir sous le palais d'un Roi.
Il posait son manteau, son bâton de voyage,
Quand le roi l'aperçut et lui cria : « Pourquoi
Viens-tu sous ce portique? Il te fallait, crois-moi,
Chercher un autre gîte ou poursuivre ta route.
Ces murs sont un palais, et non pas, sur ma foi,
Un caravansérail... » Le vieillard dit : « Écoute :
Combien d'autres ici régnèrent avant toi? »

— Deux cents. — Et, dis-moi, tant de maîtres,
　Seigneur, furent tous tes ancêtres?
— Non, vingt races ont pris la couronne à leur tour,
　Et par le peuple élus à la puissance,
Selon que par le crime ou par leur bienfaisance
Tous ces rois en ces lieux signalaient leur présence,
Ils furent adorés ou proscrits sans retour. »
　Alors le Pèlerin s'écrie :
« Des murs où tant de chefs ont passé tour à tour
Ne sont pas un palais, c'est une hôtellerie!... »

XI.

L'ARAIGNÉE.

Sur un rosier paré de sa robe de fleurs,
Une Araignée, un jour, file des nœuds trompeurs;
  Puis la cruelle,
 Sous une feuille assise en sentinelle,
Attend, l'œil aux aguets, d'imprudents voyageurs,
 Et dit : « Passez, mouches de toute sorte,
 Parasites ailés de toutes les couleurs,

Passez... » Soudain le vent emporte
Et les feuilles de rose et les plans destructeurs,
Et la toile tissue avec tant d'artifice.

Sur les roses, le sable et sur les flots mouvants
Fondez de vos projets le fragile édifice,
Tous vos projets bientôt sont le jouet des vents.

XII.

LA DAME ET LE MIROIR.

Une Dame coquette et laide à faire peur,
Mais riche, pour son or avait plus d'un flatteur.
Vainement son Miroir la trouve épouvantable;

Chacun de ses amis la déclare adorable,
Lui décerne à l'envi le prix de la beauté,
La couronne de fleurs, la nomme son idole.

Comme de leur encens la coquette raffole !
Aussi comme elle voue avec sincérité
Amour aux courtisans, haine à la vérité !
Elle était seule un jour ; la Glace véridique
Amplement démentait l'encens hyperbolique ;
La foule avait dit blanc, le verre disait noir :
« Maudit soit, dit la Dame, un Miroir qui m'outrage !
Celui qui l'inventa fut un sot personnage !

Dans ce verre imposteur je ne veux plus me voir... »
Alors, obéissant à son humeur chagrine,
Notre belle en éclats fait voler le Miroir.

Plus d'un fat qu'on adule aux bancs de la doctrine,
Mais que la presse libre a dépeint trait pour trait,
Briserait de bon cœur ce Miroir indiscret.

XIII.

LES DEUX CANARDS.

Deux Canards barbotaient tout le long d'une mare :
« Mon frère, dit l'un d'eux, que dis-tu du mouton ?
   Quant à moi je le trouve ignare,
   Paresseux, maladroit, poltron ;
   Car, entre nous, que sait-il faire ?
Bêler, brouter, dormir du matin jusqu'au soir,
   N'est-ce pas toute son affaire ?
Mais parle-moi du singe ; ah ! c'est lui qu'il faut voir !
   Dans sa cage il fait sans cesse
   Mille et mille tours d'adresse...

— Oui, dit l'autre Canard, il est plein de savoir ;
Mais il n'aime personne, et personne ne l'aime :
De la méchanceté c'est le funeste emblème ;
Gare à qui loin de lui ne sait pas se tenir !
Le mouton est plus bête, il faut en convenir ;
Mais il est estimé de chacun à la ronde ;
Il est sensible et doux, et ce pauvre animal
   Ne fit jamais le moindre mal. »

Je préfère un bon cœur à tout l'esprit du monde.

XIV.

L'ENFANT ET LES FLEURS.

Dans les champs voisins d'une ferme
De beaux froments étaient en germe ;
En même temps germaient aussi
La blanche pâquerette et le jaune souci.
Du printemps la saison vermeille,
De ses sucs généreux fertilisant les blés,
Aux sillons prodigua les Fleurs de sa corbeille.
On voyait croître, entremêlés,
Bluets, coquelicots, marguerites, pensées,
Muguets, boutons d'or étoilés,
Et clochettes traînant leurs tiges enlacées.
Lorsque pour voir les blés s'en va le laboureur,
Alfred, son jeune fils, admire chaque Fleur.
Que la tempête au loin répande les alarmes,
Que la bise tardive apporte des glaçons,
« Grand Dieu! dit le fermier, protégez nos moissons!
— Ciel, épargnez mes Fleurs! » dit l'Enfant tout en larmes.
Dans l'été, lorsque les passants
Émerveillés disaient : « Oh! les blés ravissants! »
Alfred disait tout bas : « Que ces Fleurs sont gentilles! »
Les épis arrivant à leur maturité,
Dès l'aube le fermier fait armer de faucilles
Ses fils et ses voisins, qui, pleins d'activité,
S'en vont des blés jaunis recueillir mille gerbes ;
Alfred, de son côté, fait des gerbes de Fleurs.
« Oh! l'Enfant paresseux, avec ses folles herbes! »
Criaient, en ricanant, les rudes moissonneurs.
Et lui, d'un seul objet nourrissant sa pensée,
En chantant poursuivait sa tâche commencée.
Mes gens gagnent enfin, à la chute du jour,
La ferme où les attend une table frugale.
Ruisselant de sueur, Alfred vient à son tour,
Et dignement il veut qu'on le régale :
« Qui ne travaille pas ne mange pas, Enfant! »
Lui dit-on aussitôt ; mais lui, tout triomphant,
Il offre aux conviés mainte fraîche guirlande.
Pour prix de sa naïve offrande,
Chacun l'embrasse, et de grand cœur
On l'accueille au repas comme un bon travailleur.

L'enfant que j'ai chanté, c'est l'artiste candide
Qui sur un monde austère et de richesse avide
Des poétiques fleurs aime à verser le miel.
Mais quand sa tête est lasse et que la faim le presse,
Il trouve rarement, paria qu'on délaisse,
Une table commune, un foyer paternel.

XV.

LE CORBEAU ET LE RENARD.

Le Corbeau, toujours maître en fait d'escroquerie,
Pour réparer les torts que lui fit le Renard,
S'est d'un autre fromage emparé quelque part.
Le Renard, toujours maître en fait de fourberie,
Répète à notre oiseau sa formule chérie :
« Eh! bonjour, lui dit-il, que vous me semblez beau!
Vous êtes le phénix... » Messire le Corbeau
Dévora le fromage aux yeux du bon apôtre,
Et lui cria : « Rusé matois,
Pour me séduire encore entonne une autre gamme :
Au même piège, sur mon âme,
Tu ne saurais me prendre une seconde fois. »

XVI.

L'ABEILLE ET LE PAPILLON.

L'Abeille au Papillon parlait un jour ainsi :
« Veux-tu jusqu'à la mort, dans tous les coins du monde,
Éparpiller ta vie oiseuse et vagabonde
Et de ton avenir n'avoir aucun souci?
D'un travail assidu je suis le vrai modèle :
Ainsi qu'à mon nectar, à ma ruche fidèle,
   Le même toit m'abrite constamment. »
Elle aurait volontiers poursuivi la semonce;
Mais deux hommes par là passant en ce moment,
Le Papillon se sauve, emportant sa réponse.
« L'Abeille, dit l'un d'eux, n'a-t-elle pas raison?...
     — Non!
Car, selon moi, toute nature est sainte;
Faut-il tous nous cloîtrer dans une étroite enceinte?
Le Papillon, disaient les poëtes anciens,
C'est l'esprit dégagé des terrestres liens:
Émeraude vivante et diamant qui vole,

De l'âme voyageuse il offre le symbole;
Il va de fleur en fleur, au gré de son désir,
Et, quand s'exhale enfin sa vie insoucieuse,
Il semble encor rêver d'amour et de plaisir... »
   L'autre répond : « L'Abeille industrieuse,
Qui sur toutes les fleurs cueille un miel abondant,
   N'est-ce pas l'écolier prudent
Qui puise dans l'étude une douce ambroisie;
Et l'autre, n'est-ce pas un enfant insensé
Préférant au savoir sa vaine fantaisie,
Et pour le plaisir seul se montrant empressé?
   — Vous avez raison, je l'avoue;
Mais c'est encor l'homme qui voue
A toute poésie un culte intéressé,
Et celui qui demande à la muse qu'il aime,
Non pas un vil métal, mais la muse elle-même. »

XVII.

LE COQ ET LE VAUTOUR.

Un Coq, sultan de basse-cour,
Plus gras que tous les coqs qui régnaient à l'entour,
Par le droit des ergots, droit toujours arbitraire,
Battait, grugeait les siens, et plus il s'engraissait,
   Plus la volaille maigrissait.
Oisons, dindons, poulets, il faut le laisser faire,
Ou bien gare le bec et gare l'éperon !...

« Tyran ! lui dit quelqu'un, tu fais le fanfaron,
Et devant le Vautour tu courberais la tête !
— Le Vautour!... dit le Coq en balançant sa crête,
   Qu'il apparaisse, et sans pitié... »
Mais le Vautour se montre au haut d'une muraille,
Et le lâche lui dit : « Plumez cette canaille
   Et donnez-moi votre amitié. »

XVIII.

LUCY ET SA POUPÉE.

Au soin de ses enfants une mère assidue
Tendrement à Lucy, chaque jour, adressait
Reproches et conseils bien mérités, Dieu sait!
Reproches et conseils étaient peine perdue.

En revanche, Lucy prenait sur ses genoux
Et, coupable, tançait sa Poupée innocente.
« Vous êtes, disait-elle, ah! j'en rougis pour vous,
Méchante, paresseuse et désobéissante;

Il faut vous corriger de ces vilains défauts... »
C'était, de point en point, le sermon de sa mère.
La Poupée, à la fin, lui réplique : « Ma chère,
Ce qui, tombant sur moi, tombe toujours à faux,

Je le renvoie à son adresse;
A toi ces discours-là furent faits pour ton bien.
Épargne-moi, Lucy, tes leçons de sagesse,
Et remplis des devoirs que tu prêches si bien. »

XIX.

LA CHENILLE.

Insecte repoussant, la hideuse Chenille,
Qui trace sur les fleurs un venimeux sillon,
   Nous séduit quand elle brille
   Sous les traits du papillon.

Dans toute sa laideur ose-t-il apparaître;
   Ainsi le vice fait peur;
Mais trop souvent, hélas! nous captive le traître,
   Paré d'un masque trompeur...

XX.

FANFAN ET LE BATON.

Fanfan fit un cheval d'un Bâton, qui, plus tard,
   Devint l'appui de sa vieillesse.

Ce Bâton, dites-moi, n'est-ce pas la sagesse;
Dont s'amuse l'enfant, dont se sert le vieillard?

XXI.

LE PAPILLON ET LE VER A SOIE.

« Qu'as-tu, beau Papillon? disait le Ver à soie;
Quel nuage sinistre a dissipé ta joie?
   Qui peut ainsi faire couler tes pleurs?
   — Avec l'abeille, au sein de la prairie,
   Je folâtrais parmi les fleurs.
C'était de tous mes jeux la compagne chérie;
   Mais elle vient de me quitter

Pour regagner sa ruche où le travail l'appelle.
Je la hais, l'inconstante, à mes désirs rebelle...
   — Ami, reprend le Ver, tu devrais imiter
   L'abeille si laborieuse.
   Mais vois, elle revient, heureuse,
   Te consacrer tout son loisir;
Car, après le travail, plus doux est le plaisir. »

XXII.

LA SOURCE.

Lorsque l'été sur la terre
Étend son brûlant manteau,
Comme un Éden solitaire
Fleurit au pied du coteau
Un pré riant et fertile.
Ailleurs, quand le sol stérile
Est morne, silencieux,
Là s'ouvre un charmant asile
Pour l'oiseau mélodieux;
Dans l'atmosphère embrasée
On voit monter, doux espoir!
Un brouillard qui, vers le soir,
Retombe en fraîche rosée...
Or, ce pré toujours vert même au sein de l'été,
A qui doit-il la sève et la fertilité?
C'est à la Source féconde
Qui répand sous les fleurs les trésors de son onde.

Ainsi, dans l'obscurité,
Se cache la bienfaisance,
Et, seules, ses vertus signalent sa présence.

XXIII.

LE POT DE TERRE ET LE VASE D'OR.

Frêle, pétri de fange, un vase estimé peu,
Le Pot de terre, enfin, s'endurcit sur le feu.
Monseigneur Vase d'or dans la flamme, un jour, tombe,
Et le voilà fondu, le beau sire, vanté
Pour son prix, son éclat et sa solidité.
Au feu de l'adversité,
Où souvent le riche succombe,
Souvent le pauvre a résisté.

LIVRE SIXIÈME

LIVRE SIXIÈME

I.

LA CONQUE ET L'ENFANT.

A MA SŒUR.

Un Enfant aperçoit sur une cheminée
Une Conque jadis par la vague entraînée
   Sur un rivage lointain.
   Il l'applique à son oreille,
   Puis il entend, ô merveille!
   Un bruit étrange, incertain.
« D'où vient, dit-il, ce bruit qui cause ma surprise?
— C'est la voix de la mer que caresse la brise;
Son souvenir en moi toujours résonne ainsi. »

   O ma sœur, en nous aussi
   Murmure une voix touchante,
De la terre natale écho mystérieux.
Quels que soient nos destins, à toute heure, en tous lieux
Elle parle à nos cœurs de la patrie absente.

II.

L'ŒUF DE POULE.

   Croyez-moi, de vos tendres mères
   Ne repoussez jamais les soins;
Elles seules, enfants, connaissent vos besoins.
Liberté trop précoce a des suites amères.

Par Cocotte couvé, certain Œuf se lassa

De vivre, disait-il, dans une ombre éternelle,
   Et l'imprudent hors du lit se glissa,
Fier de se dérober à l'aile maternelle.
De ses frères bientôt (ils étaient plus de vingt)
Sortit maint joli coq, mainte douce poulette;
   Et lui, sait-on ce qu'il devint?
   Il fut croqué par la belette.

III.

LA FUSÉE ET LA LAMPE.

Ivre d'un vain mérite et folle de jactance,
La Fusée à la Lampe un jour parlait ainsi :
« Flambeau pâle et sans gloire, éloigne-toi d'ici;
Tu compromets par ta présence
Une fille des cieux, dont les feux éclatants... »
Mais quelqu'un l'interrompt : « Madame la Fusée,
Je défends contre vous la Lampe méprisée.
Feu follet qui dans l'air brillez si peu d'instants,
Vous êtes des oisifs l'amusette frivole.
La Lampe, à mon avis, remplit un plus beau rôle ;

Quoique moins radieuse, elle luit plus longtemps ;
Elle est à l'atelier, au fond du sanctuaire,
Au grenier du poëte, au lit de la douleur,
Compagne du travail et sœur de la prière :
Partout son doux rayon console le malheur. »

A la Fusée orgueilleuse et futile
Ressemblent la plupart de nos littérateurs ;
Lampe modeste, mais utile,
Tu comptes dans leurs rangs trop peu d'imitateurs.

IV.

LA TOURTERELLE CHOISISSANT UN ÉPOUX.

La Tourterelle se lamente ;
Que veut la Tourterelle? elle veut un Époux.
« Apaisez, dit le coq, le feu qui me tourmente ;
Beau, brave, vigilant, je suis digne de vous.
— Je ne puis vous aimer, répond la Tourterelle,
Car je veux un époux fidèle. »
En ce moment, l'aigle arrive des cieux :
« Des oiseaux, lui dit-il, soyez la souveraine »
Elle répond : « L'amour n'est pas ambitieux. »
Le rossignol survient : « Pour adoucir ta peine
Je filerai les plus doux sons.

— Le chant ne suffit pas à mon âme brûlante ;
L'amour ne vit pas de chansons. »
Le paon déploie en vain sa roue étincelante ;
Elle lui dit : « L'éclat, la vanité
Ne font pas la félicité. »
Les amants éconduits quittent la Tourterelle,
Et la pauvrette pleure encor.
Un tourtereau venant : « Sois mon époux ! » dit-elle.
Pour plaire, qu'avait-il? de la gloire, de l'or!..
Il avait son amour pour unique trésor.

V.

SIC VOS NON VOBIS.

LE PORC.
Je déterre la truffe, et je mange des glands.
LE BŒUF.
Pour d'autres que pour moi je laboure les champs.
LE VIGNERON.
Nous ne buvons jamais le vin de nos vendanges.

LE MAÇON.
Je bâtis des châteaux, et j'habite des granges.
L'INVENTEUR.
Pierre invente, et Janot passe pour l'inventeur.
L'ÉCRIVAIN.
L'œuvre d'un auteur pauvre enrichit l'éditeur.

VI.

LE LABOUREUR ACCUSÉ DE MAGIE.

S'affranchissant du joug héréditaire,
Un Romain acheta quelques arpents de terre,
Et fit si bien qu'en peu de temps,
Un champ qui fut jadis rocailleux et stérile,
Il le rendit riche et fertile.
De sa prospérité les voisins mécontents,
Devant le peuple l'appelèrent
Et de magie ils l'accusèrent.
Que fit l'ancien esclave en ce pressant danger?

Il amena vers ceux qui devaient le juger
De bœufs un robuste attelage,
Ses fils déjà grands, déjà forts,
Et ses outils de labourage.
« Peuple, voilà, dit-il, la magie et les sorts
Auxquels je dois les biens que l'on m'envie. »
A ces mots, en dépit de ses voisins jaloux,
Le Laboureur partit, absous,
Aux acclamations de la foule ravie.

VII.

LE PAPILLON ET LA LAMPE.

Beau Papillon cherchait fortune un soir.
Voyant dans une chambre une Lampe allumée,
Rapide, il vole ; ô désespoir !
Un carreau le retient, la fenêtre est fermée.
Il va, vient ; de la tête et de l'aile et des pieds
Il frappe à coups multipliés ;
Contre la barrière maudite
Le pauvre insecte se dépite ;
Tourments superflus, vains efforts :

Le lutin restera dehors.
Comme il pleure, comme il enrage,
Près de la flamme il aperçoit
Un moucheron qui, plus adroit,
A su se frayer un passage,
Mais qui, plus malheureux, dans les rayons ardents
Périt. Le Papillon, que ce trépas éclaire,
En s'envolant bénit l'obstacle salutaire
Qui vient de s'opposer à ses vœux imprudents.

VIII.

LE PHÉNIX MOURANT.

Sur un bûcher de cèdre, à la flamme odorante,
Pour la première fois quand le Phénix mourut,
Autour de sa dépouille, en sifflant, accourut
De geais et de serpents une tourbe insolente.
Mais un dépit mortel saisit les envieux
Lorsqu'il se ranima plus beau, plus radieux.

Si tu vois dans la tombe un grand homme descendre,
De son trépas,
Méchant, ne te réjouis pas :
Le Phénix renaît de sa cendre !

IX.

LE FLEUVE ET LE RUISSEAU.

A M. SCRIBE.

Éphémère enfant de l'orage,
Du haut d'une montagne un Ruisseau babillant,
　　Sautillant,
Arrive vers un Fleuve et dit : « Il n'est pas sage
　De s'épandre si largement;
　Tu ne traînes que de la vase,
Et tu vas épuiser ta source en un moment. »
　A peine a-t-il fini sa phrase,
　Que dans le sable il disparaît,

Et le Fleuve toujours laisse couler ses ondes
　　Pures, abondantes, fécondes.

Scribe, dans ce Ruisseau j'ai dépeint trait pour trait
Ceux qui de tes écrits vont accusant le nombre.
Mais toi, sans écouter leurs cris injurieux,
Tu vois un juste outil les couvrir de son ombre,
Et tu nous enrichis de tes flots glorieux.

X.

L'AMBRE ET L'AMOUR.

L'Ambre enfermé dans un coffret
Croit tromper le regard ou le doigt indiscret;
Mais l'Ambre se trahit par l'odeur agréable
Qui, perçant la prison, se répand à l'entour.

Qu'une femme en son cœur refoule son Amour
　　Comme en un fort impénétrable,
Au carmin de la joue, au langage des yeux,
On devine toujours l'hôte mystérieux.

XI.

ÉSOPE ET PROTÉE.

Lorsque dans l'Élysée Ésope descendit,
　　Protée en souriant lui dit :
« Sous ces bosquets divins, sur ces fleurs éternelles,
A jamais unissons nos ombres fraternelles;
Viens, ô toi qui là-haut me remplaçais si bien.
— Je ne te comprends pas, répond le Phrygien.

— Quoi! dans tes fables immortelles
N'as-tu pas, comme moi, pris cent masques divers!
— C'est vrai; mais entre nous grande est la différence :
　　Tu voulais cacher ta science,
Et moi je m'efforçais d'instruire l'univers. »

XII.

L'ATTELAGE.

« A cet enfant si fraîche, si jolie,
Oserez-vous, mon frère, unir vos soixante ans,
Marier vos hivers à ses quinze printemps;
Vous n'accomplirez pas cette insigne folie...
— Oui, je l'accomplirai, répondit le vieillard,
Aujourd'hui même et sans plus de retard. »
On eut beau dire, on eut beau faire,
La noce prit bientôt le chemin du notaire.
Voilà qu'à travers champ arrive un campagnard
   Menant de bœufs un Attelage;
Or, on ne vit jamais plus bizarre assemblage :
L'un, squelette affaissé sous le travail et l'âge,
Ne répond qu'avec peine aux coups de l'aiguillon;
   En mugissant, l'autre, jeune et robuste,
   Accuse la lenteur de son vieux compagnon.
   « C'est ridicule, c'est injuste,
Dit notre fiancé, d'associer ainsi
Des bœufs si différents de forces et d'années ! »
Son frère l'interrompt : « Vous condamnez ici
Le joug qui doit bientôt lier vos destinées.
Par vous-même averti, renonçant à l'hymen,
Du logis, croyez-moi, reprenez le chemin. »
Le vieillard adopta cet avis salutaire,
Et, jusqu'au dernier jour, resta célibataire.

XIII.

L'AIGLON.

A peine recouvert du plus léger duvet,
Déjà par la pensée un Aiglon s'élevait
   Vers des régions inconnues,
   Loin, bien loin par delà les nues.
Jeune amant de la gloire et de la liberté,
   Trop tôt le malheureux oublie
   Sa faiblesse et sa nudité,
Hors du nid, l'œil au ciel, il s'élance, ô folie !
Et la mort est le prix de sa témérité.

Si tu veux t'envoler aux sphères immortelles,
Poëte aventureux, laisse croître tes ailes.

XIV.

LE ROSSIGNOL, L'ÉTOILE ET LA FLEUR.

   Au firmament sans voile,
   Vers le soir une étoile,
   Radieuse, montait;
   Brûlant d'ardeur pour elle,
   Un Rossignol chantait;
   Une Fleur douce et belle
   Pour l'oiseau soupirait.
   Or, déployant son aile,
   L'amant ambitieux
   S'éleva vers les cieux :
   L'Étoile indifférente
   Au couchant disparut,
   Et, d'amour languissante,
   La pauvre Fleur mourut.

Le Rossignol, c'est l'âme ;
L'astre, lointaine flamme,
C'est un espoir trompeur;
La Fleur, c'est le bonheur...
Mais souvent l'âme, éprise
De biens que nous n'atteindrons pas,
   Trop follement méprise
Le bonheur éclos sous nos pas.

XV.

LA MORT ET L'AMOUR.

Munis de l'arc et du carquois,
La Mort et Cupidon voyageaient une fois.
Aussitôt que la nuit vint déployer son aile,
Les compagnons lassés se couchèrent tous deux,
Posant sur le gazon leurs flèches pêle-mêle.
S'éveillant quand l'aurore illumina les cieux,
L'Amour, par une erreur, source de mille larmes,
Prit des traits à la Mort, et la Mort, à son tour,
De l'enfant de Vénus emporta quelques armes.
Souvent la Mort, depuis ce jour,
Lance au cœur des vieillards les flèches de l'Amour,
Et, de son côté, l'Amour blesse
Des flèches de la Mort le cœur de la jeunesse.

XVI.

L'AVARE AUX ENFERS.

Un Avare étant mort descend au noir rivage.
Ne voulant pas payer l'impôt pour le passage,
Que fait notre Harpagon? Il se jette à la nage,
Et traverse sans peur le Styx et l'Achéron
    A la barbe du vieux Caron.
Mais Pluton, pour punir cet acte d'avarice,
Ordonne qu'à l'instant on invente un supplice
    Horrible, inouï jusqu'alors.
On saisit le coupable, à Minos on le livre,
Et le juge d'enfer le condamne à revivre,
Afin qu'il aille voir, loin du pays des morts,
Comment ses héritiers dispersent ses trésors.

XVII.

L'ESCARGOT ET LA CHENILLE.

Par habitude, par système,
O vous qui courtisez ou repoussez autrui
  Pour son habit, non pour lui-même,
C'est à vous que j'adresse une fable aujourd'hui.

Jadis vers l'Escargot se glissa la Chenille.
  « Bonjour, dit-elle, mon voisin,
  Ou plutôt mon cousin,
Car tous deux nous rampons... — Moi de votre famille!
Reprend maître Escargot; vraiment vous radotez.
  Fi! la vilaine créature!
Je ne vous connais pas, vieille folle; partez! »
Et la Chenille part sans relever l'injure.

A quelque temps de là, sur le gazon fleuri,
  Un beau papillon, dont les ailes
Semblaient faire jaillir des milliers d'étincelles,
Voltigeait, voltigeait. « Approche, mon chéri,
  Dit l'Escargot; causons ensemble;
Qu'un lien fraternel à jamais nous rassemble.
— Tais-toi, répond l'insecte, oh! de grâce, tais-toi,
  Lâche orgueilleux! ce qui te plaît en moi,
  Je le sais trop, c'est mon aile qui brille,
Car tu me repoussas impitoyablement
Lorsque j'étais encore une pauvre Chenille. »
A ces mots disparut le papillon charmant,
Et l'Escargot honteux rentra dans sa coquille.

XVIII.

L'ENFANT ET LA BOUGIE.

A la Bougie ardente, un soir, un écolier
Disait : « Ainsi que toi que ne puis-je briller!
Un soleil sur ton front toutes les nuits s'allume...

— Ah! vous ne savez pas ce que vous enviez,
Répondit la Bougie, Enfant, voyez, voyez :
  Je brille, mais je me consume. »

XIX.

LE CHAT ET LA TOURTERELLE.

Lecteur, je possède un Chat,
De plus une Tourterelle;
Ah! fort espiègle est le Chat,
Fort douce la Tourterelle.
Mimi, c'est le nom du Chat,
Bibi, c'est la Tourterelle.
Un jour, pardonne, ô mon Chat!
Pardonne, ô ma Tourterelle!
Prenant du mou pour le Chat,
Du grain pour la Tourterelle,

Je donnai le grain au Chat,
La viande à la Tourterelle.
Dans un coin pleurait le Chat,
Dans son nid la Tourterelle.
Aussitôt je dis au Chat,
Ainsi qu'à la Tourterelle :
« Maint professeur, ô mon Chat,
Maint juge, ô ma Tourterelle,
Donne aussi le grain au Chat,
La viande à la Tourterelle. »

XX.

LA FUMÉE DE L'ENCENS ET LA FUMÉE DE LA FORGE.

Un nuage d'Encens, s'élevant du saint lieu,
Rencontre dans les airs une noire Fumée
Que vomit à longs flots une forge allumée.
« Ne sais-tu pas, dit-il, que je monte vers Dieu?
Profane, éloigne-toi! » Du firmament venue,

En ces mots l'interrompt une voix inconnue :
  « Mêlez-vous fraternellement,
Toi, du sein du travail, et toi, du sanctuaire;
Vous êtes au Seigneur chères également,
  Car le travail vaut la prière. »

XXI.

LA GOUTTE D'EAU ET LE LIS.

Du haut d'un nuage enflammé
Une Goutte d'eau tombe en un Lis embaumé,
Et bientôt vers le ciel s'évapore odorante.

Ainsi la larme brûlante,
Qu'au sein de l'amitié verse l'affliction,
S'en exhale en parfums de consolation.

XXII.

LE CORMORAN ET LES RAYONS DE LA LUNE.

Un Cormoran suivait le bord d'une rivière.
 Il était nuit; du haut des cieux
 La Lune baignait sa lumière
 Dans l'onde aux plis capricieux.
 Notre oiseau que la faim tourmente,
 Croit voir de mille poissons d'or
 Glisser l'image séduisante.
Il plonge et ne prend rien ; il plonge, rien encor;
 Il s'élance vingt fois, et vingt fois perd sa peine.

D'un nuage bientôt la Lune se couvrant,
Maint poisson se montra sous le flot transparent;
Mais les prenant alors pour une forme vaine,
 A jeun partit le Cormoran.

Fortune, gloire, amour, comme un trompeur mirage,
Fit-on pour vous saisir mille efforts superflus,
Vous vous offrez souvent (ne perdons pas courage!)
A celui qui, lassé, ne vous attendait plus.

XXIII.

L'ENFANT ET LA ROSE.

Sur un rosier s'étale une Rose éclatante.
 Autour de la fleur qui le tente,
Fanfan voit se dresser plus d'un dard menaçant.
Lors, allongeant deux doigts, il sait avec adresse
Éviter le contact de l'épine traîtresse.
Mais du fond du calice un monstre s'élançant,

Une guêpe aussitôt le pique jusqu'au sang,
Et lui lègue, en perdant sa pointe envenimée,
 L'avertissement douloureux
Que, de tous les écueils dont la vie est semée,
Celui qu'on ne voit pas est le plus dangereux.

LIVRE SEPTIÈME

I.

L'ÉCOLIER ET LES VERGES.

Certain vieux pédagogue à certain Écolier
Disait : « Dans ton jardin il est un coudrier
    Large, touffu, vivace ;
Des jets tout à l'entour se dressent par millier.
  Va-t'en cueillir ce soir, après la classe,
    Les plus flexibles, les plus beaux.
  De mon projet ne conçois pas d'alarmes ;
Ce n'est pas pour ton dos que sont faites ces armes ;
    Par ta sagesse, tes travaux,
    Mon doux élève, tu me charmes ;
    Mais de tes indignes rivaux
    Je veux châtier l'insolence. »
Le gamin obéit ; quand il est de retour,
Le maître va fermer la porte à double tour,
Et, voulant se venger de quelque vieille offense,
    Il vous l'étrille d'importance,

    Comme cet Écolier, crois-moi,
Peuple, ne prête pas des armes contre toi.

II.

LE FLEUVE ET L'OCÉAN.

    Vers l'Océan un Fleuve immense
Roulait, majestueux, par sa pente entraîné.
    L'Océan, d'algues couronné,
Ainsi parle au sujet qui tombe en sa puissance :
« Que tu dois regretter, ô Fleuve fortuné,
Et tes flots glorieux où voguait l'espérance
Sur des vaisseaux chargés des plus riches trésors,
Et les mille cités assises sur tes bords !...
— Tout ce que je regrette, ô roi de l'onde amère,
C'est l'étroite vallée où, ruisseau transparent,
    Non loin de la source, ma mère,
    Sous les fleurs j'allais m'égarant ;
Je baignais des agneaux la toison douce et blonde ;
Dans mes roseaux chantaient les oiseaux amoureux.
Croyez-moi, roi des mers, l'obscurité vaut mieux
Que toutes les grandeurs, que tous les biens du monde. »

III.

LE COURSIER ET L'ABRICOTIER.

Amaigri par la faim, criblé par la mitraille,
Loin des camps se traînait un Cheval de Bataille.
« Adieu gloire stérile, adieu sanglants lauriers!
Désertant les combats et les feux meurtriers,
Vivons paisiblement au sein des pâturages.
Affronte qui voudra les périls et la mort;
Je vais me reposer sous ces riants ombrages... »
   Il dit, il se couche et s'endort.
   Dans un enclos du voisinage,
   Un Abricotier sans feuillage
Vers la terre courbait ses rameaux mutilés.
« De ceux qui de mes dons s'en retournent comblés
   Est-ce là la reconnaissance?
De mai quand reviendront les fécondes chaleurs,
J'appellerai les vents qui, servant ma vengeance,
Arracheront mes fruits en arrachant mes fleurs.
Plus je fus généreux, plus je veux être avare!... »
   Ainsi parlait l'Abricotier.
   Mais tout à coup une fanfare
Retentissant au loin réveille le Coursier,
Qui se lève, hennit, agite sa crinière,
Et galope, docile au belliqueux appel...
Mais sur l'arbre bientôt la brise printanière
Fait éclore des fleurs plus douces que le miel.
   Eh bien! pour venger ses injures,
Secoua-t-il son front, appela-t-il le vent?
Renonçant à la haine, oubliant ses blessures,
L'Abricotier donna ses trésors comme avant.

IV.

L'HERMINE ET LE RAT.

   Sur un terrain rocailleux
   Vivaient le Rat et l'Hermine;
   Bientôt ils furent tous deux
   Menacés de la famine.
   De son trou le Rat sortant,
   Dit à sa blanche compagne :
« Vois, par delà cet étang,
Comme est riche la campagne;
De fermes, d'arbres, d'oiseaux
Et de fruits elle est couverte.
Suis-moi, traversons les eaux;
Dans notre lande déserte
La faim nous accablerait.
— Quoi! dit l'Hermine, il faudrait
Me salir à cette fange?
— Eh! qu'importe! si l'on mange!...
— Non! dit elle, en vérité!
Va-t'en, je veux rester pure;
Ah! plutôt la pauvreté
Et la mort qu'une souillure! »

V.

LE RAT DANS LA BIBLIOTHÈQUE.

Niché dans les rayons d'une Bibliothèque,
   Un Rat trottait, trottait
De Pascal à Newton, de Corneille à Sénèque;
   Sans préférence il grignotait
    Les classiques,
    Les romantiques;
S'attachant, en vieux Rat qui connaît son métier,
   Moins au mérite de l'ouvrage
   Qu'à la finesse du papier.
Un Rossignol, récemment mis en cage,
   Lui dit : « Quelle félicité,
Au sein de la science et de la poésie;

Comme toi d'aspirer à l'immortalité !
Que ne puis-je, imitant ta noble fantaisie,
Enrichir mon esprit à ces divins trésors !...
— De futiles bouquins me fatiguer la tête !
Lui répondit le Rat, ne me crois pas si bête.
　　Ce n'est point l'esprit, c'est le corps
Que je cherche à nourrir dans les pages d'un livre :

Eh? qu'importe la gloire! avant tout, il faut vivre. »

Or, voulez-vous savoir, bénévoles lecteurs,
Chez nous quels sont les rats qui mettent en pratique
　　Cette morale prosaïque?...
Allez le demander à nos littérateurs.

VI.

LA TRUFFE ET LA POMME DE TERRE.

A la pomme de terre on voulait marier
La Truffe; mais craignant de se mésallier,
　　Celle-ci, d'une voix altière,
　　S'écria : « Moi, m'associer
　　A cette vile roturière !
Moi, qui règne aux festins du riche et du gourmet,
Avoir pour compagnon cet être sans noblesse,
Unir son goût maussade à mon divin fumet!
Ah! ce manque d'égards me confond et me blesse.
Allez aux champs, ma mie, allez aux carrefours
　　Nourrir le peuple, vos amours... »
　　　La Parmentière
　　　Alors reprit :

« Il ne te convient pas d'être avec moi si fière,
Car nous sommes deux sœurs qu'un même sol nourrit :
Oui, j'en fais vanité si tu m'en fais un crime,
　　Celui que la misère opprime
　　A moi jamais vainement n'eut recours.
Je pourrais, te rendant offense pour offense,
　　Te reprocher les vilains tours
Qu'à plus d'un estomac, qu'à mainte conscience...
　　Mais chut! tu me comprends,
　　Et plus que toi je serai charitable.
Tu méprises le pauvre et recherches les grands...
Je suis utile à tous : n'est-ce pas préférable? »

VII.

L'ALOUETTE ET LE POURCEAU.

A FÉLIX PYAT.

C'était un jour d'avril; aucun brouillard impur
Ne voilait du printemps la robe virginale.
S'élevant dans les airs, son royaume d'azur,
L'Alouette chantait sa chanson matinale.
　　Le Porc, de son côté,
Vers la fange tournait un regard hébété.
L'oiseau disait : « Salut, bienfaisante nature !
Doux soleil, cieux profonds, renaissante verdure,
Salut! » Le Porc grognait : « L'astre qu'on dit si beau,

　　Le ciel qu'on croit si vaste,
N'est qu'un miroir étroit, n'est qu'un mourant flambeau. »

Dieu, vertu, gloire, amour, ô bizarre contraste!
Quand le croyant vous dresse un autel dans son cœur,
Le sceptique vous nie avec un ris moqueur.
L'un, pour juger, bien bas regarde vers la terre,
Et l'autre voit plus haut : c'est là tout le mystère.

VIII.

LA MÈRE, L'ENFANT ET LE VIEILLARD.

« Vois ce Vieillard, là-bas, sur le bord du chemin :
Va, mon fils, jusqu'ici conduis-le par la main.
De ta voix la plus douce apaise sa souffrance :
La vieillesse sourit aux grâces de l'enfance. »
L'enfant part ; mais bientôt revenant sur ses pas :
« Mère, il ne souffre point, puisqu'il ne pleure pas;
Car, moi, toutes les fois que j'ai du mal, je pleure.

— Retourne à lui, mon fils; amène-le sur l'heure;
Je veux connaître ses besoins.
Son regard soucieux, son front ridé qui penche,
Voilà de ses ennuis d'infaillibles témoins...
Crois-moi, si par des pleurs la douleur ne s'épanche,
Mon fils, on n'en souffre pas moins. »

IX.

LE LION DEVENU VIEUX ET L'ANE.

L'Ane, qui venait lâchement
De frapper le Lion que la force abandonne,
Par un baiser bien lourd, appliqué lourdement,
Veut réparer sa faute... « Espères-tu, vraiment,
Dit le Lion, qu'on te pardonne?

Baisers ou coups de pied, quand un Ane les donne,
N'est-ce pas toujours insultant? »

A plus d'un journaliste on peut en dire autant.

X.

L'ÉCUEIL ET LE PHARE.

A M. DE PONGERVILLE.

Vous qui, tout à la fois philosophe et poëte,
Répandez la sagesse en vers mélodieux,
De Lucrèce jadis éloquent interprète,
Vous sûtes avec lui détrôner les *faux dieux*.
A votre nom célèbre aujourd'hui je confie
Mon inexpérience et mon obscurité.
N'est-ce pas trop d'audace ou trop de vanité?
Non, non; la Fable est sœur de la Philosophie :
Près de boire la mort, Socrate, nous dit-on,
Se plut à l'enrichir du rhythme poétique,
Et Platon, le divin Platon,

L'admettait dans sa république.

Dès longtemps un Écueil, se cachant sous les eaux,
Chaque nuit dévorait une nouvelle proie;
Mais un Phare, à la fin sur l'abîme flamboie,
Et désormais du monstre éloigne les vaisseaux.

La Superstition, aux annales funèbres,
C'est l'Écueil si longtemps funeste aux matelots;
Et le Phare sauveur qui brille sur les flots,
C'est la Philosophie écartant les ténèbres.

XI.

LE PERROQUET IMITATEUR.

Jadis le Perroquet avait de doux accents.
Mais voulant s'élever au langage de l'homme,
   L'orgueilleux fit si bien qu'en somme
Il ne sut exhaler que des sons glapissants,
   Caquetage vide de sens,
Et pour singer autrui perdit sa propre gloire.

Pâles imitateurs, n'est-ce pas votre histoire?

XII.

LES ENFANTS ET LE TORRENT.

Un Torrent orageux, du haut de la montagne,
   Roulait dans la campagne.
Des Enfants le voyant, courent se réunir,
   Et disent : « Pour le retenir,
   Avec des pierres et du sable
Vite élevons un mur, rempart infranchissable. »
Et voilà nos Gamins d'aller et de venir,
   De travailler à perdre haleine.
   Mais le Torrent gagne la plaine;
Il roule, et dans son onde il entraîne en passant
   L'édifice impuissant.

Il aurait emporté les Poissons eux-mêmes
S'ils n'avaient pris le soin de se mettre à côté.

   Amis, le Torrent est l'emblème
   Du progrès, de la liberté;
   Les enfants, c'est la royauté.
Avec ses vils flatteurs en vain elle se ligue
   Pour nous opposer une digue;
   La digue se renversera,
Enfants, et malgré vous le Torrent passera.

XIII.

LE DÉJEUNER A L'ÉCOLE.

Un usage bien doux régnait dans mon jeune âge :
Tous les jours, les enfants, munis de leur bagage,
Se rendaient à l'École, et suivant la saison,
Sur une longue table ils versaient à foison
   Figues, raisins, gâteaux, fromage;
   Pains de maïs, de seigle, de froment.
Chacun, selon son goût, s'en donnait librement.
Les plus riches, pour tous, puisaient dans leur corbeille

Les débris délicats du souper de la veille;
Et si l'enfant trop pauvre à la communauté
   N'avait rien apporté,
On choisissait pour lui, sans blesser sa misère,
   Les morceaux les plus savoureux.
Comme nous nous aimions! que nous étions heureux!
Aussi, chaque matin, le maître à l'œil sévère
Me voyait dans sa classe arriver sans retard,

Non pas pour les leçons, que je ne savais guère,
Mais pour le doux festin où tous nous avions part.

Depuis, lorsque je vois, anomalie étrange!
L'homme chez soi vivant, des hommes séparé,
Le repas somptueux pour ceux-ci préparé,

Ceux-là n'obtenant, en échange
De leurs travaux, qu'un pain mal assuré,
D'autres, pâles de faim... cet aspect me désole!
Aux champs de l'avenir mon âme enfin s'envole,
Et se plaît à rêver pour toute nation
Les banquets fraternels, sainte communion
Qu'enfants nous faisions à l'École.

XIV.

SAMEDI ET DIMANCHE.

Une nuit, le point sur la hanche,
 Samedi disait à Dimanche :
  « Est-ce pour toi
Que nous nous épuisons, nos cinq frères et moi?
Ne sommes-nous pas tous de la même famille?
Lorsque sous la fatigue on nous voit haletants,
Monsieur le paresseux en grand seigneur s'habille,
A chanter, à danser, monsieur passe son temps.
Toujours de nos labeurs vivras-tu sans rien faire? »
 Dimanche répondit : « Mon frère,

Vous vous livrez chacun à des soins importants,
Je l'avoue ; eh bien! moi, que vous croyez futile,
 Autant que vous je suis utile.
Après un long travail comme il faut des loisirs,
C'est moi qui m'intéresse à vos rares plaisirs ;
Les danses, les festins, les jeux, les promenades,
A moi vous les devez, ô mes bons camarades!
Enfin, ô doux échange, ô fraternelle loi!
Je vous amuse, et vous, vous travaillez pour moi. »

XV.

LA MARCHANDE DE GATEAUX.

« Qui veut manger mes bons gâteaux?
  Croquez, messieurs, ils sont tout chauds! »
Une marchande ainsi d'une voix glapissante
Criait. Une couleur dorée, appétissante,
Une molle fumée en tourbillons flottant,
Tout s'offrait pour tenter un estomac avide.
  Eh bien! l'on ne mangeait pourtant
  Qu'une pâte froide, insipide,

Car la fumée était une moite vapeur
Que laissait transpirer un appareil trompeur.

  Les honneurs et la renommée,
Les promesses des grands, les pompeux écriteaux,
Exhalent bien souvent, comme ces froids Gâteaux,
  Peu de chaleur et beaucoup de fumée.

XVI.

LES QUATRE AILES DU PAPILLON.

Un Papillon gonflé d'une arrogance vaine :
« J'ai quatre ailes, dit-il; l'aigle n'en a que deux! »
Quelqu'un lui répondit : « Mon petit orgueilleux,
A quelques pieds du sol tu t'élèves à peine,
L'aigle perce la nue et vole jusqu'aux cieux. »

Écoutez, froids rimeurs qui, fatiguant vos plumes,
A des genres divers consacrez cent volumes,
Pour cueillir de lauriers les plus amples moissons,
  Béranger n'a que ses chansons.

XVII.

LA BREBIS ET LE BUISSON.

Gens de finance, gens de loi,
Ceci pour vous; écoutez-moi :
Il pleut; un Buisson voit une Brebis qui passe.
« Sous mes branches, dit-il, abrite-toi, de grâce.

— Non; je me garderai de m'approcher de toi,
Car la laine des miens, qu'aux épines je voi,
Me conseille de fuir... tes branches sont des pièges,
Et tu tonds ceux que tu protéges. »

XVIII.

LE HIBOU ET LES ALOUETTES.

« A quoi bon triste et seul vivre ainsi dans un trou?
   Dit une Alouette au Hibou.
Allons, chasse au plus tôt les sinistres pensées;
Quitte cette retraite et suis-moi dans les champs.
Là tu verras mes sœurs joyeuses, empressées,
T'admettre comme un frère à leurs jeux, à leurs chants. »
Il hésite, on le presse, et notre babillarde
Fait si bien, qu'à la suivre enfin il se hasarde.

   Les Alouettes le voyant
Cessent de gazouiller, de folâtrer, de rire.
Il veut parler, on fuit; le pauvre Chat-huant
   Honteux, désolé, se retire,
Et de son arbre il regagne le creux,
Jurant que désormais, quoi qu'on puisse lui dire,
On ne le verra plus fréquenter les heureux.

XIX.

LE COUCOU ET LE MOINEAU.

Le Coucou, comme on sait, plein d'un orgueil extrême,
   Parle sans cesse de lui-même :
Coucou! voilà son mot; Coucou! voilà son thème :
Beaucoup de nos auteurs sont coucous sur ce point.

Il disait au Moineau : « Quand le rossignol chante,
Qu'en dis-tu? — Je lui trouve une voix ravissante.
— Et de moi, que dis-tu? — Rien; je ne parle point
De celui qui lui-même à tout propos se vante. »

XX.

LE DAHLIA ET LA VIOLETTE.

Le Dahlia, la Violette
Par un enfant sont cueillis un matin.
Du premier la corolle élégante, coquette,
    Déplore son triste destin,
    Se plaignant d'avoir pour compagne
Une fleur sans éclat qu'on aurait dû laisser
Sous le buisson natal, là-bas, dans la campagne.
    Prétendrait-elle m'éclipser?
    Faut-il que je meure de honte? »
L'enfant, la Violette, aucun ne répondit :
    De son dépit nul ne tint compte.
Pour notre couple, hélas! la vieillesse fut prompte,
    Et bientôt le temps étendit
    Sur leurs têtes ses mains glacées.
L'enfant les retira du vase toutes deux;
    Depuis, sur un fumier honteux
On vit du Dahlia les feuilles dispersées,
    Et des champs l'humble fleur
Aux malades dispense un suc réparateur.

    Dans ces deux fleurs j'entrevois deux images :
De la femme au cœur sec, briguant tous les hommages,
    Le Dahlia nous offre le portrait.
Alors que la beauté, son seul bien, disparaît,
Elle n'a qu'à mourir, d'elle plus rien ne reste.
Dans l'autre on reconnaît de la femme modeste
    Le symbole délicieux.
Le temps peut, en passant, lui ravir d'un coup d'aile
Et jeunesse et fraîcheur; son cœur n'est jamais vieux :
Sur nous, jusqu'à la fin, son amitié fidèle
Répand de ses vertus le baume précieux.

XXI.

LE BONHEUR ET LA PAUVRETÉ.

La Santé, le Plaisir ayant dressé la table,
Au modeste repas d'un actif laboureur
    Présidait le Bonheur.
Traînant des noirs soucis l'escorte lamentable,
Courbant son front creusé de douloureux sillons,
La Pauvreté, fantôme aux sinistres haillons,
    Par la porte pénètre,
    Et le Bonheur épouvanté
    S'enfuit par la fenêtre.

Ma fable vous a dit la triste vérité :
Le Bonheur ne vit pas avec la Pauvreté.

XXII.

LA VÉRITÉ ET LA FLATTERIE.

Vers le Louvre une femme arrive;
La sentinelle dit : « Qui vive?...
— La Vérité!... — L'on n'entre pas. »
Et la pauvre déesse ailleurs porte ses pas.

Survient une autre femme, et la garde lui crie :
« Qui vive?... » Elle répond : « Je suis la Flatterie...
— Entrez. » Elle entre... On sait que dans les cours,
Louangeuse déesse, on t'accueille toujours.

LIVRE HUITIÈME

I.

LA GRENOUILLE ET L'ÉCARLATE.

Une Grenouille sort du fond de son marais.
    Que voit-elle! ô surprise! ô joie!
Un butin merveilleux, une éclatante proie.
    Elle aura, sans peine et sans frais,
Un morceau succulent, le festin le plus rare.
« Adieu les vermisseaux et l'herbe de la mare!
    Dit-elle; il me faut désormais
        Des mets
    Dignes de votre souveraine :
Ne riez pas, des eaux je suis la reine! »
A ces mots, elle saute et nage vers le bord,
Fière de s'emparer de la royale aubaine.
Or, qu'était-ce? un chiffon d'Écarlate... et la mort!

La pauvre jeune fille et le pauvre poëte
Séduits, l'un par l'éclat d'un renom glorieux,
L'autre par des habits, des bijoux précieux,
    Rêvaient la plus douce conquête.
    A celle-ci le déshonneur,
    A tous deux misère et malheur!
Ils ont, en poursuivant l'amorce qui les flatte,
Saisi, les imprudents... un chiffon d'Écarlate!

II.

LE JEUNE PERROQUET.

Sur son perchoir un jeune Perroquet
Débitait tout le jour des phrases immorales,
Et sans honte épuisait, dans son hideux caquet,
    Le vocabulaire des halles.

Comme certain passant criait, scandalisé :
« Il faut tordre le bec à ce parleur infâme! »
Un autre répondit : « Bien plus que lui je blâme
    Ceux qui l'ont démoralisé. »

III.

LE CHATAIGNIER ET LE VOYAGEUR.

Sur un sol que cent fois le volcan sillonna,
Un Châtaignier géant règne au pied de l'Etna.
    Il pourrait, dit-on, sous l'ombrage
    De ses rameaux hospitaliers,
    Contre les chaleurs et l'orage
Abriter cent chevaux avec leurs cavaliers.
Un Voyageur assis sous son feuillage sombre
Lui dit : « N'es-tu pas fier des visiteurs sans nombre

Qu'attire chaque jour ta réputation? »
L'arbre répond : « Donner et mes fruits et mon ombre,
Voilà tout mon bonheur et mon ambition. »

Plus d'un, et ce n'est pas une gloire futile,
Ne voit dans la fortune et l'élévation
Qu'un moyen plus certain de pouvoir être utile.

IV.

LA POMME ET L'ÉCOLIER.

« Admirez-moi, disait la Pomme ;
    C'est moi qui pour le premier homme
Fus le fruit de science et du bien et du mal,
Et c'est moi que Pâris, choisissant la plus belle,
A Vénus adjugea : deux fois gloire immortelle!
    — Fruit de discorde, fruit fatal,
Deux fois honte et malheur à toi, Pomme trop vaine,
Lui dit un Écolier jouant dans le jardin.
Par toi l'homme perdit l'innocence et l'Éden,

Et de tous ses malheurs subit la lourde chaîne ;
    Contre la ville des Troyens
De Pallas, de Junon tu suscitas la haine.
Pour t'exalter ainsi quels titres sont les tiens?
Des larmes et du sang, Pergame consumée,
    L'Éden perdu... Ma belle, en vérité,
    Je préfère l'obscurité
    A ta funeste renommée. »

V.

LA BREBIS ET LA JEUNE FILLE.

De la gueule du loup la Brebis menacée
   Se tenait de terreur glacée.
Mais un fermier passait qui du loup la sauva.
   Savez-vous ce qu'il arriva?
Sous le couteau du traître elle perdit la vie.

Par certain malotru Lisette poursuivie,
Appelle à son secours un passant généreux
Qui lui prête son bras. Je crains, jeune imprudente,
Que l'aimable sauveur ne soit plus dangereux
   Que le rustre qui t'épouvante.

VI.

LE LOUP ET LA CIGOGNE.

Tandis que sans pitié le Loup mangeait l'agneau
Qu'il avait rencontré le long d'un clair ruisseau,
Par hasard, ou plutôt par vengeance céleste,
Un os malencontreux dans le gosier lui reste.
Une Cigogne vient; c'était elle, dit-on,
Qui, d'un autre salaire assurément bien digne,

Jadis, en pareil cas, secourut le glouton.
Vainement, cette fois, le brigand lui fait signe :
« De tes maux, dit l'oiseau, je ne suis plus touché ;
Péris enfin, péris, cruel, ingrat, vorace,
Et que ta mort apprenne à tous ceux de ta race
Qu'on est toujours puni par où l'on a péché. »

VII.

L'ANE QUI JOUE DE LA FLUTE.

Sur la langue elle-même, ô vous qui rejetez
    Le blâme que vous méritez,
Rimailleurs rocailleux, lisez et méditez :

  « Eh! je joue aussi de la flûte! »
    Allait criant
L'Ane musicien chanté par Florian.

Mais le pauvre baudet tout le jour fut en butte
    Au sarcasme le plus sanglant.
Enfin, voyant chacun contester son talent,
Et s'avouant (à part), qu'il n'a pas fait merveille,
  « Messieurs, dit-il en redressant l'oreille,
    Si je n'ai pas joué... très-bien,
    C'est que la Flûte ne vaut rien. »

VIII.

LE NID RENVERSÉ.

Un oiseau se désespère :
« C'en est fait, plus d'amour, plus d'amour, ô douleur!
L'orage a renversé le Nid où mon vieux père
Au cœur de ma compagne avait uni mon cœur.
Je perds, avec mon Nid, l'amour et le bonheur. »

A sa sœur une femme, après quatre-vingt-treize,
En ces mots écrivait : « O ma chère Thérèse,
La révolution porte de tristes fruits :
On ne peut plus prier, les temples sont détruits! »

Au désespoir livrée, une muse anonyme
  Disait : « Je renonce à la rime!
Il s'attache à mon œuvre un génie infernal ;
Hier, à l'horizon se lève un grand journal

Qui glorieusement doit me faire connaître,
Et voilà tout à coup qu'il vient de disparaître.
Adieu mes vers, adieu ma seule passion ;
Hélas! plus de journal, plus d'inspiration! »

Et moi, d'un saint transport ayant l'âme saisie,
Je leur dirai : « L'amour, cet enfant immortel,
La véritable foi, l'auguste poésie,
Pour vivre, pour brûler n'ont pas besoin d'autel.
Dût le cœur seul du juste être leur sanctuaire,
On en verrait toujours s'exhaler la prière,
Et la flamme et les chants... » Ah! lecteurs, croyez-moi,
Car de leurs sentiments je me fais l'interprète,
Cet oiseau n'aimait plus, la femme était sans foi,
  Et l'autre n'était pas poëte.

IX.

NE RIEZ PAS.

Quelqu'un sur le pavé chancelle
Et tombe; on en rit aux éclats.
Oh! de grâce, ne riez pas :
Peut-être sa chute est mortelle.

Qu'un homme soit en butte aux traits de la satire,
Aussitôt à la ronde on s'empresse de rire.
Vous ne ririez pas tant si vous saviez le mal
    Qu'une épigramme peut produire.

Ce qu'on fait au physique, on le fait au moral :

X.

LES DEUX CROIX D'HONNEUR.

Ensemble étaient deux Croix, du ruban rouge ornées,
    Toutes deux destinées,
L'une à récompenser un savant, un guerrier,
Que sais-je? un courtisan peut-être,
L'autre un studieux écolier.
La première s'écrie : « Oses-tu bien paraître,
Insigne dérisoire et hochet sans valeur,
Devant moi, devant moi, l'étoile de l'honneur!

D'un semblable jouet si l'on pare l'enfance.
C'est vouer au mépris le talent, la vaillance. »
    L'autre avec dignité
Répond : « Que ma présence, ô ma sœur! ne t'irrite :
Tout signe à titre égal doit être respecté,
Qui, sans égard pour l'âge, est le prix du mérite,
Honore la vertu, décore le savoir,
Récompense un bienfait et rappelle un devoir. »

XI.

LE FOUET ET LA CANNE A SUCRE.

A M. VICTOR SCHOELCHER.

Devant la Canne à sucre, un jour le Fouet sanglant
    Vantait son cruel ministère.
« Grâce à moi, disait-il, pour enrichir le blanc,
    Le nègre féconde la terre;
Par l'esclave, sans moi, le sol abandonné
Ne produirait bientôt qu'une maigre récolte,
    Et bientôt l'insubordonné
    Se lèverait pour la révolte.
Mais sous mon influence, à jamais retenu
    Dans une terreur salutaire,
Au profit des colons, ignorant, pauvre et nu,

Toujours il traînera sa chaîne héréditaire.
    Mon rôle est beau, sans contredit... »
    La Canne à sucre répondit :
« Des noirs oses-tu bien, pour un planteur avare,
Faire couler le sang, les larmes, les sueurs!
Victimes trop longtemps d'un préjugé barbare,
Enfin ils ont trouvé de nobles défenseurs
Dont la parole est forte et dont la cause est sainte.
    Oh! que l'esclave soit sans crainte :
Dieu le veut, Dieu le veut, sa chaîne tombera,
    Et toi, ton règne finira! »

XII.

LE VOYAGEUR ET LE POTEAU.

Dans les champs, vers un carrefour
Où différents sentiers en divers lieux conduisent,
   Un Voyageur s'arrête un jour.
« Enfin, reposons-nous, car mes forces s'épuisent :
Depuis l'aube, dit-il, je porte un lourd fardeau. »
Comme il parle, voilà qu'à l'angle d'une route
   Ainsi le harangue un Poteau.
« Au bourg le plus voisin vous vous rendez sans doute;
Retenez les conseils que je vais vous donner :
Marchez toujours à droite et sans vous détourner.

Quelques milles de plus à parcourir encore,
Espace qu'un boiteux en quatre pas dévore,
Des bois, une prairie, une plaine, un coteau,
   Bref, le trajet le plus facile...
— Eh bien! marche toi-même... — Oh! répond le Poteau,
Je montre les chemins, mais je reste immobile. »

Comme lui tels et tels, je vous le dis tous bas,
Nous indiquent la route et ne la suivent pas.

XIII.

LES BŒUFS ET LA BERGERONNETTE, LA FÉE ET SA FILLEULE.

A MM. BÉRANGER ET LAMENNAIS.

Maîtres, si devant vous je reste bouche close,
Dans un double récit apprenez-en la cause :

Deux Bœufs traçant, dès l'aube, un fertile sillon,
Derrière eux voletait une Bergeronnette.

« Viens-tu pour labourer ou saisir l'aiguillon? »
Dirent-ils en riant. Aussitôt la pauvrette :
« Je viens, dans vos labeurs trouvant de bons repas,
Vivre des vermisseaux qui naissent sous vos pas. »

Au temps jadis vivait une charmante Fée
    Rivale du divin Orphée,
Pour parler, pour chanter, quand ses lèvres s'ouvraient,
Elle aurait attendri le cœur le plus farouche,
Et, prodige inouï! les perles de sa bouche
    Ruisselaient.
Sa Filleule, un beau jour, sur ses genoux assise,
Et, muette, écoutant, la Fée en fut surprise,
Et l'enfant répondit : « Quoi! vous me demandez
Pourquoi sur vos genoux je suis silencieuse!
C'est que je cueille, avide et d'une main pieuse,
    Les perles que vous répandez. »

Maîtres, si devant vous je reste bouche close,
Par ce double récit vous en savez la cause.

XIV.

LES VENTS.

De tous les coins du monde en leur antre assemblés,
Les Vents se racontaient leurs prouesses récentes.
Orgueilleux, ils disaient les éléments troublés,
    Du désert les trombes brûlantes,
    Sur les flots les mâts fracassés,
Et dans les champs, moissons, arbres, toits renversés.
Les brigands, au récit de semblables ravages,
    Poussaient des hurlements sauvages.
Zéphire, d'épouvante et d'horreur interdit,
Se tenant à l'écart, n'avait encor rien dit.
Interrogé par eux, enfin il répondit :
    « Frères, mon haleine et mes ailes
Ont garanti les fleurs des ardeurs du soleil;
    J'ai caressé, dans leur sommeil,
Le pauvre laboureur, les tendres tourterelles;
    Pour les bergers et leurs troupeaux
    J'ai rafraîchi les purs ruisseaux... »
A cet aveu naïf du timide Zéphire,
    On entend des éclats de rire,
    Des houras, des mugissements,
Capables d'ébranler jusqu'en leurs fondements
Les plus solides tours, les plus altières cimes.
Lui, s'enfuyant, leur dit : « Soyez fiers de vos crimes;
Pour moi, je suis heureux des bienfaits que je rends. »

XV.

LE POËTE ET L'ABEILLE.

Pour faire leur doux miel, leur douce poésie,
Le Poëte et l'Abeille aux champs, dès le matin,
Des odorantes fleurs picoraient l'ambroisie.
Tous deux comme ils rentraient, chargés de leur butin,
Le Poëte rêveur dit à l'Abeille : « Écoute :
Des insectes dans l'air se frayant une route,
    De la mouche ou du papillon,
Qui peut te distinguer? » L'Abeille industrieuse
Répondit : « Des trésors dont je suis glorieuse,
    Le miel, la cire, l'aiguillon.
    Le miel, ma liqueur parfumée,
    Calme la soif et la douleur;
    La cire, en flambeau transformée,
    Des ténèbres chasse l'horreur,
Et contre les méchants l'aiguillon me protége. »
    Le Poëte, à ces mots, reprit :
« De servir, comme toi, j'ai l'heureux privilége :
J'ai le chant qui console et le miel qui nourrit;
Des ombres de l'erreur je délivre l'esprit,
Et contre les abus je lance l'anathème.
Notre ardeur, tu le vois, notre but est le même;
    Or, de ses bienfaits louons Dieu.
—Frère, adieu, dit l'Abeille. — Adieu, ma sœur, adieu. »

XVI.

LA POULE ET SES ŒUFS.

Il ne faut pas trop haut célébrer ton bonheur,
   Tes succès ou ton héritage :
Mille jaloux viendront, sans pitié, sans honneur,
Envahissant ton seuil, réclamer le partage.

D'avoir ses Œufs volés aussitôt que pondus
La Poule se plaignait : « Que je suis malheureuse !
En voilà déjà plus de cent déjà que j'ai perdus. »
On lui dit : « Désormais, soit plus silencieuse :
Veux-tu de tes amours qu'on respecte le fruit,
   Ma chère, il faut pondre sans bruit. »

XVII.

LA BREBIS ET LES GRENOUILLES.

Un jour une Brebis tomba dans un étang.
Croyant voir arriver un nouvel habitant,
Grenouilles aussitôt vinrent lui faire fête,
Et vanter de ces lieux les rares agréments.
Mais à pareil séjour notre Brebis peu faite
Sortit, leur adressant mille remercîments.

La candide vertu peut, d'une âme novice,
Tremper sa robe blanche aux souillures du vice.
   N'espérez pas la retenir
Dans votre impur limon, noirs enfants de l'abîme :
Elle saura bientôt, par un effort sublime,
Loin de vous s'élancer... pour n'y plus revenir.

XVIII.

L'HABIT DE MON GRAND-PÈRE.

   Mon grand-père avait un Habit
Qui, par hérédité, jusqu'à moi se transmit.
Mon aïeul, qui parvint à l'extrême vieillesse,
   A sa mort seule le quitta;
   Cent fois mon père le porta
   Dans les beaux jours de sa jeunesse.
Puis votre serviteur enfant en hérita.
Messieurs, à ma pensée il apparaît encore,
Avec son drap chamois doublé de soie aurore,
   Ses pans flottants et ses larges boutons.
Dans cet accoutrement je marchais tête fière,

Me rendant à l'église aux jours des grands sermons.
Les basques descendaient plus bas que mes talons,
Et, battant le pavé, soulevaient la poussière :
   On riait, je ne riais point.
   Tels et tels qui de point en point
Exigent, s'attachant à la mode nouvelle,
Les étoffes de prix, la forme la plus belle,
Mais dont l'œil est toujours en arrière fixé,
Dont l'esprit rétrograde, esclave du passé,
Se refuse au progrès en qui le monde espère,
Portent, sans s'en douter, l'Habit de leur grand-père.

XIX.

LE CASQUE ET LE MIEL.

Dans le Casque d'un preux frappé d'un coup mortel,
Des abeilles, un jour, déposèrent leur Miel,
Offrant, après l'horreur de la guerre sanglante,
Des douceurs de la paix l'image consolante.

XX.

LE LIERRE ET LES DEUX ORMEAUX.

A deux Ormeaux voisins le Lierre s'adressa,
Demandant un appui pour sa tige flexible.
   L'un d'eux, trop fier, le repoussa;
   Son compagnon se montra plus sensible.
   Il en fut bien récompensé :
Plus tard, quand les hivers de leur souffle glacé
   Venaient attrister la nature,
L'arbuste l'entourait, fidèle, lui tressant
   Une couronne de verdure;
L'autre, squelette aride, effrayait le passant.

   Accueillons, pendant la jeunesse,
     Les riantes illusions.
Malgré les mauvais jours et les déceptions,
Les tendres sentiments reverdiront sans cesse.
   Bravant l'injure des autans,
   De souvenirs purs et constants
   Ils pareront notre vieillesse,
Et feront de la vie un éternel printemps.

LIVRE NEUVIÈME

I.

LA TOURTERELLE QUI PLEURE.

Une reine qu'alors la vieillesse courbait
Disait à deux enfants, ses deux petites-filles :
« Là, près de moi, venez, et soyez bien gentilles.
Écoutez : chez ma sœur, la reine du Thibet,
Dans une cage d'or est une Tourterelle.
Si vous saviez comme elle est belle,
Précieuse surtout! Qu'un enfant soit méchant
Dans le palais, et sur-le-champ
On voit pleurer la Tourterelle.
Tenez, si de ma sœur je la peux obtenir,
Pour vous bien éprouver je la ferai venir. »
Mais l'aînée aussitôt : « Ma grand'mère, dit-elle,
Qu'elle ne vienne pas! Lorsque j'ai le malheur
De commettre une faute et mériter un blâme,
Je sens, à chaque fois, s'élever en mon âme
Un reproche vivant, une amère douleur.
— Maman, dit à son tour la plus jeune princesse,
Chez ma tante, sans doute, elle a beaucoup pleuré :
Ah! faites-la venir, grand'mère, et je serai
Si sage, que bientôt elle rira sans cesse. »

II.

L'ÉPERVIER ET LES COLOMBES.

« Ma race, disait l'Épervier,
Des Colombes est abhorrée;
Chacune obstinément dans son trou retirée...
Eh bien, jouons de ruse avec le colombier.
Mesdames, désormais je prêche l'abstinence;
Vive l'eau claire et le maïs!
Je déteste le sang; je parcours le pays,
Contre vos oppresseurs étalant ma vaillance.
Quelques milans goutteux, par ma griffe abattus,
Témoignent hautement du zèle qui m'enflamme;
Enfin, pour prix de mes vertus,
J'obtiens l'une de vous, la plus belle, pour femme.

En bon parent, en bon voisin,
    Sans nul soupçon, vers ma demeure,
On s'en vient visiter la sœur et le cousin :
Moi, fraternellement, je vous croque sur l'heure.
Si ma tendre moitié crie à la trahison,
Je sais, à coups de bec, la mettre à la raison. »
A ces mots, l'Épervier, fier de son stratagème,
Va tenter l'aventure, et trop bien réussit.

Dans le meurtre à ce point le brigand s'endurcit,
Qu'un jour il dévora son épouse elle-même.

Peuple, avec les méchants ne faisons nul traité.
Quand je pense à ma fable, ô sainte liberté !
Par un pacte fatal, je crois te voir unie
    Avec la tyrannie.

III.

LES DEUX COQS.

Dans Albion, deux Coqs pour le combat dressés,
Sur l'arène, un beau jour, menaçants, hérissés,
Promettaient une lutte, et des plus acharnées.
Déjà l'on pariait bank-notes et guinées ;
Déjà des spectateurs les rangs étaient pressés...
L'un de nos champions tout à coup se ravise,
Et dit : « Pour le plaisir, pour l'intérêt d'autrui,
    Nous allons aujourd'hui
    Nous battre ! c'est sottise.

    Ami, loin de nous attaquer,
    Gardons nos forces toujours prêtes
Contre les ennemis qui viendraient pour croquer
    Et notre grain et nos poulettes... »
A ces mots, laissant là les Anglais ébahis,
Et dans les airs se frayant un passage,
Nos Coqs en liberté gagnèrent le pays.

Ne suivra-t-on jamais un exemple si sage ?

IV.

LES MOUTONS VOYANT VENIR LE BOUCHER.

Un jour, loin du berger mollement étendus,
Moutons, brebis, agneaux jasaient dans la prairie.
    Bientôt une Brebis s'écrie :
    « Mes enfants, nous sommes perdus !
Voyez-vous ce méchant qu'un cruel dogue escorte,
Ce boucher qui choisit entre nous, puis emporte
    Toujours le plus gras, le plus beau ?
Enfants, que dirons-nous, s'il demande le maître ?
— Mère, répond soudain le plus petit Agneau,
Moi, je le conduirai vers le maître, au hameau.
— Malheureux ! mais toi-même, il te prendra peut-être.
    — Ah ! plutôt, reprend un Mouton,
Disons-lui que le maître est loin de ce canton,

Que de longtemps sans doute il n'y doit reparaître.
    Alors le méchant nous croira,
Et du moins, sans nous nuire, il s'en retournera.
— Mes plans, dit le Bélier, sont meilleurs que les vôtres.
Adressons le brigand qui nous fit tant de mal
Au troupeau du voisin. Que le couteau fatal,
En s'éloignant de nous, retombe sur les autres !
— Je hais, dit la Brebis, ton projet infernal ;
Un mensonge léger, dicté par la prudence,
    Est excusable, je le pense ;
Mais je suis loin de l'approuver
S'il livre mon prochain afin de me sauver. »

V.

LE COR.

D'un antique manoir ridicule génie,
Un nain sur la muraille, apercevant un Cor,
　Soufflé avec peine, souffle encor.
Mais adieu fiers accents et suave harmonie :
L'airain n'exhale plus qu'un sourd ricanement;
Et les vassaux disaient : « O le sot instrument! »
Ils revinrent bientôt de cette erreur bizarre,
Lorsque le châtelain, sonnant une fanfare,
　　Des monts réveilla les échos.

Qu'un nain, de tes beaux vers ridicule interprète,
Ose d'une voix grêle évoquer tes héros,
Corneille, nous sifflons l'acteur, non le poëte.
Pour entonner les chants que ton souffle anima,
　　Il faut des Lekain, des Talma.....

VI.

LE SOMNAMBULE.

Obéissant aux caprices d'un rêve,
　A minuit un homme se lève,
Et tout droit vers un gouffre il va sans tâtonner.

Le versant allait l'entraîner,
Lorsqu'un ami du danger le retire.
Le somnambule éveillé sur-le-champ,

« Que maudit soit, dit-il, le rustre, le méchant,
Qui dissipe mon rêve au gracieux sourire !
Sans toi, je parvenais aux portes du bonheur!... »
Bientôt de sa colère il comprit l'injustice,
Et d'actions de grâce il combla son sauveur.

Vous, peuples, vous, enfants, que l'erreur ou le vice
Berce d'un rêve dangereux,
Ne blâmez pas le père ou l'ami généreux
Dont la voix vous réveille au bord du précipice.

VII.

LE PIGEON ET LA GRENOUILLE.

Le Pigeon se mirait au bord d'un pur ruisseau.
« Que des poissons, dit-il, le sort me fait envie!
Ne dit-on pas : Heureux comme un poisson dans l'eau?
De milans, de chasseurs ma race poursuivie
 Traîne les jours les plus affreux. »

La Grenouille cria : « Les poissons sont heureux!
Demandez au goujon quand le brochet le happe,
Demandez au brochet quand le pêcheur l'attrape...
Croyez bien qu'ici-bas le ciel sut ménager
 A chacun sa part de danger. »

VIII.

LE RAT ET LES MOISSONNEURS.

Les blés étaient couchés sur l'aire,
 Et les fléaux
 A coups égaux
Battaient, battaient. Un Rat, sortant de dessous terre,
Voit s'approcher sans crainte et moineaux et fourmis.
« Mon père avait bien tort de représenter l'homme
 Comme
 Un de nos cruels ennemis.
 Vraiment, c'est pour nous qu'il travaille ;
Voyez : pour épargner tout soin, tout embarras
 Aux Rats,

Il sépare, en suant, le froment de la paille.
Merci, bons villageois, pour la froide saison,
Je vais de votre offrande enrichir ma maison. »
 Disant ces mots, quelle imprudence!
Il trotte vers les grains tombés en abondance.
Mais un villageois, par malheur,
 Le voit, lève son fléau, frappe,
 Et coupe la queue au voleur,
 Qui tout sanglant, tout mutilé s'échappe ;
Par son expérience averti désormais
Qu'un père en ses conseils ne nous trompe jamais.

IX.

LE MARTEAU.

D'une barre de fer un fragment retiré,
Et tout rouge sortant de la fournaise ardente,
Sur l'enclume à grands coups est battu, torturé.
En vain le malheureux gémit et se lamente.
« Quand de ce dur marteau serai-je délivré? »
Dit-il; mais, ô prodige! aux tourments il échappe;
    En marteau se transfigurant,
    L'esclave qui se fait tyran
Aujourd'hui sur l'enclume à coups redoublés frappe.

Ce valet qui, lassé d'un joug injurieux,
A son tour devient maître, et maître impérieux,
L'indomptable tribun, farouche patriote,
Qui saisit le pouvoir et commande en despote,
La victime d'hier transformée en bourreau,
Ne sont-ils pas ce fer qu'on façonne en marteau?

X.

LE CHEVAL DE DON QUICHOTTE ET L'ANE DE SANCHO PANÇA.

Don Quichotte, le soir d'une rude journée
Pleine d'émotions et de rares exploits,
A côté de Sancho sommeillait dans les bois;
L'un rêvait aux grandeurs, et l'autre à Dulcinée.
    Voyant leurs maîtres endormis,
Rossinante et Grison causaient en bons amis.
L'âne dit au cheval : « Mon brave Rossinante,
Il me vient une idée heureuse, surprenante;
Veux-tu que, rejetant notre rôle passif,
Nous allions sans retard, et d'une âme aguerrie,
Parmi les animaux, race à l'esprit rétif,
Créer le noble état de la chevalerie?
    L'un de l'autre jamais jaloux,
    En compagnons toujours fidèles,
    Nous courtisons toutes les belles
    Qui broutent les prés andalous.
Forts de notre bon droit et de notre vaillance,
Nous redressons les torts, nous sauvons l'innocence.
Agneaux, ne craignez plus la colère des loups!
Faibles, soyez heureux; consolez-vous, victimes!
    Tigres, nous voici : gare à vous! »
Mais l'autre : « Qu'attends-tu de tes efforts sublimes?
    — Les pâturages les plus verts
    Sont notre récompense;
On nous aime, à souhait s'arrondit notre panse,
Et notre renommée étonne l'univers.
    Crois-en ma vieille expérience,
    Toute médaille a son revers.
    J'ai mainte et mainte cicatrice,
Des dangers de la gloire ineffable indice;
    La soif, la faim,
    Les fatigues sans fin,
Le mépris et les coups ont été mon partage.
Toi, loin de nos combats par Sancho bien nourri,
Tu n'eus que les plaisirs et l'honneur du voyage.
Ah! songe à mes douleurs, vois mon corps amaigri...
— Je sens, dit le baudet, chanceler mon courage.
Je n'avais pas encore; il faut en convenir,
Sous ces noires couleurs entrevu l'avenir.
    Beaux projets, je vous abandonne;
La gloire, je le vois, présente une couronne
D'épines et de fleurs... Qui craint de se blesser
    A la saisir doit renoncer ».

XI.
LES TACHES AU SOLEIL.

Un ignorant
Un jour apprend
Que les savants, armés de leurs longs télescopes,
Ont vu des Taches au Soleil.
Il désire aussitôt la cécité des taupes
Et des marmottes de sommeil,
Honteux d'avoir longtemps admiré, trop crédule,
Cet astre qu'il croyait un astre sans pareil.
« Reviens de ton mépris injuste et ridicule,
Lui dit quelqu'un; rends-lui, crois-moi,
Ton admiration première,
Et ne cesse d'aimer cet astre, à qui tu dois
Une chaleur féconde et des flots de lumière. »

Dans l'homme de génie ou l'homme vertueux
Si vous avez surpris, d'un œil trop rigoureux,
Quelque faute inhérente à l'humaine faiblesse,
Que cela ne vous blesse,
Et sachez ne pas voir
Une tache dans ceux qui sur tous font pleuvoir
Et les bienfaits et le savoir.

XII.
LES OISEAUX DE VÉNUS.

La femme attend de l'homme un appui tutélaire;
De tout temps le courage à la beauté sut plaire;
A la force toujours la faiblesse s'unit.

Les oiseaux de Vénus firent, un jour, leur nid
Dans le casque de Mars. « Aux roses de Cythère
Pourquoi préfèrent-ils mon lourd casque d'airain
Forgé dans l'antre de Vulcain? »
Dit le héros. « Pour moi, ce n'est pas un mystère,
Dit la belle Cypris, l'entourant de ses bras :
A mes jeunes amants c'est Mars que je préfère,
Et ce que j'aime en lui, c'est le dieu des combats. »

XIII.

LES SOTS AU PARNASSE.

Cent rimailleurs criards, pitoyables auteurs,
Du Parnasse, un beau jour, gravissaient les hauteurs.
« Ce sont là, dit quelqu'un, d'effrontés personnages !
En vain du mont sublime ils cernent les passages ;
Apollon chassera tous ces aventuriers...

Mais quoi ! la vile tourbe au Parnasse est admise ?
— Mon ami, lui dit-on, reviens de ta méprise :
Là-haut, pour le talent s'il croît de beaux lauriers,
Il y croît des chardons aussi pour la sottise. »

XIV.

L'ÉGLISE DÉLABRÉE.

Voyez cette champêtre Église,
Dont le vent sacrilége a renversé la croix ;
Le lierre parasite a rongé ses parois,
Plus d'un lambris s'écroule à sa toiture grise.
Mais on entre ; on entend de suaves concerts ;
   Des cœurs s'exhale la prière ;
   Les flots d'encens et de lumière,
Confondus, montent dans les airs.

   Poëte, c'est là ton image :
   La douleur sillonna ton front,
   Le passant fit plus d'un affront
A tes habits fangeux que le temps endommage..,
Mais ton âme, ô poëte ! est le temple vivant
   D'où s'échappe l'hymne infinie ;
   A la muse de l'harmonie
Ton cœur religieux voue un culte fervent.

XV.

LES DEUX HOMMES QUI NAGENT.

Deux hommes, en nageant longeaient une rivière.
   L'un, sans regarder en arrière,
   Se laissait aller au courant
Doucement, à son aise ; et l'autre, différent,
S'arrêtait pour prêter une main tutélaire
A des enfants lassés, à de faibles amis.

L'un c'est le citoyen, pendant sa vie entière,
Utile à sa famille, utile à son pays ;
   L'autre c'est... pour lui j'en rougis,
   L'égoïste ou le solitaire.

XVI.

LE PAPILLON ET LE CHOU.

Un Papillon volait, plus léger que le vent,
Du chèvrefeuille au lis, du jasmin à la rose.
   Le Chou, qui le nourrit avant
   Sa brillante métamorphose,
« Viens, mon fils, lui dit-il, un instant pose-toi
       Sur moi...
— Quoi! je m'abaisserais à ceux de ton espèce,
   O race informe, lourde, épaisse!
Répond brutalement le rival des zéphyrs.
Laisse-moi savourer, au gré de mes désirs,
Les sucs les plus exquis et les fleurs les plus belles. »
   A ces mots, le Chou repartit :
       « Mon petit,
Tu n'étais pas si fier quand, privé de tes ailes,
Chenille, tu rongeais mes feuilles maternelles.
Mais, comme toi, plus d'un, il faut en convenir,
   Osa, pendant le sort prospère,
Renier ses amis et rougir de son père,
Et des bienfaits reçus perdit le souvenir. »

XVII.

LA CHARITÉ.

A MADAME.....

Un jour la Charité du paradis s'envole,
Et voit dans nos chemins un frêle nouveau-né,
A demi-nu, transi, pleurant, abandonné.
Par mille doux baisers vite elle le console.
Dans un pan de sa robe alors le réchauffant,
Vers les grands d'ici-bas, joyeuse, elle l'emporte;
Aucun de son palais ne leur ferme la porte,
Et, par amour pour elle, ont adopté l'enfant.

Pour mes Fables ainsi vous agissez, madame :
Des plus indifférents vous savez toucher l'âme,
Et, grâce à votre zèle, à vos soins protecteurs,
Mes vers, ô toute bonne! ont trouvé des lecteurs.

XVIII.

LA TROMPETTE ET LE GLAIVE.

Un jour, entre deux camps la bataille s'engage.
La Trompette, soudain, sonne un chant martial :
« Glaive, sors du fourreau, c'est l'heure du carnage! »
Et le Glaive, docile au belliqueux signal,
Vole, étincelle, frappe et gagne la victoire.
    La Trompette s'écrie alors :
« Bravo, mon camarade! à nous toute la gloire!
Ensemble partageons la dépouille des morts!
Ah! pour avoir si bien échauffé ta vaillance,
J'ai droit, sans contredit, à la meilleure part. »
Mais un nouveau combat se déclare plus tard,
Et la Trompette sonne, et le Glaive s'élance.
Sur l'arène bientôt il tombe mutilé,
Tandis que, lâchement, madame la Trompette
A pris devant le feu la poudre d'escampette.
« Ce Glaive était, dit-elle, un franc écervelé
Qu'à la raison, vraiment, on a bien fait de mettre. »

Ici certains journaux doivent se reconnaître :
    Par des cris de guerre, en tout temps,
Ils agacent les nerfs, ils font grincer les dents.
Des combats, à leurs voix, bravez-vous la tempête,
Vous êtes des héros! Partageons le butin!
    Disent-ils, après la conquête.
    Éprouvez-vous une défaite?
Brouillons, vous méritez ce terrible destin
    Disent-ils, battant en retraite.

XIX.

L'AMOUR PIQUÉ PAR UNE ABEILLE.

Amour jouait parmi les fleurs;
Il fut piqué par une Abeille.
Jamais une douleur pareille
Ne lui fit verser tant de pleurs.
« Ma mère, dit-il, je me meurs! »
Il court, trépigne, se désole.
Vénus l'embrasse, le console,

Et, souriant, elle lui dit :
« Si d'un aiguillon si petit
Tu ressens des douleurs mortelles,
Combien plus doit souffrir un cœur
Poursuivi par ton œil vainqueur,
Percé par tes flèches cruelles! »

XX.

LE PAPILLON BLEU.

« O Papillon d'azur, en quels lieux as-tu pris
　La couleur dont ton aile est peinte? »
L'insecte répondit : « Mon corps porte l'empreinte
Des fleurs que je préfère et dont je me nourris;
　Le lin flexible et la molle pervenche
Me livrent tour à tour leur coupe de saphir,
Puis encor cette fleur qui sur l'onde se penche,

Le beau myosotis, la fleur du souvenir. »

Comme ce Papillon, l'esprit humain reflète
　Les sucs dont il fit la conquête :
Pour abreuver notre âme, en tout temps choisissons
La source la plus pure et les sages leçons.

XXI.

L'ESPRIT ET LE COEUR.

A MADEMOISELLE LÉONTINE GOZLAN.

Exilé sur la terre, Apollon, dieu du jour,
Berger, prit pour compagne une simple bergère.
　Or, il naquit de leur amour
　Une fille espiègle, légère,
Semblable par l'Esprit à son père immortel,
Par le Cœur s'élevant jusqu'au Cœur maternel.

Apollon lui dit : « O ma fille,
　De nous deux qui préfères-tu? »
Alors l'aimable enfant : « Ma mère a la vertu,
Le dévouement sublime, et toi le nom qui brille :
Pour ta gloire, je veux, mon père, t'admirer;
Ma mère, pour ton Cœur laisse-moi t'adorer. »

XXII.

LES MOUTONS ET L'HERBE AU SUC D'OR.

　Chez un fabuliste persan
　J'ai lu ce conte intéressant :
Dans certaine contrée il naît une Herbe rare,
Aux effets merveilleux, à la vertu bizarre;
　Malheur aux Moutons imprudents
Tentés de s'en repaître! Il s'attache à leurs dents
Une jaune liqueur, vernis ineffaçable,

Qui leur rend, sur-le-champ, tout mets insupportable
　On la nomma l'Herbe au suc d'or.

A l'avare, je crois, pensait le moraliste :
Quand le brillant métal a séduit l'égoïste,
A tout noble penchant son cœur glacé résiste;
Dans un dégoût suprême il meurt sur son trésor.

XXIII.

LA JEUNE FILLE, LE CHAT ET LE CHARDONNERET.

Emma couvait des yeux un beau Chardonneret
  Qui dans les champs voltigeait, folâtrait.
    Si je l'avais dans une cage,
Disait la jeune Fille, oh! que j'admirerais

Et sa voix ravissante et son brillant plumage!
  Chaque jour je lui donnerais
Du sucre, des gâteaux... Oh! que je l'aimerais!
— Et moi, disait un Chat, que je le croquerais!... »

LIVRE DIXIÈME

I.

LE TROUBADOUR A LA CROISADE.

Pour ressaisir la croix dans Solyme ravie,
Pour chasser l'Ottoman des rives du Jourdain,
Une nombreuse armée assiégeait Saladin.
Bientôt parmi les chefs une funeste envie,
   De rivales prétentions
Allument la discorde et les dissensions;
Chacun veut diriger la croisade sacrée.
  Or, on voyait un Troubadour,
Portant la croix d'azur, sa couleur préférée,
Visiter chaque tente et les rangs tour à tour.
   Un jour, un vaillant capitaine
  Lui dit : « Déclare-nous ta foi!
Entre Philippe-Auguste et le duc d'Aquitaine
Et le comte de Flandre, enfin, décide-toi.
Aujourd'hui, mais d'une âme et résolue et franche,
Adopte la croix rouge ou la verte ou la blanche;
Qu'on sache quel parti doit t'avoir pour soutien... »
Le Troubadour répond : « Frère, je suis chrétien !
  Et je veux dans l'armée entière
Entonner mon cantique et ma chanson guerrière.
Que me font les discords des barons et des rois?
Ai-je pour le Croissant abandonné la Croix?
Suis-je de Saladin l'espion, le complice?
Irai-je, renonçant à mon rôle pieux,
Me faire le vassal d'un chef ambitieux?
Non! je suis un soldat de la sainte milice. »

II.

LE VENT ET LE SABLE.

Un jour, dans le désert, le Vent impétueux
Et le Sable mouvant se disputaient tous deux.
　Le premier disait : « Je renverse!
— Je bâtis, disait l'autre à la partie adverse.

Un derviche en ces mots jugea le différend :
« O Vent, tu dois céder la victoire à ton frère,
　Car tout cœur généreux préfère
　Le fondateur au conquérant. »

III.

LE SERPENT ET L'ANGUILLE.

　Une Anguille poursuivie
　　Par un noir Serpent
A son lit limoneux veut confier sa vie.
« Lâche! dit le monstre rampant,

N'as-tu pas, comme moi, des dents pour te défendre?
— Mais les tiennes toujours distillent le poison. »
　A ces mots, et sans plus attendre,
L'Anguille disparut, et l'Anguille eut raison.

IV.

LE PAPILLON ET LA GUÊPE.

　　Au sein d'une prairie
　　Verdoyante, fleurie,
　　Voltige un papillon.
Survient un autre insecte armé de l'aiguillon ;
　C'est la guêpe inhumaine.
　« Déserte mon domaine!
Dit-elle; à moi le suc et le parfum des fleurs! »
Le papillon répond : « Pour toi seule l'aurore
　　A-t-elle fait éclore
Ce nectar embaumé, ces suaves couleurs?
Moi, du bout de ma trompe et du bout de mes ailes

Caresser doucement les corolles nouvelles,
　　Voilà mon bonheur, mon plaisir ;
Ne peux-tu, comme moi, te repaître à loisir?
　— Ton bonheur me rend malheureuse! »
　　La guêpe furieuse,
　　A ces mots s'élançant,
De son dard perce et tue un rival innocent.

Dans le monde quelle est la guêpe de ma fable?
　　C'est l'égoïsme insatiable.

V.

LE PRÊTRE ET LA GRENOUILLE.

Un Prêtre, généreux et digne de respect
Sur sa route essuyait mainte et mainte critique :
   De la caste jésuitique
C'est qu'il portait l'habit trop justement suspect.

La Grenouille, on le sait, est bonne et pacifique ;
Un enfant l'aperçoit et fuit avec horreur.
   Elle se plaint de la méprise ;
On répond : « Au crapaud, s'il faut qu'on te le dise,
Tu ressembles, c'est ton malheur. »

VI.

ÉSOPE ET RHODOPE.

   De la courtisane Rhodope
Le bossu Phrygien, pour sa difformité,
   Se voyait toujours rebuté.

« Aimez, lui dit quelqu'un, aimez le sage Ésope,
Et l'on verra s'unir ces deux rares trésors :
La beauté de l'esprit et la beauté du corps. »

VII.

L'HOMME ET LE ROSSIGNOL.

Un Homme en son jardin cultive un beau rosier,
   Où chaque jour naît une rose.
Mais un oiseau, le chantre au sublime gosier,
Ravage chaque jour la fleur à peine éclose.
L'Homme, avec un filet sur l'arbuste attaché,
Prit notre Rossignol, et vous le mit en cage.
   Celui-ci, par son doux ramage,
   Fit si bien qu'il fut relâché.
« Merci, maître, dit-il ; cet acte de clémence
   Mérite bonne récompense.
Creusez... là... sous vos pieds je vois de l'or caché. »
L'Homme creuse aussitôt, et trouve dans un vase

   Un grand trésor. Émerveillé,
Devant le blond métal il se tient en extase.
Enfin : « Suis-je endormi, dit-il, suis-je éveillé ?
Comment ! celui qui voit un trésor sous la terre,
   Chose plus facile pourtant,
Ne peut pas découvrir le piége qu'on lui tend ! »
Le Rossignol répond : « Sachez tout le mystère :
  Tel, pour lui-même aveugle, imprévoyant,
  Dans le péril tomba par ignorance,
  Qui tout à coup se montre clairvoyant,
Lorsqu'il est inspiré par la reconnaissance. »

VIII.

LES DEUX CHIENS.

Gardiens d'un grand troupeau, deux mâtins vigoureux
　　Ainsi parlaient un jour entre eux :
« Frère, si les moutons s'écartaient dans la plaine,
Au ciseau du tondeur s'ils refusaient leur laine,
S'ils voulaient se soustraire au couteau du boucher,
　　Que ferais-tu ? — Pour les remettre à l'ordre,
　　A belles dents j'irais les mordre,
　　Les harceler, les écorcher...
— De tels projets aux miens sont tout à fait contraires :
Des loups et des voleurs préservons les troupeaux ;
Ne tournons pas contre eux nos gueules meurtrières ;
Soyons leurs défenseurs et non pas leurs bourreaux. »

IX.

L'ANE.

Quelqu'un disait à l'Ane : « Eh ! qui reconnaîtrait
Dans cet être maussade, à la marche pesante,
Cet ânon gracieux, à la taille élégante,
Qui gaîment dans les prés sautillait, folâtrait ! »
　　Mais le baudet : « Dans ma jeunesse,
Je ne prévoyais pas les longs et tristes jours
　　Où mon corps recevrait sans cesse
Des coups si douloureux et des fardeaux si lourds. »

X.

LE CASTOR ET LE CHASSEUR.

Un Castor pris au piège était par un Chasseur,
   Employé... comme laboureur.
Jugez de son supplice et de sa maladresse.
Vainement sur son dos on usait l'aiguillon,
   Il se couchait sur le sillon.
Le Chasseur furieux l'accusant de paresse,
Mon Castor à la fin sur ses pieds se redresse,

Et lui dit : « Donnez-moi, du mortier, du moellon,
Laissez-moi, c'est mon goût, redevenir maçon,
   Et du travail je reprends l'habitude. »

Tel que vous prétendez être un franc paresseux,
Bientôt vous le verrez adroit, laborieux;
Mais il faut le classer selon son aptitude.

XI.

OUI ET NON.

Deux êtres exclusifs, comme gens à systèmes
Qui, sans discernement, adoptent les extrêmes,
Oui, Non, vivaient jadis chacun de son côté.
Toujours, par complaisance ou par simplicité,
   L'un était pour l'affirmative,
   Et l'autre, bizarre, entêté,
   Se tenait sur la négative.
   Le vrai, le faux, nos forcenés
Confondaient tout, comme vous devinez.

Cette monomanie absurde, inconcevable,
Leur valut maints brocards, leur fit maints ennemis.
A la fin, chacun d'eux, à la raison soumis,
Se montra désormais plus juste, plus traitable.
On les vit, renonçant à leur rivalité,
   S'embrasser comme deux bons frères.
S'ils soutiennent encor des arguments contraires,
C'est pour l'amour du bien et de la vérité.

XII.

LE TÉLESCOPE ET LE MICROSCOPE.

   Un jour l'orgueilleux Télescope
   Ainsi parlait au Microscope :
« Mon antipode, admire-moi !
Au savant quand j'indique et la marche et la loi
Des sphères et des cieux où mon œil l'accompagne,
Dans une goutte d'eau, toi, tu vois l'Océan,
   Du ciron tu fais un géant,
   Du grain de sable une montagne...
Jusqu'à ma gloire enfin tu voudrais t'élever;
Auprès du mien ton rôle est sans nulle importance. »

Le Microscope alors : « Pour qui sait observer,
Que lui font des objets la grandeur, la distance?
Tous, indistinctement, Dieu sut les abreuver
Des flots de son amour et de son harmonie;
Chaque être s'alimente à la source infinie...
Donc, appréciez mieux nos rôles différents :
A moi la terre, à vous les célestes royaumes;
Mesurez les soleils, laissez-moi les atomes :
Tous, à titres divers, sont également grands. »

XIII.

LE BONHEUR.

« En suivant des grandeurs le chemin si battu,
Vers le Bonheur j'arriverai sans doute?...

— Pour trouver le Bonheur, change, change de route;
Suis le chemin de la vertu. »

XIV.

L'ANE ET LE CHIEN.

Un jour maître Baudet dit avec insolence :
« Ce gros Chien dont chacun vante la vigilance,
Je le vois tout le jour dans sa niche endormi. »
    Quelqu'un répliqua : « Mon ami,

Sur ce fidèle Argus il ne faut que l'on glose :
    C'est vrai, le jour il se repose;
Mais contre le voleur qui vient rôder sans bruit
    Il est debout toute la nuit. »

XV.

L'AIGLE ENCHAINÉ.

Au sommet du Caucase, un Aigle dans son aire
S'éveille, et se livrant à de nobles transports :
« J'irai ravir sa proie au tigre sanguinaire;
« Je vaincrai mes rivaux les plus fiers, les plus forts,
« Et j'espère qu'un jour, pour prix de mes efforts,
« Je porterai le dieu qui porte le tonnerre! »
Sa grande aile, à ces mots, se déploie, et son corps
S'agite... mais en vain... ses serres obstinées
Refusent leur service; un satyre odieux
Sur le rocher, la nuit, les avait enchaînées.

L'Aigle, c'est le génie aux élans glorieux.
Souvent la pauvreté, riant de son extase,
Dans son réseau de fer tient ses membres liés;
Il a, comme l'oiseau qui s'éveille au Caucase,
Des ailes à la tête et des chaînes aux pieds.

XVI.

LA NEIGE.

« D'où viens-tu, Neige et si pure et si blanche?
— Je viens de la montagne où roule l'avalanche
  Et dont le front perce les cieux.
Je trouvais mon séjour triste et froid; ces hauts lieux
Étant de tous les vents la patrie éternelle,
Je priai l'Aquilon, qui me prit sur son aile,
De me porter au sein d'une grande cité.

Ah! j'arrive... » Elle tombe au milieu de la ville,
Se fond sur les pavés et devient fange vile.

Des champs, ô jeune fille, aime l'obscurité.
Les cités à ton âme offriront plus d'un piége :
  Là tu perdras, comme la Neige,
  Ta blancheur et ta pureté.

XVII.

LA LOIRE ET L'OCÉAN.

Arrivant à son embouchure,
La Loire s'écria : « Je porte des vaisseaux !
Je vous méprise tous, rivières et ruisseaux ! »
Mais l'Océan connaît son origine obscure :
« Ces rivières, dit-il, ces modestes ruisseaux,
Qui perdirent leurs noms en te versant leurs eaux,
    Réponds, trop vaniteuse Loire,
Eux seuls ne font-ils pas ta fortune et ta gloire ? »

    Parmi nos célèbres auteurs,
Tel qui, fleuve abondant, roule son onde altière,
    Ne serait qu'une humble rivière
S'il n'avait pas trouvé des collaborateurs.

XVIII.

LE NID ABANDONNÉ.

« Oiseau, je te vois effaré,
Fatiguer l'air à grands coups d'aile.
De ta compagne si fidèle
La mort t'a-t-elle séparé !
Dit le sujet de ta souffrance...
— J'avais, par des soins assidus,
Bâti mon Nid, douce espérance !
Hélas ! soins et travaux perdus !
Parcourant les forêts, une troupe bruyante
A jeté dans mon cœur le trouble et l'épouvante.
    Adieu ! ne me retenez plus ;
Puisque le ciel encor me permet que je ponde,
Laissez-moi demander à des bois plus touffus
    Une retraite plus profonde. »

Vous le voyez, l'oiseau veut couver en secret.
Malheur s'il n'a pu fuir le regard indiscret !
    La plante germe sous la terre :
Avant que, glorieuse, elle apparaisse au jour,
A toute œuvre de foi, de génie et d'amour,
    Il faut l'ombre, il faut le mystère.

XIX.

L'ÉCLAIR ET L'ARC-EN-CIEL.

A l'Arc-en-ciel l'Éclair dit en passant :
    « Ma tâche est glorieuse !
    Dans la nuit la plus ténébreuse,
De mon foyer s'échappe un jour éblouissant.
— A toi, dit l'Arc-en-ciel, tout bon cœur me préfère ;
    Tandis qu'au sein de l'atmosphère
Ta perfide lueur porte un feu menaçant,
Moi, j'annonce aux mortels la fin de leur souffrance.
    Juge combien nous différons :
    A la terre nous inspirons,
    Toi la crainte, et moi l'espérance. »

XX.

LES OEUFS ET LES POULETS.

Un voyageur lassé, pauvre, et que la faim presse,
Appelle une fermière et lui peint sa détresse.
« J'ai, dit-elle, les OEufs les plus beaux, les plus frais;
Volontiers, croyez-moi, je vous les offrirais.
Mais quelques mois encor si vous savez attendre,
Vous aurez votre part de maint Poulet bien tendre. »
Le voyageur répond : « Attende qui pourra!

Sait-on ce que demain le sort décidera?
C'est la faim d'aujourd'hui qu'il me faut satisfaire.
Il est souvent perdu le plaisir qu'on diffère.
Vos Poulets, en espoir, sont fort bons, je le veux;
    Mais, pour le moment, je préfère
        Des OEufs. »

LIVRE ONZIÈME.

I.

L'ENFANT ET LES BOTTES DE SON PÈRE.

A MON PETIT LOUIS.

« Or, la lune dorait le pli des vagues bleues;
 « L'Ogre ronflait horriblement,
« Et le petit Poucet doucement, doucement,
 « Lui prit ses bottes de sept lieues.
« Chaque botte était fée, et, par enchantement,
 « De se rapetisser l'une et l'autre s'empresse,
« Et Poucet en trois pas arrive chez l'ogresse... »
Un tout petit Enfant, jusqu'alors attentif
Au récit de Perrault, le conteur si naïf,
 Interrompt brusquement sa mère :
 « Je vais, dit-il, dès aujourd'hui,
 Chausser les Bottes de mon père,
Et je pourrai marcher aussi vite que lui. »
Sur une chaise il grimpe, et dans la double gaine,

Le voilà s'enfonçant jusqu'au milieu du corps.
Il fait pour avancer de stériles efforts,
Chancelle et tombe enfin. Le marmot avec peine
Se relève honteux, rougissant, interdit.
Sa mère à son secours s'empresse, le rassure,
L'embrasse tendrement et souriant lui dit :
« Sache à ton pied, mon fils, mesurer ta chaussure. »

Vous voulez exhumer Napoléon le Grand,
Poucets impériaux! de l'Ogre conquérant
Laissez dormir en paix les glorieux trophées.
Respectez sa sandale et ne l'essayez pas :
Une chute terrible attend vos premiers pas,
Car il n'est plus le temps des géants et des fées.

II.

LA CRUCHE ET LE COURTISAN.

Une Cruche au bord d'un ruisseau
 Se courbait pour puiser de l'eau.
Un passant qui la vit se mit à rire d'elle.
Or, le roi se présente, avec sa cour fidèle,
Sur un char d'écarlate et d'or tout reluisant,
 Notre hômme était un Courtisan;
Il attend le monarque, et, pour prouver son zèle,

Il va se prosterner aux pieds du souverain.
 Le cortége s'éloigne, et le vase, soudain,
 Dit au rieur que l'ivresse transporte :
« Notre intérêt nous fit agir de même sorte :
Je me baissais pour boire et m'emplir jusqu'au bord,
Et vous, pour obtenir des faveurs et de l'or. »

III.

UNE ASSEMBLÉE.

Pour n'y plus revenir j'abandonne cet antre!
Quelle confusion, quel vacarme! Le centre,
Et la droite, et la gauche, et les extrémités,
Imitent de la mer l'horrible turbulence.
 Cent fois le chef crie : Écoutez!
Et personne n'écoute; en vain il dit : Silence!
Nul ne se tait. Enfin, hors des bancs on s'élance.

Un intérêt plus vif, un soin plus important
Les tourmente... Au dehors le dîner les attend.

Vous avez, dira-t-on, vous avez, je le pense,
Voulu peindre un essaim d'écoliers révoltés...
 Non, mais une séance
 De la chambre des députés.

IV.

LA ROSE ET L'HOMME SANS YEUX ET SANS ODORAT.

A M. HIPPOLYTE LUCAS

« Je déteste la Rose et ses dards inhumains!
Ils percent mon habit et déchirent mes mains!
Qu'on vante désormais ta beauté sans pareille
Et ton parfum si doux... Rose, maudite fleur,
Tu n'as, à mon avis, ni beauté, ni senteur. »
Notre Homme se trompait, et ce n'est pas merveille
Que la colère seule à ce point l'égarât :

Il lui manquait deux sens, la vue et l'odorat.

Lorsque vous entendez plus d'un esprit morose
Nier votre croyance et vos rêves chéris,
Femme, poëte, enfant, ne soyez pas surpris :
Songez au malheureux qui méprisait la Rose.

V.

LA DOUBLE IVRESSE.

Un jour Anacréon, déguisant sous les fleurs
Et ses cheveux de neige et ses rides naissantes,
Du plus joyeux festin savourait les douceurs.
Dans sa coupe un essaim de Grecques ravissantes
Répandait lentement un pétillant nectar,
   Et bientôt de l'heureux vieillard
   Éclatait l'abondante verve,
Et, la lyre et la voix entremêlant leurs sons,
Il charmait les échos de ses molles chansons.
Plus loin, du jus bachique abreuvé sans réserve,
   Un esclave au corps chancelant,
   A l'œil terne, au geste insolent,
   Effrayait l'Amour et les Grâces :
   Seul, le Mépris suivait ses traces.

Le vin qui, pris à flots, peut rendre l'homme vil,
   Du sage embellit l'existence,
   Et le poison le plus subtil
Est salutaire et doux, versé par la prudence.
Tandis que les plaisirs, dont on est ménager
Nous font l'esprit plus libre et le corps plus léger,
Les folles passions, comme une ardente lave,
En dévorant les sens éteignent la raison.
Ah! distinguons toujours l'Ivresse de l'esclave
   De l'Ivresse d'Anacréon !

VI.

LE MAT DE COCAGNE.

Au milieu d'une place où la foule se presse
   Le mât de Cocagne est planté.
Pour atteindre le but ardemment souhaité
Vingt rivaux lutteront de vigueur et d'adresse
De la base au sommet un savon étendu
Éloigne encor le prix dans les airs suspendu.
Mais contre cet obstacle une ruse s'emploie :
Une cendre subtile aplanira la voie.
Le premier, de la lutte entendant le signal,
Des mains, des pieds s'attache à l'arbre colossal.
   Il s'agite, il sue, il se lasse
   Et tombe; un second le remplace.
Après de longs efforts, le second redescend.
L'œil fixé vers le but où chacun d'eux aspire,
Tous rendent, chaque fois, le chemin moins glissant.

Plus haut que ses rivaux un dernier s'avançant,
Vers le sommet mobile et s'arrête et respire,
Pour l'objet de ses vœux longuement il soupire ;
   La cendre encor fait son devoir...
Hélas! avec sa force il voit fuir son espoir.
Un autre, plus heureux, franchissant la distance,
Vers le but désiré parvient sans résistance.

Ainsi l'humanité cherche un bonheur lointain
   Qui va se perdant vers la nue.
Par le siècle qui meurt la conquête obtenue
Est du siècle naissant l'héritage certain.
Frères, nous saisirons — l'espérance est permise, —
La douce récompense à nos efforts promise.

VII.

LE CHANT DU CYGNE.

Dans son nid de roseaux le Cygne allait mourir.
Voilà les campagnards empressés d'accourir
Pour admirer ce chant d'une douceur extrême
   Que, selon la tradition,
Fait entendre le Cygne à son heure suprême.
   Jugez de la déception
Que bientôt éprouva l'agreste aréopage :
L'oiseau, péniblement poussant un cri sauvage,
Vit s'éteindre avec lui sa réputation.

   Plus d'une gloire est usurpée;
Plus d'un Cygne en impose à la foule trompée
Tel dont les chants jamais ne furent entendus
Profite des honneurs réservés au génie :
On en voit, exploitant leurs talents prétendus,
   Arriver à l'Académie.

VIII.

LA BUCHE ET LE CHARBON.

   Au sein de l'âtre, en hiver,
   Une Bûche de bois vert
   De pleurs inondait la cendre,
Poussait de longs soupirs, de longs gémissements.
   Un Charbon, lassé de l'entendre,
Lui dit : « Pourquoi ce bruit ?—Vois quels sont mes tourments!
Répond-elle. — En voyant les pleurs dont tu t'abreuves,
   Reprend le Charbon, je conclus
Que tu subis ici tes premières épreuves :
Mais moi, j'ai tant souffert que je ne pleure plus. »

IX.

L'ARMURE ET LE LIVRE.

A M. ÉDOUARD GRANGER.

L'autre jour, dans vos ateliers
Je m'égarai, lisant votre recueil de Fables.
De l'Armure des chevaliers
S'échappèrent soudain des rires formidables.
   Casques, cuirasses et brassards,
   Cottes de maillés et cuissards,
Retentissant, disaient : « Pourquoi l'artiste habile
Qui sut ressusciter les tournois valeureux,
   Perd-il des instants précieux
A noircir le papier de son encre futile?
   Lorsque sous les feux du soleil
Nous irons resplendir d'un éclat sans pareil,
   Pauvre recueil, dans la poussière
   Tu resteras enseveli;
   Sous une enveloppe grossière
   Tu dormiras dans ton oubli... »
Et moi je répondis pour le livre modeste :
   « Ah ! l'artiste, je vous l'atteste,
N'a pas perdu son temps ; si d'un adroit burin
On l'a vu façonner et le fer et l'airain,
N'a-t-il pas évoqué, d'une âme poétique,
Les préceptes sacrés de la sagesse antique ?
Ses vers, sortant bientôt de leur obscurité,
Brilleront, comme vous, d'un éclat mérité. »

X.

LE SAVOIR ET LE SAVOIR-FAIRE.

Au grenier du Savoir grimpa le Savoir-faire :
« Eh quoi ! toujours obscur et toujours mal vêtu ?
Nommant votre indigence et courage et vertu,
Des poétiques cieux vous parcourez la sphère !
Pour la réalité, croyez-moi, délaissez
Le monde vaporeux des rêves insensés.
Venez ; d'or et de fleurs parsemons l'existence. »
Le Savoir descendit sans faire résistance :
Entre nous, du pain sec il se lassait un peu.
    Les voilà partis. L'œil en feu,
  L'un de calculs remplit de longues pages,
    L'autre contemple les nuages.
« Ami, dit Savoir-faire, allons flatter les grands :
Ici-bas le bonheur est pour les intrigants,
Et nul profit n'arrive à qui ne sollicite
Pour acquérir l'argent et la célébrité,
Empruntons les cent voix de la publicité :
    A cela tient la réussite.
— Quoi ! perdre mon repos, mon temps, ma dignité,
    Ma solitude bien-aimée,
A poursuivre de l'or et de la renommée !
Répondit le Savoir ; de vos offres merci !
    A tous les biens acquis ainsi,
    Ma pauvreté, je te préfère... »
Alors de son côté chacun d'eux s'en alla,
    Et depuis ce jour-là,
Rarement le Savoir s'unit au Savoir faire.

XI.

FASCINATION.

Il ne faut pas jouer avec le magnétisme !
Me disait une femme, en sa naïveté ;
Hier il a vaincu mon superbe héroïsme
Et fait évanouir mon incrédulité.
Chez moi j'avais admis, en toute confiance,
    Un magnétiseur renommé.

« Monsieur, contre votre influence,
Vous trouverez, lui dis-je, un sujet bien armé.
Je ne ressens pour vous que de l'indifférence,
Et brave vos efforts. — Soit! dit-il, essayons! »
Et ses yeux vers mes yeux dardent tous leurs rayons;
Dans l'air, autour de moi, sa main passe et repasse.
Sous cette impression mon front bientôt se lasse...
Je me lève... Son bras est toujours étendu...
Dans le vide mon pied s'arrête supendu.
« Je ne dormirai pas! laissez-moi! Grâce! grâce! »

Je retombe... Un sommeil de plomb ferme mes yeux.
Tenez, sans ironie accueillez mes aveux :
   Il vient, je veux fuir, je le veux!
Oh! qui m'expliquera cet étrange problème?
Je veux fuir... et je vais lui dire que je l'aime.

Tout siècle se débat contre une vérité.
Il s'attache au présent, et l'avenir l'entraîne.
En vain il veut briser l'irrésistible chaîne :
La vérité persiste et le siècle est dompté.

XII.

SOCRATE, HÉRACLITE ET DÉMOCRITE.

A ses amis un jour que Socrate inspirait
L'amour de la vertu, l'amour d'un Dieu suprême,
Deux sages près de lui vinrent à l'instant même :
Démocrite riait, Héraclite pleurait.
Socrate dit à l'un : « Pourquoi ris-tu sans cesse?
— Les hommes sont des fous; voilà pourquoi je ris. »

Et l'autre : « Leurs travers excitent ma tristesse. »
   Socrate alors avec tendresse :
« Pour nos frères, dit-il, ni pitié ni mépris!
Il est vain de pleurer, il est cruel de rire;
Mais il faut les aimer, mais il faut les instruire. »

XIII.

LA FERMIÈRE, LA VACHE ET LE COCHON.

« Fermière, d'où vous vient une douleur si forte?
   — Hélas! ma belle Vache est morte,
   Elle qui tous les jours venait
Répandre sous mes doigts les sources de son lait;
   Elle si bonne, pauvre bête,
Que les petits oiseaux se posaient sur sa tête,
Qu'elle allait caresser l'enfant qui l'appelait.
   C'est une perte irréparable;
   Hélas! j'en suis inconsolable. »
Vers ses voisins, plus tard, notre Fermière allait
   Criant : Venez tous, venez vite!
A partager ma joie, amis, je vous invite.
   Pour faire un excellent régal,
Préparez les chaudrons, les poêles et les broches :
J'ai tué mon Cochon, ce méchant animal
   Dont chacun fuyait les approches.
   Vous le savez, quand, par hasard,

   De sa nourriture abondante
Quelques chiens affamés réclamaient une part,
Soudain il leur montrait une dent menaçante...
   Même lorsqu'il était repu,
Écoutant les instinct d'un esprit corrompu,
De son auge il foulait les restes dans la fange.
Vivant, il fut avare; il est mort, qu'on le mange! »

Égoïsme et bonté, sous deux masques divers,
Peuvent se connaître en mes fragiles vers.
Si l'un, pendant sa vie, à nous nuire s'attache,
L'autre par des bienfaits épanche son amour.
   Aussi, par un juste retour,
   On pleure la mort de la *Vache*,
Et l'on se réjouit de la mort du *Cochon*.
   Avare, à toi cette leçon.

XIV.

LA CLOCHE ET LE PARATONNERRE.

La Cloche dit un jour à l'aiguille aimantée :
« Par le savoir humain toi qui fus inventée,
  Oses-tu bien
 Opposer ton pouvoir au mien?
Lorsqu'un Dieu courroucé va tout réduire en poudre,
J'arrête dans ses mains la tempête et la foudre.
  Tiens, vois ce nuage, là-bas,
D'où scintille l'éclair, messager du trépas :
  Vois, le météore s'avance ;
  De ta ridicule science
Il châtira bientôt le sacrilège orgueil... »
Le nuage s'étend, de son crêpe de deuil
  Épouvantant toute la terre.
La Cloche sonne, sonne, et le Paratonnerre

Se dresse vers les cieux du haut d'un monument.
  Tout à coup un feu brille, éclate,
Suit l'aiguille et se perd dans l'humide élément.
  La Cloche vainement se flatte,
  Par son rapide tintement,
De maîtriser la foudre et conjurer l'orage ;
Elle entr'ouvre les airs, va fendre le nuage ;
A la flamme électrique elle fait un passage.
  Aussitôt l'horrible sillon
Tombe sur le clocher, le brise, le dévore,
Et laisse dans les cœurs la consternation.

Par ce nouveau récit, vous le voyez encore,
 La science a vaincu la superstition.

XV.

LE HIBOU, LA COLOMBE ET LE MOINEAU.

A M. BAUNIER.

LE HIBOU.

« Je vis austère,
Loin des jaloux;
Est-il sur terre
Un sort plus doux?
Du jour qui blesse
Fuir la splendeur,
C'est la sagesse,
C'est le bonheur. »

LA COLOMBE.

« O toute belle,
Aimons toujours!
L'amour fidèle
Charme nos jours.
A la tendresse
Livrer son cœur,
C'est la sagesse,
C'est le bonheur. »

LE MOINEAU.

« De mil et d'orge,
O doux transport!
Moi, je me gorge
Dans un plat d'or.
Ah! la richesse
Et la splendeur,
C'est la sagesse,
C'est le bonheur. »

MORALITÉ.

Chacun se vante
De son plaisir;
On suit sa pente
Et son désir.
Vivre sans cesse
Selon son cœur,
C'est la sagesse,
C'est le bonheur.

XVI.

LES GLANDS ET LES POTS.

Un jour, un homme des plus sots,
Dans des vases étroits, vulgairement des Pots,
   Sema les fruits d'un vaste chêne,
   L'honneur de la forêt prochaine.
Il faisait, à part soi, ce beau raisonnement :
« Si les plus tendres fleurs y viennent sans obstacle,
Quelques arbres aussi, ce n'est pas un miracle,
   Y grandiront assurément. »
Qu'arrive-t-il? Bientôt, faute d'air et d'espace,
La moitié sèche et meurt, le reste dépérit.
   Le plus haut chêne ne dépasse

Le plus humble rosier qui près de là fleurit.
Un seul, favorisé par sa forte nature,
Fait éclater le vase, impuissante ceinture,
Et, plus tard, jusqu'aux cieux s'élance triomphant.

Trop souvent parmi nous on élève l'enfant
Dans une sphère étroite, en un cercle étouffant.
A se développer comme la tige est lente!
On perd, dans sa prison, la force et la beauté!
Au corps, à l'âme, au cœur, ainsi qu'à toute plante,
Frères, il faut l'espace, il faut la liberté!

XVII.

LE NEZ ET LES LUNETTES.

Fier comme un prétendant
Ou comme un président
　　Responsable,
Le Nez crut raisonnable
Des Lunettes enfin de se débarrasser.
« Elles servent, dit-il, aux yeux seuls, sans nul doute :
Les porte désormais qui ne peut s'en passer ! »
Il s'agite, et bien loin parvient à les lancer.
Hélas ! sans leur secours les yeux n'y voyaient goutte,
Et voilà notre Nez au vent,
Qui, flairant son chemin, va toujours en avant.

Mais un arbre épineux se penche sur sa route
Et faisant saigner l'orgueilleux,
Prouve qu'au Nez ainsi qu'aux yeux
　　Un guide sûr et nécessaire.

Écoutez, ô lecteur, un avis salutaire
Que maintes fois déjà vous avez entendu :
　　L'homme de l'homme est solidaire ;
Nul ne doit refuser un service à son frère ;
Tôt ou tard au centuple il vous sera rendu.

XVIII.

LE SINGE ET LES ANIMAUX.

Le Singe aux Animaux, dans un repaire assis,
Adresse un beau sermon, chef-d'œuvre d'éloquence,
　　Et bientôt les plus endurcis
　　Jurent de faire pénitence.
A la péroraison tous étaient convertis.
　　Les Animaux étant partis,
Sans doute l'âge d'or reparut sur la terre ?

Non ; malgré l'orateur et malgré le serment
De réparer ses torts, de vivre saintement,
A la porte chacun reprit son caractère.

Contre tous les méchants, prêchez, criez, tonnez,
Moralistes, voilà ce que vous obtenez.

XIX.

L'ARBRE MERVEILLEUX.

Dans un rêve, je vis s'élever vers la nue
　　Un Arbre d'espèce inconnue,
Dont les bras s'étendaient en vaste parasol,
Dont les pieds s'allongeant envahissaient le sol.
Les plantes, et surtout les plus maigres arbustes,
　　Le buisson, la ronce, le houx
　　De mon bel Arbre étaient jaloux.
« Fuyez, s'écriaient-ils, dans leurs haines injustes ;
A ses fleurs, à ses fruits, vivants, ne touchez pas :
　　De ses fleurs le poison s'exhale,
　　Ses fruits renferment le trépas,
Et son ombre elle-même au sommeil est fatale... »

A ces mots, les passants fuyaient, saisis d'horreur.
Mais ceux qui, repoussant une vaine terreur,
De l'Arbre gigantesque approchaient, — ô merveille !
Respiraient une essence à nulle autre pareille,
O bonheur ! savouraient des fruits délicieux,
Et s'endormaient, bercés de songes gracieux.

　　Par la sottise et l'égoïsme
　　Cet Arbre outragé, méconnu,
Vers le monde réel quand je fus revenu,
　　Je le nommai : SOCIALISME !

XX.

LE TORRENT.

Des flancs d'une montagne une onde jaillissante,
Torrent impétueux, cascade mugissante,
Creusait d'affreux sillons dans les champs désolés.
Elle avait renversé mainte digue impuissante.
Un jour, aux paysans vers la source assemblés
Un voyageur disait : « Pour cette onde sauvage
　　Qui tout entraîne et tout ravage,
Pratiquez dans le roc un oblique chemin,
Et par mille détours vous la verrez, docile,
　　Suivre le cours lent et facile
　　Que lui tracera votre main,
　　Et de ses rives odorantes
Se répandra la vie en vos moissons riantes. »

Le conseil était bon, et, dès le lendemain,
　　Pleins d'espérance et de courage,
　　Nos gens se mirent à l'ouvrage.
On fit un doux ruisseau d'un torrent destructeur,
De l'ennemi d'hier on fit un bienfaiteur.

　　Que l'amour remplace la crainte!
　　Par la menace et la contrainte
Un mauvais naturel est en vain combattu.
Mais l'éducation fraternelle, prudente,
De chaque passion adoucissant la pente,
D'un vice originel peut faire une vertu.

XXI.

LA MASCARADE.

Jupiter, — je l'ai lu dans les vieilles annales, —
Pour une Mascarade, en sa royale cour,
Une nuit, rassembla les hordes infernales
Et les esprits sur nous veillant avec amour.
On voyait se croiser sous les lambris célestes
Les vices effrontés et les vertus modestes.
Chacun d'eux, sous des traits grimaçants ou riants,
　　Déroutait les plus clairvoyants.
Le jour venu, Jupin voulut par leurs visages
Connaître tour à tour les divers personnages.
Sans masques, devant lui, sous leur déguisement,
Ils défilèrent tous silencieusement.
Ils avaient pris, changeant de gestes, de langages,
A chaque caractère un habit opposé.
　　L'hypocrisie avait osé
De la piété sainte affecter l'apparence;

　　Le crime s'avançait, paré
　　De la robe de l'innocence;
　　L'avarice avait pénétré
　　Sous les traits de la bienfaisance;
　　Le mensonge avait emprunté
　　Le miroir de la vérité.
Qui le croira, portant une étoffe menteuse,
On dit que les vertus passèrent à leur tour,
Et que chacune avait, n'osant fixer le jour,
De quelque vice impur la défroque honteuse.

　　Même chose arrive ici-bas :
De toutes les vertus le vice prend le masque,
Et le plus vertueux, ô caprice fantasque!
Affiche quelquefois les vices qu'il n'a pas.

XXII.

LE FOU.

Bicêtre, comme on sait, renferme dans son sein
De ces infortunés dont la raison est morte.
Cédant à mes désirs, un jour un médecin
　Des cabanons me fit ouvrir la porte.
　Courant à nous, un de ces malheureux
Me dit : « Je suis un riche, un docte gentilhomme! »
Puis, montrant le docteur : « Ne suivez pas cet homme :

Il ne sait ce qu'il dit; c'est un fou dangereux. »

Chez nous, chose plus triste, il est aussi d'usage
Que les traits des méchants atteignent les grands cœurs,
Que pour les plus savants soient les sifflets moqueurs,
　　Que le Fou méprise le Sage.

XXIII.

ÉSOPE ET LE LABOUREUR.

A M. PIERRE LAMBERT.

Laissant jaillir à flots ses vives paraboles,
Ésope dans les champs suivait un laboureur.
　Lors un passant d'un ton railleur :
« Loin d'ici le bavard et ses contes frivoles!
S'il veut vivre, à son tour qu'il prenne l'aiguillon! »
Mais le bon Laboureur que cet outrage blesse :

« Qu'Ésope dans mon cœur répande la sagesse,
Je sèmerai pour lui le grain dans le sillon.
　　La science qui nourrit l'âme
　　Vaut le pain qui nourrit le corps
Et celui qui la verse en paroles de flamme
Doit recevoir le prix de ses nobles efforts. »

XXII.

LE FOU.

Chérie, comme on sait, renferme dans son sein,
De ces infortunés dont la raison est morte.
Peu à peu des défiés, un jour un médecin
Très échauffé, sur fit ouvrir la porte.
« Eh ! là, je suis un tupbe, un docte pontilfoppent! »
Dit, montrant le docteur : « Ne suivez pas cet homme,
Il ne sait ce qu'il dit; c'est un fou dangereux.

Cela prouvé, dans une bière, il est cuasé d'usuage,
Que par les brefs des médecins anéiquent les grand contre;
Que pour les plus savants sont les effets moqueurs,
Que le fou, inspiré de Sage. »

XXIII.

ÉSOPE ET LE LABOUREUR.

Un laboureur il a vu vivre pendantes
Lègue dans les champs auront un laboureur.
Loin au passant d'un bon railleur :
Loin afin le Boreal et ses vortes tricotes!
Si vent vivre, à son tour qu'il puisse fatigant art
Ma le bon Laboureur que cet ouvrage lui sert:

« Ce passe qu'on ne sans vain repandu la semence,
Je sèmerai, tout lui le grain dans le sillon,
Le grain qui nourrit l'âme,
Que le pain qui lui même en parfois de l'homme
Et celui qui lui sera en parties de l'homme
Recevra le prix de ses crailes efforts. »

LIVRE DOUZIÈME

I.

LA STATUE DE L'AMITIÉ.

Vers l'atelier de Praxitèle
Glycère accourut : « O sculpteur,
Avez-vous l'Amitié? dit-elle;
Je lui voue un culte en mon cœur.
— Tiens, la voici, répond l'artiste.
— Oh! dit-elle, elle est de moitié
Trop vieille, trop sévère et triste;
Ce n'est pas cela l'Amitié.

Mais voyez celle qui se joue
Parmi les fleurs d'un air joyeux;
Pour une Amitié, je l'avoue,
Elle me conviendra bien mieux.
— De ton sort, dit le statuaire,
Que le ciel daigne avoir pitié;
Mais plus d'une avant toi, Glycère,
A pris l'Amour pour l'Amitié. »

II.

LA FLEUR DE SANTÉ.

Un jeune homme dormant le jour, veillant la nuit,
Sur ses traits voit descendre une pâleur extrême,
Et la santé, ce bien suprême,
A tire d'aile aussi s'enfuit.
Un vieux docteur, un honnête homme
Que pour sa science on renomme,

Lui dit : « Si vous voulez guérir,
Chaque matin, dès l'aube, il vous faut parcourir
Et le mont verdoyant et la plaine fleurie.
Bientôt vous trouverez, au fond de la prairie,
Une fleur précieuse; en son sein velouté
Le printemps toujours brille. Elle est rose; on l'appelle

Fleur de Santé. »
Aux avis du docteur le jeune homme fidèle,
Dès l'aube, chaque jour, visitait à la fois
　Les jardins, les prés et les bois,
　Cherchant partout la fleur si belle
Qui devait lui verser la force et le bonheur.
Pendant quelques longs mois il avait, plein d'ardeur,
　Parcouru les monts et la plaine,
Sans voir briller la plante, objet de tous ses vœux.
Enfin, perdant courage, il va conter sa peine
　Au bon vieillard qui, tout joyeux,
Le prenant par la main, vers un miroir l'entraîne.
« De mon expérience, ah! vous aviez douté! »
Lui dit-il; le jeune homme, ô surprise, ô merveille!
Sur sa joue aperçoit, rayonnante et merveille,
　　Fleur de Santé.

III.

LES DEUX ABEILLES.

Heureux ceux que l'amour, que le travail unit :
　La Providence les bénit.

Dans le creux d'un vieux mur, et languissante et frêle,
　Se lamentait d'une voix grêle
　Une Abeille qui, sans parents,
Au hasard promenait ses pénates errants.
Nulle sécurité : ses rayons presque vides
Offraient ample curée à des fourmis avides.
Une autre Abeille arrive, et lui dit : « O ma sœur,
Pourquoi donc vivre ainsi solitaire, isolée?

Viens : le printemps s'éveille au fond de la vallée,
Nous ouvrant ses trésors de parfum, de douceur.
　Tandis qu'ici, malade, inconsolée,
Tu n'as pas un ami, pas un seul défenseur,
Dans la ruche, là-bas, une chaîne commune
Nous lie étroitement à la même fortune.
Qui cimenta ces nœuds? L'intérêt, l'amitié.
Dans le bien, dans le mal nous sommes de moitié.
　Vigilantes, laborieuses,
Vivant sans jalousie et sans ambition,
Nous avons su trouver le secret d'être heureuses...
Ce secret, quel est-il? L'association. »

IV.

A PIED ET EN VOITURE.

A Paris, certain jour, par torrents il pleuvait;
　Chaque rue était une mare.
Des fiacres au galop la file se suivait,
Et les cochers, battant leurs chevaux, criaient : Gare!
Quand les passants étaient dessous.
Un campagnard disait : « Ces conducteurs sont fous!
　Je ne sais pas comment un homme
Peut frapper un cheval, pauvre bête de somme,
Et du haut de son siége éclabousser les gens.
　Coquins, quels démons vous possède ? »
Si la police avait de sévères agents,
A de pareils abus on porterait remède. »
Au coin d'un carrefour, l'an d'après, deux sergents

Empoignaient un cocher brutal, impitoyable,
Dont les maigres chevaux de coups étaient meurtris.
Dans ce bourreau, je reconnus, surpris
L'honnête campagnard, si franc, si raisonnable,
Qui des autres blâmait la conduite blâmable.
　Je l'avouerai, dès ce moment,
Tout pouvoir à mes yeux perdit de son prestige,
　Et je compris comment
Tout homme qui s'élève est saisi de vertige.
Par cet exemple instruit, je jurai fermement
D'éviter le contact des puissants de la terre,
D'aspirer aux douceurs d'une ère égalitaire;...
Je le jurai... Toujours j'ai tenu mon serment.

V.

LE PÉLICAN ET SES PETITS.

Un pêcheur vit près d'un étang
Un Pélican dont la nichée,
Avide, s'abreuvait à ses flancs attachée.
Chaque Petit criait, de plaisir palpitant,
Et l'oiseau généreux, épuisé, haletant,
　Leur taisait sa douleur amère.
« Cessez, dit le pêcheur; cet horrible festin;
Malheureux! vous buvez le sang de votre père. »

Hélas? du Pélican plusieurs ont le destin :
Enfants, savez-vous bien par quels durs sacrifices
　A vos besoins, à vos caprices
Répondent chaque jour vos parents empressés?
Et vous, jeunes esprits, vers l'avenir fixés,
Vous à qui des savants, des sages, des prophètes,
Pour vous rendre meilleurs, pour vous rendre plus forts,
Donnent le pain de l'âme, après le pain du corps,
Songez-vous quelquefois, au milieu de vos fêtes,
Combien ils ont souffert, et comment ils sont morts?...

VI.

LES FLEURS ET LES ÉPINES.

De l'homme et du rosier telle est la destinée :
D'Épines et de Fleurs se couvre leur printemps.

Bientôt la Fleur s'envole au souffle des autans;
Seule, l'Épine reste et se dresse obstinée.

VII.

LES OISEAUX DE NUIT ET LA LUMIÈRE.

Hôte d'un vieux castel, monseigneur le Hibou,
A l'heure de minuit, s'échappant de son trou,
Appelle les oiseaux que le grand jour effraie.
A sa voix, le Grand-duc, la Chouette, l'Orfraie,
 Le Chat-huant et la Chauve-souris,
  Par des miaulements et des cris,
Rassemblent aussitôt leurs bataillons funèbres.
« Compagnons, compagnons! dit le sinistre oiseau,
Allons, sans nul retard, détruire le flambeau
Dont l'éclat nous poursuit au sein de nos ténèbres.
Les paysans étaient plus modestes, jadis :
  Ou la résine grésillante,
Ou quelque huile fétide, aux solives pendante,
De sa lueur blafarde attristait leur taudis
  Ce *fameux* siècle des lumières,
Ainsi que les châteaux, envahit les chaumières...
La chandelle est venue, et la bougie après ;
L'homme compte les jours par d'incessants progrès,
Et nous sommes perdus si nous le laissons faire.
Des globes réflecteurs, des verres grossissants,
  Font rejaillir dans l'atmosphère
  Mille rayons éblouissants.

Vous le dirai-je, hélas! l'homme, ennemi des ombres,
Pour nous chasser enfin de nos retraites sombres,
S'éclaire avec le gaz et l'électricité!
Mais sur vous vainement je n'aurai pas compté,
Et nous étoufferons cette flamme nouvelle
Qui de notre rival protége le sommeil.
Ah! pour jouir en paix d'une nuit éternelle,
De même puissions-nous éteindre le soleil; »
A ces mots les oiseaux, avec un bruit horrible,
Fondent sur la lumière, à leurs coups insensible.
  Qu'arriva-t-il? vous allez le savoir :
Chacun eux à la flamme ayant brûlé son aile
   Et sa prunelle,
Regagna, comme il put, son nocturne manoir,
Et le pauvre Hibou mourut de désespoir.

  O Chauves-souris sépulcrales,
Hiboux qui fréquentez les vieilles cathédrales,
Chats-huants de la Bourse et des donjons poudreux,
Croyez-moi, du progrès le flambeau ne doit craindre
Ni vos noirs bataillons ni vos plans ténébreux :
Jamais, en vérité, vous ne pourrez l'éteindre!...

VIII.

LE VIN BLANC ET LE VIN ROUGE.

Souvent les modérés, ce sont les furieux.

Mûri sur les coteaux qui longent la Dordogne,
  Le Vin blanc, d'un ton doucereux,
  Ainsi parle au Rouge bourgogne :
  « Mon frère, ta vive couleur
A toute âme bien née inspire la terreur.
Quand tu verses la lave au peuple, dans l'orgie,
C'est du sang qui s'attache à la nappe rougie.
  De ta pourpre dépouille-toi ;
Deviens doux, incolore, innocent, comme moi... »

Le Bourgogne répond : « Ma flamme purpurine,
En donnant la santé, chasse l'humeur chagrine.
Ta blancheur n'est pas, certe, exempte de danger :
A ta feinte douceur malheureux qui se fie !
Elle irrite les nerfs jusques à la folie...
Insulte à ma couleur, je n'en veux pas changer. »

  Amis, tenons-nous à distance
De ces tempéraments fades et bilieux
  Qui sont tout miel, tout sucre en apparence
  Calme trompeur, dehors insidieux...
Souvent les modérés, ce sont les furieux.

IX.

LES SAUVAGES ET LE VIOLON.

Porté par l'Océan vers un peuple sauvage,
　Un virtuose allait sur le rivage,
Son violon en main, pour calmer ses ennuis.
　On l'entendait, toutes les nuits,
Faire éclater son âme en notes gémissantes,
En accents belliqueux. Sous ses doigts, tour à tour,
Retentissaient la guerre et la paix et l'amour.
Sa pensée inspirait les cordes frémissantes.
Pour la première fois les échos d'alentour
Redisaient de tels sons. La peuplade, attentive,
Se tenait en extase et l'oreille captive.
　Un soir qu'il était endormi
Près de son instrument, son trésor, son ami,
　Les Sauvages lui dérobèrent
　Un confident si précieux,
Et triomphalement sur un trône portèrent
Ce fétiche de bois, ce roi mélodieux,
Pour leur bonheur, sans doute, envoyé par les dieux.
« Il sait, certainement, les choses qu'il imite

Avec tant d'harmonie et tant de vérité.
Donnons-lui, dirent-ils, un pouvoir sans limite;
Il réalisera tout ce qu'il a chanté. »
Ils comprirent bientôt leur méprise grossière,
　Et, tout confus, dans la poussière
　Ils lancèrent sa majesté.
　L'un d'eux, de la connaître avide,
L'examinant à fond, la trouva creuse et vide.

De tout être il ne faut exiger, croyez-moi,
　Que ce qui sied à sa nature.
Du Violon chez nous, trop souvent, sur ma foi,
　Se renouvelle l'aventure.
Parce qu'un homme chante ou fait de beaux discours,
　On le croit profond politique.
Êtes-vous orateur, ou poëte, ou critique,
　Vous deviendrez, un de ces jours,
Ministre, ambassadeur, agent diplomatique....
Peuple, dans cette erreur tomberas-tu toujours?

X.

LE RAMEAU D'OLIVIER.

« Et le corbeau ne revint pas..... »
　L'élu de Dieu, le patriarche,
　Ouvrit la fenêtre de l'Arche,
Et dit à la colombe : « Oiseau, vole là-bas;
Va voir si du Seigneur s'apaise la colère. »
Elle part, et longtemps fend l'espace éthéré.
Enfin elle aperçoit un arbre séculaire
　Dont le flot s'était retiré.
　Signe de paix et d'alliance,
C'était un olivier : la colombe s'avance;

De l'arbre elle cueille un Rameau,
Et reprend son essor. Aussitôt le corbeau
　L'appelle : « Contre le déluge
　Ici, moi, je trouve un refuge.
A qui pense à soi-même et n'a pas d'autre but,
　D'autrui qu'importe le salut? »
Alors, d'un saint amour la colombe agitée :
« A ceux qui m'ont dans l'Arche accueillie, abritée,
Je porte le Rameau d'espérance, et je veux
Ou nous sauver ensemble ou mourir avec eux. »

XI.

LE CHOU ET SA GRAINE.

Il était une fois un Chou prodigieux :
Sa tige en jets fleuris rayonnait vers les cieux :
Renversé, du jardin il embrassait un arc.
Jaloux de propager une espèce si rare,
Chacun veut en avoir de la Graine ; à prix d'or
Heureux celui qui peut obtenir ce trésor !
Bientôt, me direz-vous, une telle semence
Des acquéreurs nombreux dépassa l'espérance ?
Amis, du résultat vous serez étonnés :

Sous terre, une moitié, dans son germe altérée,
Mourut ; des plants chétifs, race dégénérée,
Tel fut le triste lot des moins infortunés.

Légume colossal, dans notre histoire humaine
Ton exemple n'est pas un si grand phénomène :
Maint géant qui promit de dignes rejetons,
A la postérité légua des avortons.

XII.

LE CYGNE ET L'OISON.

Sous la brise entr'ouvrant son aile,
Roi des eaux, vivante nacelle,
Sur un lac un Cygne nageait.
A ses côtés un sot, un Oison, c'est tout dire,
Allait, venait, se rengorgeait.
Au campagnard béant, qui de la rive admire,
Il dit : « Je suis un Cygne ; osez me contredire ! »

Le campagnard, que tant d'orgueil confond,
Ne lui répond
Que par de grands éclats de rire.

Sur l'onde, aux champs, au Parnasse, en tous lieux,
Les Oisons sont prétentieux.

XIII.

LE SAVETIER ET SON VOISIN.

Le Savetier s'en retournait
De chez le financier. Joyeux, il fredonnait
Les chansons que lui fit oublier la richesse.
Mais un Voisin survient qui lui peint sa détresse,
Et lui demande vingt écus.
Alors le Savetier, confus
De faire au malheureux essuyer un refus,

En rougissant s'excuse avec franchise,
Et trop tard se repent d'avoir, par sa sottise,
Manqué l'occasion d'obliger son ami.
« Je pouvais être heureux si j'avais été sage,
Dit-il ; avec cet or j'aurais chanté, dormi ;
Mais il fallait savoir en faire bon usage. »

XIV.

LE MARCHAND ET LE CHIEN.

Un Marchand marchandait un Chien,
A l'entendre, on eût dû le lui livrer pour rien :
« Je ne pourrai jamais, disait-il, m'en défaire ;
L'argent que j'y consacre est de l'argent perdu. »
Quelques instants plus tard, pour qui l'eût entendu,
    C'était une autre affaire :
Sur ses rivaux ce Chien devait avoir le prix.
D'un contraste pareil notre animal surpris :

« D'où vient que, ce matin, votre voix mensongère,
Niant mes qualités, ce soir les exagère?
— Ce langage opposé, dit le Marchand, crois-moi,
L'intérêt le dicta ; que ce soit mon excuse.
Sur nos relations ton noble instinct s'abuse ;
    Mais le mensonge, mais la ruse,
Voilà de tout commerce et la base et la loi. »

XV.

RICHE ET PAUVRE.

Un jour que du ciel triste et sombre
Tombait la neige en tourbillons d'argent,
Dans Paris, cette ville aux contrastes sans nombre,
    Je vis un contraste affligeant :
A deux êtres divers, diverse destinée
Etait échue, hélas! D'un pauvre vêtement
L'un, à peine, couvrait son épaule inclinée,
D'un pain dur il faisait son unique aliment ;
Les arcades des ponts, une hutte isolée,
Endormaient dans les nuits son âme désolée.

L'autre avait un manteau d'azur
    Dont les franges étaient d'or pur ;
Les mets les plus friands engraissaient sa paresse ;
Heureux, il sommeillait sur le mol édredon.
Celui que la misère et le triste abandon,
Sans espoir, tourmentaient jusques à la vieillesse,
    Qu'était-il? Un brave artisan...
    L'autre toujours de la richesse
    Avait vécu le courtisan...
C'était le chien d'une duchesse !

XVI.

LE LABOUREUR ET LES RONCES.

D'un champ que dévoraient la Ronce et le Chardon,
    Un Laboureur, certain jour, fit l'emplette.
De tout germe mauvais pour faire place nette,
Il saisit une faux, il allume un brandon,
Il arme ses voisins, ses amis et sa femme.
Mais contre la croisade une Ronce réclame
    Et dit :
« Vous avez tort, sans contredit,
De porter contre nous et le fer et la flamme :
Ce champ fut de tout temps notre propriété
Et par droit de conquête et par droit d'héritage. »

Le Campagnard répond : « La belle, en vérité,
    Que m'importe ton bavardage?
    Vous nuisez à mon labourage ;
    Plaignez-vous tant que vous voudrez,
    Mesdames, vous y passerez. »

O vous qui du bonheur étouffez la semence,
Préjugés, vieux abus, trop bien enracinés,
Dans le champ social le progrès, qui s'avance,
Bientôt, j'en ai l'espoir, vous aura moissonnés.

XVII.

L'ORCHESTRE.

Deux amis, le premier pessimiste et railleur,
L'autre rêvant pour tous un avenir meilleur,
Chaudement soutenaient leurs différents systèmes.
« Mon cher, vous poursuivez d'insolubles problèmes !
Dit enfin le sceptique; il y faut renoncer.
De votre Eldorado nous devons nous passer.
Loin de vous confier aux mensonges d'un prisme,
Descendez au réel; songez à l'égoïsme
    Qui tient les hommes divisés.
  Les voyez-vous de caractères,
De vœux et de besoins constamment opposés?
Comment associer ces éléments contraires?
Tous les beaux résultats, par des rêveurs promis,
Ce sont les fruits dorés du pays des chimères :
Je le crois comme vous, les hommes seront frères;
Mais toujours ils vivront en frères ennemis. »
    A riposter l'autre s'apprête,
Lorsque d'un grand concert l'affiche les arrête.
  Ils prennent place. En ce moment
      Chaque instrument,
Sur tous les tons, à part, sans mesure, résonne.
C'est un bruit, un vacarme à rendre les gens sourds.
Mais ce tohu-bohu n'épouvante personne :
Tout concert, on le sait, prélude ainsi toujours.
« Du chaos social je trouve ici l'emblème !

Dit notre pessimiste, en reprenant son thème.
    Le parallèle est peu flatteur,
Mais il offre l'attrait de la vérité même. »
Il parlait; tout à coup l'archet régulateur
Soumet les instruments à sa loi fraternelle.
    Pas un ne s'y montre rebelle;
Le rôle est à chacun sagement adapté;
Et le rauque clairon, et le hautbois si tendre.
    Et la flûte au son velouté,
Ensemble ou tour à tour savent se faire entendre.
Depuis le violon, virtuose accompli,
    Jusqu'au triangle monotone,
A nul on n'imposa le silence et l'oubli.
    L'Orchestre pleure, gronde, tonne;
C'est l'amour, c'est la paix, la guerre, l'ouragan.
De cette immense voix, de ce foyer géant
L'harmonie en torrents roule et se précipite.
    Tout l'auditoire est enchanté
    Et de bonheur tout cœur palpite.
« Ami, dit le croyant, de plaisir transporté,
Loin de vous, désormais, le doute et l'ironie;
Le contraste des sons a produit l'harmonie :
C'est le tableau vivant de la fraternité,
Et l'unité naîtra de la diversité. »

XVIII.

LE BOUQUET D'ÉGLANTINES.

    Victor, écolier paresseux,
Eût voulu sans étude acquérir la science.
Il admirait les beaux-arts, l'éloquence;
Mais pour lui le travail était un joug affreux.
    Son maître, homme plein de prudence,
Lui prépare, un beau jour, une utile leçon
Il conduit dans les champs le petit polisson :
« Cueille-moi, lui dit-il, un Bouquet d'Églantines. »
Victor vole soudain au plus prochain buisson.
Il n'est pas, on le sait, de roses sans épines :
Il se pique les doigts, et s'enfuit en pleurant

    Son professeur, le rassurant,
Lui dit : « Arrache, enfant, une épine traîtresse,
Et de la fleur alors ta main sera maîtresse. »
Bientôt notre écolier, justement orgueilleux,
Revient en brandissant le Bouquet périlleux.
« J'ai su t'offrir par là, dit le professeur sage,
Des travaux de l'esprit une vivante image :
Veux-tu de la science atteindre les beautés?
Par un travail ardent surmonte avec courage
    L'étude et ses difficultés,
Ronces qui devant toi naissent de tous côtés. »

XIX.

LE RHONE ET LE LAC DE GENÈVE.

Le Rhône, rapide, écumant,
Roule du haut des monts et se fraie un passage
　A travers les eaux du Léman.
Le lac lui dit un jour : « Écoute un avis sage :
Dans mon lit calme et pur endors-toi mollement.
　Quelle impatience t'irrite?
　Vois : contre les vents orageux
　De mille sommets neigeux
　L'éternel rempart nous abrite.
Pour goûter désormais un facile repos,
　Laisse mon onde avec tes flots
　Se marier et se confondre... »
Mais le fleuve, sans lui répondre,
Précipite sa course. Ah! c'est qu'il veut remplir
　Sa tâche utile et glorieuse.
Quoiqu'en ses profondeurs une mer furieuse
　Doive bientôt l'ensevelir,
　Tout fier du but qu'il se propose,
　Il se hâte, et chaque cité,
　Et chaque rive qu'il arrose
Lui doivent la richesse et la fertilité.

Beau fleuve, ainsi que toi jamais ne se repose
Celui qu'une foi vive est venu agiter.
Par une main divine il se laisse conduire,
Et, tout au seul devoir dont il sait s'acquitter,
　Le danger ne peut l'arrêter,
　Le plaisir ne peut le séduire.

XX.

LE MALADE.

1824.

Un riche était à l'agonie :
　Chez lui s'en vont de compagnie
Un médecin, un notaire, un curé.
Voyant que le Crésus ne tient à l'existence
　Que par un fil mal assuré,
Chacun s'empresse alors d'offrir son assistance.
Le pasteur, que le *bien* attirait en ces lieux,
Au pécheur expirant voulait donner quittance.
　« Voyez-vous, leur dit-il, messieurs,
L'âme s'affranchissant des douleurs de la terre,
Quitter un corps de fange et s'envoler aux cieux,
　Grâce aux faveurs de mon saint ministère?
　Le viatique... — Un moment, un moment!
Repart le médecin, trêve de patenôtre!
　Vous qui faites le bon apôtre,
　Vous flairez bien certainement
　Le casuel d'un bon enterrement,
　Un but moins sordide est le nôtre :
Celui de la science et de l'humanité!
D'ailleurs un médecin peut enfler son mémoire...
Mais, pensons au malade, et qu'on lui fasse boire
Un loch émollient... — On rêve, en vérité!
　Répond le notaire irrité.
Si de ses biens lui-même il ne fait le partage,
　Avides de son héritage,
On verra tous les siens fondre après son décès,
　A la veuve éplorée intenter un procès,
　Où l'on m'appellera toutefois comme arbitre,
　Procès où je pourrai, du moins,
　Comme Perrin Dandin, largement lécher l'huître....
Allons, qu'un testament fait par-devant témoins
Prévienne les discords... » Pendant ce verbiage,
Le Crésus *ad patres* alla faire un voyage.

Ainsi, peuple, toujours te prodiguent leurs soins
Tes nobles préposés, tes zélés mandataires :
　A les entendre, ils savent tes besoins,
Et pour tes intérêts négligent leurs affaires;
Et cependant on les voit, pleins d'ardeur,
　Étouffant à l'envi toute sainte pudeur,
　Et bravant tes justes reproches,
Se partager tes biens entre eux, entre leurs proches,
Et, pauvre peuple, ils font tant qu'à la fin
　Ils te laissent mourir de faim.

XXI.

LE FERMIER ET LES ANES.

1821.

Un Fermier fournissait des pommes à Paris :
　Grand trouble aux champs; qui portera ces fruits?
　Belle demande! Eh! ce seront les Anes!
On le sait bien, les baudets en tous lieux
Sont des souffre-douleurs, et tout roule sur eux.
On voit donc nos roussins partir en caravanes,
Portant de quoi dîner tant aux manants qu'aux rois,
　Et tant aux nobles qu'aux bourgeois,
　Premièrement la charge fût petite;
Aussi les messagers n'en allaient que plus vite.
On mit sur le tapis un système nouveau :
　A bonne échine bon fardeau!
En augmentant la charge on crut faire merveille.
　Les malheureux, baissant l'oreille,
Donnent au diable et pommes et gourmands,

　Mais ce n'était qu'entre leurs dents;
　Il faut souffrir et ne rien dire.
　A leur retour, ce fut bien pire;
　Le Fermier, en homme de poids,
Voulut faire doubler la charge cette fois;
　On obéit; les gens si fort doublèrent,
　Qu'enfin les Anes succombèrent.

　Peut-être un esprit plébéien
　Pour les impôts prendra les pommes,
Croira que les Baudets représentent les hommes,
Que le Fermier du trône est le soutien;
　Ah! gardez-vous d'une telle méprise :
Les ministres chinois feraient bien la sottise,
　Mais les nôtres sont gens de bien.

XXII.

LA TACHE ENLEVÉE.

Le long des boulevards un bohémien se poste,
　Voit un passant, l'accoste,
　Et le saisit...
　Par son habit.
« J'ai, dit-il, un savon de vertu sans pareille;
Monsieur, laissez-moi faire, et vous verrez merveille. »
　Disant ces mots, avec acharnement,
　Il frotte un coin du vêtement.
« Monsieur, une autre fois sachez me reconnaître! »

　Dit en riant le double traître.
Le pauvre patient s'éloigne satisfait;
　Mais bientôt il voit, stupéfait,
Avec la tache, hélas! l'étoffe disparaître.

Un critique sévère, Aristarque nouveau,
Afin de l'épurer, à votre œuvre s'attache
　Craignez qu'en enlevant la Tache
　Il n'enlève aussi le morceau.

XXIII.

LES ÉTRENNES.

A peine finissait décembre,
De son père un enfant sans bruit gagne la chambre.
« De mon amour, dit-il, acceptez le serment,
Et, s'il vous plaît, donnez-moi mes Étrennes... »
Il croyait bien, le petit garnement
S'en retourner les poches pleines.
Dans sa sagesse, hélas! son père ayant douté
De sa sincérité,
Ne lui donna pas une obole.

« Si j'avais su cela, dit l'autre en s'en allant;
Et grommelant,
Tu ne m'aurais pas vu ce soir, sur ma parole. »
Son pauvre père l'entendit;
Vous devinez ce qu'il lui dit...

Blâmons de cet enfant la conduite insensée :
Que l'amitié jamais ne soit intéressée.

XXIV.

LES DEUX CHEVAUX.

Deux Chevaux attachés à la même voiture
Se donnaient en chemin, comme par passe-temps,
Force bons coups de pied et force coups de dents.
Un passant s'écria : « J'aurais cru, je l'assure,
En les voyant liés sous un joug fraternel,
Qu'entre eux devait régner un accord éternel,
Mais un accord à toute épreuve... »
Quelqu'un lui répondit : « Vous en avez la preuve. »

A tels couples qu'hymen à son joug attela,
Demandez s'ils en sont plus unis pour cela.

XXV.

LES CHIENS ET LE LOUP.

Les Chiens s'étaient ligués pour sauver les moutons
De l'attaque des Loups gloutons.
A cette dévorante race
Ils faisaient une rude chasse.
Dire que ni moutons ni chiens ne périssaient,
Ce serait faire un conte et non pas une histoire :
Les plus forts, les plus gros tous les jours y passaient.
Comme les loups trop cher payaient chaque victoire,
Un des leurs, certain jour, endosse adroitement
La dépouille d'un chien : sous ce déguisement,
Dans les camps étrangers il pénètre aisément.
Comme il paraît loyal, qu'il est de belle taille,
On l'accueille au repas ainsi qu'à la bataille.
Mes amis, il vous en cuira
D'avoir sur l'apparence admis un pareil hôte;
Vous allez voir comment il vous écorchera...
Le drôle ne s'en fit pas faute.

Des mets les plus friands d'abord il s'empara,
Et sut de la gamelle écarter les timides;
Dans l'ombre il déchira de ses ongles perfides
Les moutons, les agneaux à sa garde commis;
Il fit un pacte infâme avec leurs ennemis.
Le traître, en prodiguant de feintes accolades,
Mordit jusques au vif ses nouveaux camarades.
L'un d'eux, qu'avait meurtri le mauvais garnement,
S'aperçut par hasard de son déguisement,
Et se mit à hurler... « Tais-toi, dirent les autres;
De nos dissensions les loups se tiendraient forts...
Des nôtres, avant tout, il faut cacher les torts...
— Mais, dit le chien mordu; ce n'est pas l'un des nôtres;
C'est un loup, je vous jure, un véritable loup!... »
A ces mots, sur le monstre une meute s'élance;
Il a beau faire résistance,
Sous mille crocs vengeurs il tombe tout à coup.

XXVI.

LE COQUILLAGE.

Par la marée, un jour, laissé sur le rivage,
Ainsi, dans son orgueil, parlait un Coquillage :
« Au faîte des honneurs me voilà parvenu !
Mollusques idiots, redoutez ma puissance !
On a rendu justice à ma haute science :
Le mérite réel est enfin reconnu !
Bravo ! je suis le roi de la terre et des ondes !
Adieu sombres écueils, adieu vagues profondes;
Adieu ! je suis assis sur un trône de fleurs !...
Une lame, à ces mots, venant frapper la plage,
Entraîne au fond des mers l'imprudent personnage.

Par un flot politique élevés aux grandeurs,
Et d'un simple hasard se faisant une gloire,
Beaucoup osent rêver un pouvoir illusoire,
Qui sont bientôt punis de leur témérité.
Le peuple, dont la vague est bouillonnante et forte :
Sait les rendre aussitôt à leur obscurité.
Le flux les apporta, le reflux les emporte.

XXVII.

L'ESPRIT ET LA RICHESSE.

Au palais de cristal où trône la beauté,
Arrivèrent jadis l'Esprit et la Richesse.
Or, à la porte en vain comme ils frappaient sans cesse :
« Entrera qui pourra ! » leur dit la déité.
    Dame Richesse avait sur elle
Sa magique clef d'or, précieux talisman ;
Mais, hélas ! cette fois la clef fut infidèle :
La dame au désespoir s'esquiva promptement.
L'Esprit, de son manteau tirant un diamant,
    Coupa le verre adroitement,
Et sut dans le palais sans peine s'introduire.

On dit (tant dans ce siècle on se plaît à médire),
On dit que de nos jours la clef d'or ouvrirait,
Et qu'au lieu de l'Esprit la Richesse entrerait.
Laissons parler les gens : pour moi, je me fais gloire
De ne croire en ceci que ce qu'il faut en croire.

XXVIII.

LA VÉRITÉ ET LE TEMPS.

Depuis que l'on a vu la Vérité s'enfuir,
    Partout les sages l'ont cherchée ;
Mais au fond de son puits elle reste cachée :
    Le Temps seul l'en fera sortir.

XXIX.

L'IVROGNE ET LE PASSANT.

Un ivrogne chancelle et tombe en son chemin.
Aussitôt un passant, le prenant par la main,
   Péniblement sur ses pieds le redresse.
Mais, efforts superflus! l'ivrogne de nouveau
Perd l'équilibre et tombe au milieu du ruisseau.
Vingt fois on le relève, il retombe sans cesse.
Enfin l'autre lui dit : « Mon ami, je vous laisse,
Car j'userais mes bras et ma peine pour rien. »

Je m'intéresse à vous et votre état m'afflige;
Mais je ne sais qu'y faire. Adieu! portez-vous bien. »

On voit des gouvernants, toujours pris de vertige,
Aller de chute en chute et d'erreur en erreur.
   En vain touché de leur malheur,
Vous ne leur épargnez ni conseil ni reproche :
Qu'on les relève à droite, ils retombent à gauche.

XXX.

LES OISEAUX, LE MERLE ET LE ROSSIGNOL.

Pour élire un chanteur, mille oiseaux différents
   De voix, de taille et de plumage
   Se réunirent au bocage.
Le rossignol, le merle étaient les concurrents.
Lequel des deux choisit le docte aréopage?
— Eh! sans doute, l'Orphée au sublime langage,

Le rossignol? — Non pas! — Ami, tu nous surprends,
Car on ne vit jamais une injustice semblable...

— Dans mainte académie est-on plus équitable?
Certes, chez nos savants, le fait est avéré,
Le merle au rossignol fut souvent préféré.

XXXI.

LE PRÊTRE ET LE MARCHAND D'IMAGES.

Un Prêtre, un jour, entra chez un Marchand d'Images.
   Il y fit emplette, je crois,
De l'enfant de Marie adoré par les Mages,
Et du drame sanglant du Sauveur sur la croix.
   Il allait quitter la boutique,
   Quand survint une autre pratique :
« N'avez-vous pas, dit-elle, aussitôt qu'elle entra,
Le portrait de Fanny, danseuse à l'Opéra?
— Si fait, monsieur, si fait, on vous le donnera :
Dans notre magasin, qu'à bon droit on renomme,
Le chaland peut trouver tout ce qui lui plaira. »
Alors, par quatre fois se signa le saint homme,
Disant, tout indigné : « Quoi! dans le même lieu
Sont le ciel et l'enfer, le diable et le bon Dieu!
   Au sacré mêler le profane,
C'est une chose étrange et que l'honneur condamne! »
   Le marchand

Au prêtre répond sur-le-champ :
« Bah! profane ou sacré, diable ou Dieu, que m'importe;
Sans remords je m'attache à tout ce qui rapporte,
Et j'en pourrais citer bien d'autres, sur ma foi,
   Aussi peu scrupuleux que moi :
Je vois des avocats, plèbe paradoxale,
Traîner dans le prétoire une robe vénale.
L'innocence a de l'or? ils la protégeront :
Le crime est opulent? ils le justifieront,
Je vois des écrivains, gangrène sociale,
Flétrir tous les partis et les aduler tous :
Le public, disent-ils, peut crier au scandale;
   Nous ne serons pas assez fous
Pour lâcher les chalands au nom de la morale...
Le bon prêtre, à ces mots, partit, épouvanté
D'avoir appris et vu tant de perversité.

XXXII.

LES ROMAINS.

Sur le théâtre, un soir, le meurtre et l'adultère
Se virent assaillis de sifflets inhumains.
Aussitôt les claqueurs, ces gens à fortes mains,
Qui dans l'argot du lieu sont appelés *Romains*,
D'officiels bravos ébranlent le parterre
Pour sauver du naufrage et le drame et l'auteur.
« Maudits soient mille fois, s'écrie un spectateur,
Ces romains soudoyés, claqueurs opiniâtres,
Le fléau du bon sens, la peste des théâtres!
Jeter à la sottise un éloge menteur,

De la gloire et des arts c'est profaner le temple.
Horde infâme, abdiquez un métier si honteux!...
— Ma foi, de ce métier, lui répondit l'un d'eux,
Toujours les courtisans nous ont donné l'exemple :
Chacun d'eux en tout temps s'est imposé la loi
D'obéir en aveugle aux caprices d'un roi,
Et tout ventru qui broute à la liste civile,
Tout vénal écrivain, tout ministre servile,
Sont, je le proteste, aussi romains que moi... »

XXXIII.

LE SAVANT.

Nourri d'un vaste espoir par l'étude obtenu,
Un Savant sur les mers cherche un monde inconnu,
Une nature vierge, aux forêts de platanes,
Aux fleuves fécondants, aux riantes savanes.
    Il veut, un jour, de ce sol enchanté
    Faire offrande à l'humanité.
Pour ce but, il délaisse une amante chérie.
    Ses biens, ses frères, sa patrie;
Aux flots capricieux il livre ses destins.
    L'œil attaché sur la boussole,
En vain il a vogué vers l'un et l'autre pôle,
    Et sillonné les flots lointains;
Égaré sur la foi de calculs incertains,
Il connaît sa méprise et revient au rivage.
    La foule accourt sur son passage,
L'accable de mépris, le traite d'imposteur,
    Et lui dit : « Tout homme de cœur
Soutient jusqu'à la mort le parti qu'il embrasse.

    Et lui, bravant l'injure et la menace,
    Sagement il renonce à son premier espoir,
    Et vers un autre but dirige son savoir.

Croire soleil levant le soleil qui se couche,
Suivre comme une étoile un feu follet trompeur,
Prêcher avec son âme ainsi qu'avec sa bouche
Un brillant paradoxe, une flatteuse erreur,
    Innocemment on peut le faire;
Et lorsque, mieux instruit, on retourne en arrière,
    Certe, on n'est pas un apostat :
L'apostat est celui qui vend sa conscience....
Bien plus, quand l'espoir fuit devant le résultat,
Lorsque la vérité dément votre science,
Que près des bords fleuris vous voyez un écueil,
    Persister, c'est funeste orgueil,
Tenacité coupable, et sottise et démence.

LIVRE TREIZIÈME.

NEW TESTAMENT.

I.

LE ROUGE-GORGE.

Lorsque Dieu créa les oiseaux,
Les plus mélodieux ainsi que les plus beaux,
Chaque année, au printemps voulurent apparaître.
Le Rouge-Gorge s'approchant : « Divin maître,
Pour les autres, dit-il, les fleurs, les arbres verts.
Pour moi les toits de chaume et les tristes hivers!
Laissez-moi, quand la neige aura blanchi la terre,
    En sa cabane solitaire
    Visiter l'humble pauvreté.
    A ma vue, à ma voix, peut-être,
Avec l'oubli des maux, elle sentira naître
    Et l'espérance et la gaîté. »

L'Éternel accueillit cette offre avec bonté.
Allez, quand le semeur sème l'avoine, l'orge
    Ou le froment;
Il vous racontera plus d'un récit charmant
    Sur son ami le rouge-gorge.

Cet oiseau, n'est-ce pas la consolation
Remplissant ici-bas sa sainte mission?
    Aux lieux où rit un sort prospère
Na la cherchez jamais; partout où vous verrez
Une âme gémissante, un cœur qui désespère,
    C'est là que vous la trouverez.

Fort de Bicêtre, 17 décembre 1851.

II.

LE COUTEAU DU GRAND-PÈRE.

J'ai vu dans un logis un Couteau précieux
A des enfants légué par un de leurs aïeux.
Ils le nommaient encor le *Couteau du Grand-Père*.
Quoiqu'on l'eût de tous points renouvelé vingt fois.

    Ami lecteur, lorsque je vois

Tel journal, poursuivant sa carrière prospère
Sous maint règne opposé de systèmes, de lois,
Changer pour les servir, de drapeau, de tactique,
    De format et de politique,
Je me dis en riant : Le fait n'est pas nouveau;
    C'est l'histoire du vieux couteau.

Fort de Bicêtre, 25 décembre 1851.

III.

LA ROSE LA PLUS BELLE.

Un jour, l'ange des fleurs de l'Eden s'envola.
    Dans un parterre il appela
Trois artistes, au front brûlant de poésie,
Tous amants de la forme et de la fantaisie.
C'étaient une fleuriste aux doigts capricieux,
Un poëte lyrique, un peintre audacieux,
Tous trois, fiers de marcher loin des routes connues,
Cherchant un idéal qui se perd dans les nues.
Des célestes jardins l'habitant radieux :
« Pour créer, leur dit-il, la Rose la plus belle,
    Rose au calice sans pareil,
Amis, j'attends de vous un utile conseil. »
La fleuriste soudain : « J'assortirais, dit-elle,
La soie et le velours à la riche dentelle ;
Pour faire un tout parfait, j'ajouterais encor
Aux pétales d'argent des étamines d'or !
Telle je produirais une rose nouvelle. »
Le peintre : « On pourrait voir se fondre sous ma main
    Le vermillon et le carmin ;
La laque y mêlerait sa vive transparence ;
Le brun le plus moëlleux, le vert le plus intense
Prêteraient à ma fleur un contour gracieux,
Comme un beau cadre embrasse un tableau précieux. »
Et le poëte, enfin, d'une voix inspirée :
« Pour créer, à mon tour, le chef-d'œuvre des fleurs,
Je veux de l'arc-en-ciel marier les couleurs
Aux feux étincelants de la voûte éthérée !... »
L'ange des fleurs sourit d'un sourire divin !
« Je le vois, leur dit-il, vous chercheriez en vain ;
Sous vos yeux, sous vos pas, est le beau véritable ;
La nature elle-même a tenu le pinceau :
Imitez, désormais, ce modèle adorable ! »
Il prit un peu de mousse au pied d'un arbrisseau ;
    Avec cette fraîche auréole ;
D'une rose commune il orna la corolle,
    Et, de ce jour, l'œil enchanté
De la *rose mousseuse* admira la beauté.

Fort d'Ivry, 2 janvier 1852.

IV.

LE BERGER ET LA VIOLETTE.

Dans la chaumine étroite où vit la pauvreté,
Comme sous les lambris où s'endort la mollesse,
    La nature, dans sa largesse,
Fit naître le désir d'un éclat mérité.
Un poëte-berger (la poésie inspire
Les ouvriers des champs et ceux de l'atelier;
Au temple du travail sa lampe aime à veiller,
Et parfois le marteau s'accorde avec la lyre)
Un Poëte-Berger module une chanson :
    « Humble et modeste Violette
    Qui te caches sous le buisson...
— Je ne me cache pas! interrompt la fleurette.
Si j'ai reçu le jour sous le rude arbrisseau,
C'est l'avare destin qui me fit ce berceau.

Mais bientôt je renonce aux lieux de ma naissance;
Ma couleur, mes parfums signalent ma présence;
D'un amant quelquefois le doigt ensanglanté
Avec bonheur m'attache au sein de la beauté;
Je devance toujours la rose printanière;
Aux bals, dans les concerts, au théâtre, aux salons,
On accorde la palme à la fleur des vallons...
Jadis d'un empereur j'ornai la boutonnière;
Que rêve, dans ses nuits, l'humble fille des champs?
Un brillant mariage, une riche toilette;
Ne vois-tu pas la gloire en tes rustiques chants?...
    Ah! crois-moi, de la violette
    Les poëtes ont trop vanté
L'antique modestie et la simplicité. »

Rade de Brest, à bord du *Duguesclin*, 26 janvier 1852.

V.

LES COURONNES FLÉTRIES.

Vingt lustres éclairaient la salle du festin,
    Et, dès le soir jusqu'au matin
De convives joyeux la foule était pressée.
Entr'autres, s'asseyaient à la table dressée
    Un prêtre, un magistrat, un roi,
    Un poëte, une fiancée;
On m'avait oublié, je ne sais pas pourquoi.
En signe de l'honneur qui tous les environne,
Au front chacun portait une blanche Couronne.
Tout pâle et chancelant, à l'aube on disparut;
Mais quand des serviteurs la livrée accourut
Pour effacer enfin les traces de l'orgie,
On dit que sous leurs pieds ils trouvèrent, surpris,

Mainte couronne éparse, effeuillée et rougie
De vin, et désormais triste objet de mépris.
« Osez-vous, insolents! s'écria l'une d'elles;
Fouler ces ornements sublimes, radieux,
Qui paraient, cette nuit, des fronts si glorieux? »
Quelqu'un lui répondit : « Tant que vous fûtes belles,
Fraîches et sans souillure, on dut vous respecter;
Mais allez maintenant, viles, humiliées,
Disparaître et croupir, dans la fange oubliées. »

Ne cessons de le dire et de le répéter :
Quand on veut le respect, il faut le mériter.

Rade de Brest, à bord du *Duguesclin*, 31 janvier 1852.

VI.

LE SURÈNE.

Le Surène, un jour, ouit dire
Que le *bordeaux*, des gourmets si vanté,
En voyageant sur mer doublait de qualité.
« Embarquons-nous ! » dit-il ; et voilà notre sire
Dans sa robe de bois sur les flots ballotté.

Sur mer que gagna-t-il ? une aigreur exécrable.
Pour les sots, de pays à quoi sert de changer ?
Un imbécile aura beau voyager,
Il reviendra plus sot et plus insupportable.

Rade de Brest, à bord du *Duguesclin*, le 2 février 1852.

VII.

L'ABEILLE ET L'ARAIGNÉE.

Parmi les fleurs toutes deux
Vont l'Araignée et l'Abeille.
L'abeille fait du miel, et le monstre hideux,
Du venin. Moi, je dis que ce n'est pas merveille :
Les fleurs, c'est la croyance en un destin meilleur ;
Le miel, c'est du travailleur
La vertu, la foi pratique.
Et le venin, c'est le mépris railleur
De l'égoïste et du sceptique.

Rade de Brest, à bord du *Duguesclin*, le 5 février 1852.

VIII.

POLICHINELLE ET SON BATON.

Au bout du Luxembourg, près de l'Observatoire,
Pour l'ébahissement d'un nombreux auditoire,
Auditoire d'enfants, de femmes, de soldats,
Et quelquefois de philosophes,
Chaque jour, les pantins reprennent leurs ébats,
Leurs insolentes apostrophes,
Leurs éternels coups de Bâton.
Un soir, je pris à part monsieur Polichinelle :
Avec son nez crochu qui touche son menton,
Avec sa voix stridente et sa bosse jumelle,

Il est le maître-type et l'unique soutien
De ce théâtre
Liliputien.
« Le personnage acariâtre ?
Lui dis-je ; ô l'affreux garnement !
A la fin, pourra-t-on se conduire autrement ?
Au plus léger propos, tu te mets en furie ;
A toutes les raisons tu réponds par des coups.
Par tes sordides mœurs et ton ivrognerie,
Par ta méchanceté ; par ta forfanterie

Tu te fais mépriser. N'est-ce pas, entre nous,
Au public trop naïf qui t'admire et contemple
  Donner le plus fâcheux exemple?
Aussi, combien, hélas! agissent comme toi!
Es-tu de ces gens-là l'imitateur servile,
  Ou bien sur toi, dans les champs, à la ville,
  Se modèle-t-on? Réponds-moi...
— Je suis de vos travers le fidèle copiste.
Si j'allais embellir, corriger mes portraits,
On me rirait au nez, on me trouverait triste.

Et je ne ferais pas mes frais.
— Coquin, changeras-tu de conduite? — Sans doute;
  Quand les hommes seront changés.
— Un jour, de la vertu vas-tu suivre la route?
— Oui; quand ils se seront eux-mêmes corrigés.
— Quand adouciras-tu ton gosier qui s'éraille
Et s'use en quolibets dignes de la canaille?
Enfin, quand cesseront ces mauvais traitements?...
— Allez le demander à vos gouvernements. »

Rade de Brest, à bord du *Duguesclin*, le 5 février 1852.

IX.

L'AMOUR ET LE CHAGRIN.

Cupidon frappe à la porte d'Hélène
Dont la beauté compte seize printemps.
Elle ouvre, il entre, et ses yeux éclatants
Font pénétrer une flamme soudaine
Dans les replis de ce cœur ingénu.

Dans l'atmosphère un arôme inconnu
Du vrai bonheur communique l'essence
Et de l'Amour signale la puissance.
Qui donc survient? On voit le dieu pâlir
Et de ses yeux les rayons s'affaiblir.

Paris. — Typographie de Gaittet et Cⁱᵉ, rue Git-le-Cœur, 7.

Un étranger mystérieux et sombre
D'un manteau noir au loin projette l'ombre.
Devant la belle, au regard étonné,
Il porte un front de soucis couronné,
Et de l'Amour, qui baisse la prunelle,
Il va presser une main fraternelle.
Oui, fraternelle : il nomme Cupidon
Son digne frère et son cher compagnon.
En vain l'Amour veut repousser l'étreinte;
De la subir sa faiblesse est contrainte.

Hélène alors, le cœur glacé d'effroi :
« Quel est ce spectre horrible, réponds-moi ?
— C'est le Chagrin! Toujours de sa présence
Pèse sur moi la fatale influence;
De l'éviter j'ai beau prendre le soin,
Il me poursuit ou de près ou de loin;
Innocemment je deviens infidèle
Aux tendres cœurs que son ombre attrista...
Adieu ! » Disant ces mots, à grands coups d'aile
L'Amour s'enfuit et le Chagrin resta.

Rade de Brest, à bord du *Duguesclin*, 8 février 1852.

X.

L'ENFANT MERVEILLEUX.

De son enfant, son cher trésor,
Une mère vantait le rare caractère,
« Tenez : il a marché pendant une heure entière;
Eh bien, rien ne le lasse, il va trotter encor...
Puis, entre ses repas, selon sa règle austère,
Il ne mange jamais... C'est un prodige, enfin. »
Mais quelqu'un prit à part cette jeune merveille
Et lui dit tout bas à l'oreille :

« Veux-tu quelques gâteaux ou bien un peu de pain?
— Maman dit que je n'ai pas faim.
— Veux-tu te reposer? Réponds-moi sans rien craindre.
— Maman dit que je puis marcher tant que je veux. »

Cet enfant, c'est le peuple : il n'ose pas se plaindre
Lorsque ses gouvernants le déclarent heureux.

XI.

LA FLEUR ET LE FRUIT.

Un escargot dit à certaine plante
Rampante
« Madame, votre Fleur est une étoile d'or;
Dans votre Fruit, un j   , ous aurez un trésor... »

Comme agréablement la louange chatouille!
Comme on croit aisément ce qui flatte le cœur!
Quel fut le fruit de cette fleur?
Une citrouille.

XII.

LE CRAPAUD.

Je pêche une Grenouille et j'attrape un Crapaud.
Mon esprit est sujet à pareille méprise;

Quand il cherche un bon mot,
Il trouve une bêtise.

XIII.

SOURCE ET COURANT.

Ce fleuve, si troublé par les vents orageux,
Teint d'écume, de sable et de limon fangeux,
Dont les flots irrités envahissent les plaines,
Je l'ai vu, pur ruisseau, gazouiller sous les chênes.

Cet hymen, à l'œil cave, aux sourcils nuageux,
Dont le cœur plein de fiel provoque la tempête,
Limpide et souriant, naquit un jour de fête.

XIV.

L'ARAIGNÉE ET L'HOMME.

Femmes et moucherons bourdonnent à l'entour.....
De l'Araignée alors chaque patte agitée
De sa bouche déroule une mousse argentée,
Et l'Homme aussi vient à son tour
Qui gesticule et qui renvoie

Des paroles de miel, de velours et de soie.
Pourquoi dévident-ils, si zélés et si prompts,
Une trame aussi douce, un discours aussi tendre?
C'est qu'ils font leurs toiles pour prendre
Les femmes et les moucherons.

XV.

LE CHAT, LA SOURIS ET L'OISEAU.

Ayant surpris
Une Souris,
Maître Mitis, le Chat d'une coquette,
A belles dents vous croqua la pauvrette,
Et la belle aussitôt le prit sur ses genoux,
Et lui donna pour récompense
Mille tendres baisers, gâteaux en abondance :
J'en voudrais bien autant, je le dis entre nous.
Mitis, un autre jour, de sa bonne maîtresse,
Prit et mangea le beau *Chéri* :

C'était son Oiseau favori.
L'animal, cette fois, eut pour toute caresse
Des imprécations et des coups de bâton.
Se sauvant dans un coin, le malheureux, dit-on,
Médita longuement sur l'humaine justice.

Mitis, avec courage accepte tes revers :
Qui dicte parmi nous nos jugements divers?
C'est l'intérêt ou le caprice.

XVI.

LE DOMPTEUR D'ANIMAUX.

« Admirez ma valeur : je soumets les lions,
La hyène m'obéit, le tigre est mon esclave ! »

Pour moi, je sais quelqu'un de plus fort, de plus brave :
C'est celui qui le mieux dompte ses passions.

XVII.

LE VOLEUR ET LA PORTE ROUILLÉE.

A la faveur de l'ombre, un insigne Voleur
Veut ouvrir doucement une Porte : ô malheur !
Les gonds étant rouillés, elle résiste et crie.
    Mais l'autre, expert en fourberie,
Graisse les gonds... Sans tarder plus longtemps,

    La porte s'ouvre à deux battants.
Innocence, vertu, fidélité, courage,
Pour repousser le vice, ô vous qui faites rage,
Voilà comment parfois, on ne peut le nier,
    Il vous empêche de crier.

XVIII.

UNE LARME.

La nuit sur un tombeau le Deuil laissa couler
Une Larme de feu... mais quand parut l'aurore,

On vit la douleur s'envoler,
Et la perle brillait encore.

XIX.

LA COQUETTE.

Autrefois la syrène, en sa féroce joie,
   Dévorait les navigateurs
Qu'enchaînaient sur les flots ses chants fascinateurs,
   L'oiseau plaintif devient la proie
De la froide vipère aux regards aimantés;
Contre les moucherons l'araignée a sa soie
   Qu'elle tisse en fils argentés...

Hélas! je sais une inhumaine
Pareille à ces monstres affreux :
Elle a la voix de la syrène,
De la vipère elle a les yeux;
Elle a sa toile toujours prête,
Ainsi que l'insecte des bois...
Fuyez, fuyez de la Coquette
Les yeux, les filets et la voix.

XX.

LE LAIT DE LA BREBIS.

« Mon Lait, dit la Brebis, hier était si doux!
S'il est aigre aujourd'hui, c'est qu'il a, voyez-vous,

Subi des éléments le contact délétère. »
De même le malheur aigrit le caractère.

XIX.

LA COQUETTE.

Lorsdde la drÿade, or ex Proserpine,
Descend les navigateurs
...

Éphas! je sais que ([illegible])...
...

XX.

LE LAIT DE LA BRUNE.

LIVRE QUATORZIÈME.

I.

LE FOU ET LE BLÉ.

Pour voisin certain homme avait
Un Fou d'espèce singulière.
Comme dans son grenier cet homme réservait,
Pour semence, du Blé de qualité première,
Le fou dans la maison s'introduit nuitamment,
Sans bruit enlève le froment,
Va retourner furtivement
La terre du voisin restée encore en friche,
Et ce blé, qu'il croyait pour toujours disparu,

Poussa si vaillant et si dru
Qu'on n'avait vu jamais de récolte plus riche.

O vous dont rien ne peut égaler la fureur,
Modérés, que ce fou puisse au moins vous instruire :
Contre vos ennemis évoquez la terreur,
Soulevez l'ignorance et la haine et l'erreur....
Pour moi, je vous le dis, vous ne pouvez leur nuire :
Vous semez le progrès en croyant le détruire.

II.

LES DEUX CHATS ET LA SOURIS.

Une Souris
Vive, gentille,
Sur un tapis
Glisse, trottille,
Lorsque deux Chats sur le frêle animal
S'élancent : une lutte, à ce que dit l'histoire,
S'engage; l'un des deux étrangle son rival,
Et le triomphateur, pour prix de sa victoire,

Sous ses griffes trouve, dit-on,
Une ombre de souris, une proie illusoire,
Une souris de carton.

Quand je vous vois poursuivre un empire impossible,
Un fantôme de royauté,
Prétendants, vous m'offrez un spectacle risible,
Vous faites de ma fable une réalité.

Paris. — Typographie de Gaittet et Cie, rue Gît-le-Cœur, 7.

III.

LE SAC DE FARINE.

On descendait de la Courtille,
Un lendemain de carnaval.
Les uns allaient à pied, les autres à cheval.
L'injurieux lazzi qui se croise et pétille,
Le chiffonnier froissant l'élégante mantille,
Bras-dessus bras-dessous, sans égard pour les rangs,
Les insolents laquais et les princes pour rire :
C'est un cahos sans nom que je ne puis décrire.
Défroques du passé, bacchanales sans frein,
De vos ruisseaux bourbeux disparaissez enfin.
Peuple, pour t'élever à la raison divine,
Déchire ce haillon à nos mœurs étranger.
Un masque, un *Arlequin*, voit un Sac de Farine
   Sur la porte d'un boulanger;
   Il en saisit une poignée,
Et la lance, de pluie et de fange imprégnée,
Sur la foule confuse... Un autre, un gros *Marquis*,
Lui dit : « Quoi ! vous souillez, de votre main profane,
   Le pur froment, la blanche manne,
Qui doit faire le pain et les gâteaux exquis ? »
   Le premier, dans ce moraliste,
   Reconnut certain journaliste
   Qui, folliculaire effronté,
Distillait, à prix d'or, son venin détestable
Sur toute chose grande et belle et respectable.
« Marquis, dit arlequin, j'eus tort, en vérité;
   Ne pense pas que je le nie.
Mais toi qui ris de tout et de la calomnie,
Trafique chaque jour, réponds, lequel des deux
   Fait le métier le plus honteux ?... »

IV.

LE CRAPAUD ET L'ÉPHÉMÈRE.

   Le soir, l'Éphémère
   Voit venir la mort;
   Du sein d'une pierre
   Le Crapaud qui sort
Lui dit : « Que je te plains ! comme le sort te traite
   Avec rigueur ! Tu n'as vu qu'un seul jour,
Moi, j'ai passé mille ans au fond de ma retraite... »
Mais l'autre : « Éprouvas-tu les douceurs de l'amour?
   — Jamais ! — De l'amitié ? — Pas même.
— Eh ! que faisais-tu ?— Rien. — Ta vie est un problème.
— J'étais seul, immobile en ma froide prison,
   De l'heure ni de la saison
   Ne faisant nulle différence.
— Vieillard, ton sort fut triste et digne de pitié;
Quant à moi, dont tu plains la rapide existence,
J'ai connu le travail, l'amitié,
J'eus des émotions, toi, nulle jouissance.
Adieu, je vais mourir; sois-en bien convaincu.
Moi qui n'ai vu qu'un jour, plus que toi j'ai vécu.

V.

LE ROSEAU DU LAC ET LE ROSEAU DU TORRENT.

Contre les ouragans sous les monts abrité,
Un vert Roseau vivait au sein d'un lac limpide,
Un autre, par les flots, par les vents agité,
    Sur les bords d'un torrent rapide,
    Triste et débile; gémissait.
« Pourquoi jeter aux cieux une plainte éternelle? »
Dit le roseau bercé par l'onde maternelle,
Lui qu'avec tant d'amour la brise caressait.

Quelqu'un lui répondit : » En butte à la tourmente,
Trop justement, hélas! ton frère se lamente.
    Sans le hasard capricieux
Qui lui fit un destin, à ses vœux si contraire,
Il se balancerait, calme et silencieux.
Le bonheur est pour toi, le malheur pour ton frère;
Il souffre sans relâche, et tu n'as nul souci...
A sa place, crois-moi, tu te plaindrais aussi. »

VI.

L'ENFANT ET LA PENDULE.

Un Enfant, affligé d'une paresse extrême,
    Sur ses cahiers se lamentait.
La classe allait sonner; c'était l'heure du thème,
    Et le thème n'était pas fait.
Croyant tromper son maître... il se trompait lui-même!
    Il conçut un plan merveilleux,
    Et notre jeune paresseux
    De la Pendule paternelle

    Arrêta l'aiguille, espérant,
        L'ignorant,
A son gré, désormais, fixer l'heure cruelle.
Mais l'horloge soudain : « Tu t'es mépris, dit-elle;
En vain tu veux hâter ou retarder mes pas :
Tu n'arrêteras point dans sa course éternelle
Le temps qui fuit rapide et qui ne revient pas. »

VII.

LA SOURIS ET LE LARD.

Demoiselle Souris voit au fond d'une armoire
    Briller un morceau de Lard,
    Et l'espiègle se fait gloire
De jouir d'un tel mets offert par le hasard.
Elle entre... mais l'armoire est une souricière
    Qui la retient prisonnière

    Lison, ma charmante Lison,
    Dormait un jour sur le gazon.
Je la vis et voulus faire un tour à la belle.
Doucement, doucement m'étant approché d'elle,
Je lui pris un baiser... mais elle prit mon cœur.

Voilà comme souvent est volé le voleur.

VIII.

LA FOUDRE ET LE LAURIER.

Certain jour, le poëte ardent, audacieux,
Attaqua dans ses vers le monarque des cieux.
Jupiter irrité va le réduire en poudre;

Mais son bras vainement lance un trait meurtrier :
Le poëte, dit-on, pour éviter la Foudre,
S'était caché sous un Laurier.

IX.

LE LAIT ET LA CIGUË.

Une mère, dit-on, soit erreur ou forfait,
Un jour, à ses enfants fit boire avec du Lait
    Le suc amer de la Ciguë,
Qui leur causa bientôt une douleur aiguë,
Corrosive, mortelle.
        Ô vous qui m'écoutez,
    Ô vous, les chefs de la famille,

    Sur cette fable méditez :
    A votre fils, à votre fille,
    Anges gardiens de la maison,
    Par la parole ou par le geste,
Si vous donnez, hélas! quelque exemple funeste,
Vous leur versez du lait pire que le poison.

X.

L'ÉLÉPHANT ET LE PAIN A CACHETER.

La trompe redressée et d'une voix altière,
« Sais-tu, dit l'Éléphant au Pain à cacheter,
Que mon dos, sans fléchir, porte une armée entière?
Atôme sans valeur, sache me respecter... »

Mais le cachet réplique : « En vain ta fierté gronde :
Fais trêve à tes mépris, à tes accents vainqueurs :
Par la terre et les mers, à tous les coins du monde
Je porte les secrets des Etats et des cœurs. »

XI.

LA FABLE ET LE VAUDEVILLE.

A M. J. QUÉLUS, LA VEILLE DE SA FÊTE, LE 23 JUIN 1854.

De la France, un matin, la Fable fut chassée,
Pour avoir, sans détour, mais sans méchanceté,
    Osé dire la vérité.
De m'en plaindre, pour moi, je n'ai pas la pensée,
Car (mon maître l'a dit) : *quiconque a beaucoup vu*
    Doit avoir beaucoup retenu.
A la pauvrette, un jour, le galant Vaudeville
    Offrit, dans son riant asile,
    En signe de fraternité,
    Le coin de l'hospitalité.

Chaque soir, à la Fable une troupe charmante
    Parlait de la patrie absente,
Avec l'oubli des maux lui verse la gaîté :
Aussi la bonne vieille est toute rajeunie.

ENVOI.

C'est toi Quélus, qui prenant par la main
    Ma muse errante et bannie,
De ce temple des arts lui montra le chemin :
    Que ta bonté soit bénie !

XII.

LA FLÈCHE.

La Flèche part, sifflante, et vole vers la nue...
Puis insensiblement son essor diminue :
Enfin : elle décrit une courbe; le trait

Redescend plus rapide, et bientôt disparaît.
Tendez vers la fortune, aspirez à la gloire,
Des plus heureux succès voilà souvent l'histoire.

XIII.

LE SCARABÉE ET LA FOURMI.

Hier, aux champs j'ai rencontré
Un brillant stercoraire, un insecte doré
Qui sur un vil fumier passe son existence.
   Plein de mépris et de jactance,
   Il reprochait à la Fourmi
   (Dont je fus jadis l'ennemi)
Le sombre vêtement que lui fit la nature.

Mais, sans répondre mot, l'active créature
Au réservoir commun traînait un lourd fardeau.
« Ah! tu ressembles, dis-je à l'insecte si beau,
A certains financiers fiers de leur opulence,
Et qui pour l'obtenir furent peu scrupuleux.
Ces gens au goût sordide, aux instincts crapuleux,
Pour l'humble travailleur n'ont que de l'insolence. »

XIV.

LE CYGNE ET LA COLOMBE.

La Colombe, un jour, dit au Cygne :
« Tu vis dans un marais fangeux,
Troublé par les vents orageux...
De toi c'est un séjour indigne.
Il souille ton plumage et ton nom glorieux.

— Tes avis sont dictés par une amitié franche,
Dit le Cygne; un beau lac me conviendrait mieux ;
Mais regarde : mon aile est toujours aussi blanche,
   Mon port aussi majestueux. »

XV.

FLEURS ET FRUITS.

A MON AMI A. DACHEZ.

   Un jour, une vieille Bécasse,
Oiseau qui follement et babille et jacasse,
   Disait au Cerisier fleuri :
   « N'es-tu pas honteux, mon chéri,
En futiles bouquets de prodiguer ta sève,
   Toi dont le front parfois s'élève
   Aussi haut que le chêne altier?

— Mes Fleurs cachent des Fruits! » répond le Cerisier.

Frère, sous ton récit qui me plaît, qui m'enchante,
Plus d'un noble conseil vers le bien nous conduit.
   Ta fable, c'est la fleur brillante,
   Et la morale c'est le fruit.

XVI.

LE MOINEAU QUI PORTE CRÊTE.

A MON AMI CAMILLE BERRU.

On avait collé sur la tête
D'un Moineau
Un chiffon d'écarlate ayant forme de crête,
Et voilà le chétif oiseau
Qui se pose en vainqueur et fait le matamore.
Tout pierrot n'est pour lui qu'une vile pécore;
Il veut, en son orgueil soudain,
Que jusque dans son bec on lui porte le grain.

Qu'êtes-vous trop souvent, ô gloire, ô renommée?
Une vapeur légère, une vaine fumée!...
La poix dans le cerveau pénétrant doucement,
Il connut le danger d'un futile ornement,
Hélas! il mourut fou.
    Je sais plus d'une bête
A qui la fausse gloire a fait tourner la tête.

XVII.

L'IMAGE DU CHRIST.

Dans la cathédrale de Vienne
(Ainsi le racontait une légende ancienne)
On peut voir un tableau fameux
Représentant du Christ les traits miraculeux.
La tête du Sauveur d'un pied toujours dépasse
Celui qui la contemple, et cette auguste face
Diminue ou grandit, par un effet soudain,
Pour le géant ou pour le nain.
Cette légende est un symbole :
Du Christ la divine parole
S'abaisse pour les ignorants,
Pour les humbles de cœur et pour la tendre enfance;
Mais les plus orgueilleux, ainsi que les plus grands,
Reconnaissent sa gloire et sa toute-puissance.

XVIII.

LE PAYSAN ET L'IDOLE.

Jadis un Paysan n'ayant pas une obole,
Pour obtenir de l'or encensait une Idole,
Et dans sa pauvreté, le matin et le soir
Il bourrait, il bourrait de foin son encensoir
Dont la senteur nauséabonde
A flots montait au nez de la divinité.
Aussi l'on accourait d'une lieue à la ronde
Pour blâmer le bonhomme et sa stupidité.

Mais l'idole un beau jour : « Insensés que vous êtes.
Ce que vous nommez foin avec méchanceté,
    C'est pur encens en vérité. »

    Les rois, les femmes, les poètes
Vous diront sans détour que l'idole eut raison :
    La louange sent toujours bon.

XIX.

LES BRANCHES ET LES RACINES.

Les Branches au printemps fraîchement recouvertes
    De leur manteau de feuilles vertes
Adressèrent au tronc un insolent discours,
    Se prétendant humiliées
D'être fatalement, hélas? et pour toujours
    Avec les Racines liées.
Elles priaient le ciel que la hache, un matin,
De ce contact impur délivrât leur destin.
Mais le Tronc en ces mots les força de se taire :
    « A celles que vous méprisez,
Folles, nous devons tout; dans l'ombre et le mystère,
Pour nous donner la vie, elles creusent la terre;
    A cette source vous puisez,
    Avec la sève nourricière,
    Votre verdure printanière.
Pour exaucer vos vœux, que la hache aujourd'hui
Vienne nous enlever leur salutaire appui,
Le sol retentira de notre chute immense. »
Sous l'arbre étaient assis un pauvre laboureur,
    Un houilleur,
D'une noire fabrique un obscur travailleur.
Des Branches chacun d'eux condamna l'arrogance,
Et du Tronc approuva la juste remontrance.

XX.

LE BROCHET.

« Le peuple (me disait un profond politique)
En de solides mains aime l'autorité,
Et veut qu'on le gouverne avec sévérité. »
Or, voilà sur-le-champ quelle fut ma réplique :

Par certains amateurs un beau Brochet fut pris.
De leur riche capture émerveillés, surpris,
Entre eux ils discutaient (matière intéressante!)

Le lieu, le temps et la façon
    De la cuisson,
Lorsque le plus expert s'écria : « Ce poisson
Demande qu'on le mange à la sauce piquante. »
    Le Brochet tout à coup
    Saute dans la rivière :
« Vous vous trompez, dit-il, car je préfère
Ne pas être mangé du tout. »

XXI.

LE MIEL ET L'ABEILLE.

« Oh! que ce Miel est doux! L'Abeille qui le fit
    Doit, sans contredit,
Avoir une douceur à nulle autre pareille,
    Des créatures la merveille,
    Approche; je veux t'embrasser
    Et de ma main te caresser... »
C'est ainsi qu'à l'Abeille adressait des louanges
Un enfant qui sortait à peine de ses langes.
    Mais le dard qui vint le blesser

Au bambin, ce jour-là, fit un cours de morale
    Expérimentale.

Quels nobles sentiments, quels pensers généreux!
De grâce et de bonté l'adorable chef-d'œuvre!
L'auteur est, sans nul doute, aimable et vertueux...
— Pour lui soyez moins prompt et moins élogieux :
Il ne faut pas juger l'écrivain sur son œuvre.

XXII.

LE POULET, LE RENARD ET LE CHIEN.

» Petit! petit! petit! disait maître Renard
A certain beau Poulet qu'il couvait du regard.
    Approche, ami que je t'embrasse... »

Cette voix hypocrite et cet œil caressant,
Hélas! vont à sa perte attirer l'innocent.
    Mylord, un Chien de race,

Apparaît menaçant,
Ouvre une gueule redoutable;
D'un hurlement épouvantable
Il chasse le Renard qui court et court encor,
Et le Poulet se sauve, en maudissant Mylord.

Le flatteur, on l'a vu, ne rêvait que carnage,
Et le grondeur fut bienfaisant :
Il vaut mieux le bâton du sage
Que le baiser du courtisan.

XXIII.

LE PAYSAN, LE CHÊNE ET LE COIN.

Vous dont l'impuissance en vains efforts s'épuise,
Que dans vos errements ma fable vous instruise.

Avec sa rude écorce et ses nœuds résistants,
Par terre était un Chêne aussi vieux que le temps.
Un lourdaud, muni de la hache,

Du coin et du marteau, veut, difficile tâche,
Fendre l'arbre géant du haut jusques en bas.
Sur le Coin, tout le jour, il frappe à tour de bras,
Il frappe à perdre haleine,
Mais aux coups redoublés a résisté le chêne;
De notre homme en sueur le travail se résout :
Il voulait enfoncer le coin par le gros bout.

XXIV.

LE COQ ET LE HIBOU.

Le Coq s'éveille avant l'aurore
« Voici le jour! dit-il; paresseux, levez-vous! »
Mais le plus triste des Hiboux
Lui dit : « Pourquoi mentir, impudente pécore?
Le jour ne brille pas encore. »
Cependant le soleil parut à l'horizon;
Du printemps c'était la saison;
Vers l'astre matinal les fleurs reconnaissantes
De leurs corolles renaissantes
Envoyaient les parfums... Le coq va dans son trou
Réveiller le hibou :

« N'entends-tu pas midi sur le clocher sonore? »
Le hibou se blottit dans son nid caverneux,
Et s'écrie en fermant les yeux :
« Le jour ne brille pas encore! »

Comme le coq impatient,
Qui chante, et bat de l'aile, et fixe l'Orient,
Plus d'un cœur généreux vole au-devant des âges;
Mais les hiboux ne manquent pas
Pour qui la nuit a des appas
Et qui se disent les plus sages.

XXV.

LE SUCRE ET LE CAFÉ, LE MIEL ET L'ABSINTHE.

Les caractères dissemblables
Rendent plus doux et plus durables
Les liens de l'amour et ceux de l'amitié.

» On mêle, disait Claude, oh ! cela fait pitié,
Le Sucre et le Café, le Miel avec l'Absinthe !
C'est le monde à rebours, je vous le dis sans feinte.
Moi, je voudrais, à moins que d'être fou fieffé,
Unir le miel au sucre, et l'absinthe au café.
    Et l'on ne verrait plus ensemble
L'amer avec le doux, le faible avec le fort.

    Aurais-je tort?
    Que vous en semble?
— Claude lui dit quelqu'un, vraiment
C'est raisonner subtilement;
L'une à l'autre il faut joindre, ô sublime critique,
    La théorie et la pratique. »
Claude se mit à l'œuvre; on sait ce qu'il obtint :
D'abord une boisson d'une fadeur étrange,
Et puis, de sucs amers un horrible mélange.
A l'usage ordinaire au plus vite il revint,
Et, désormais instruit par son expérience,
Des oppositions il comprit l'influence.

XXVI.

LES DEUX TONNEAUX.

Certain jour, deux Tonneaux, l'un plein et l'autre vide,
Roulèrent dans la mer. Sur la plaine liquide
    Le tonneau vide remonta,
    Et l'autre sous les flots resta.

    Un savant, un franc imbécile
Tombent dans le malheur. Dites, lequel des deux
Sait le mieux se tirer de ce pas difficile?
    Le cerveau creux.

XXVII.

LE CUIVRE ET L'OR.

Un courtisan disait : « Maître, vous avez tort
De graver votre nom sur les pièces de Cuivre
Aussi complaisamment que sur les pièces d'Or :
Au mépris sans raison votre grandeur se livre. »

Mais le roi répondit : « J'imite sagement
Dieu qui sait imprimer son nom impérissable
    Aussi bien sur le grain de sable
Que sur l'astre qui brille au front du firmament. »

XXVIII.

L'ARTICHAUT.

A M. ALTMEYER.

Devant moi, certain jour, quelqu'un blâmait tout haut
Votre rude langage, et, lassé de l'entendre,
Je lui dis : « Mon ami ressemble à l'Artichaut
Qui, sous d'âpres dehors, cache un cœur bon et tendre. »

XXIX.

LE CRIMINEL ET LA CONSCIENCE.

LE CRIMINEL.
Pendant la sombre nuit, prudent et solitaire,
    Dans les entrailles de la terre
J'ai caché mon forfait; nul témoin ne m'a vu.
Je ne crains pas d'un seul complice
Un mot accusateur, indiscret, imprévu :
    Je brave l'œil de la justice.

LA CONSCIENCE.
    Dieu qui voit tout te jugera;
Sur les cœurs endurcis pèse son bras suprême.
LE CRIMINEL.
Dieu qui n'existe point jamais ne le saura.
LA CONSCIENCE.
Dieu ne le sût-il pas, tu le sauras toi-même !

XXX.

L'ENFANT ET LA FLEUR.

« Je te vois grimaçant et la mine fâchée...
    Qu'as-tu, mon fils ? » L'Enfant répond :
« Une Fleur embaumait; pour la connaître à fond,
Je l'ai jusqu'à la tige entre mes dents mâchée,
    Et, contraste qui me confond !

J'en ai trouvé le suc amer, insupportable.
— Le plaisir, c'est la plante à la suave odeur :
Si tu veux, ô mon fils, qu'il soit doux et durable,
Il faut se contenter d'en respirer la fleur »

XXXI.

LE SERPENT ET LE LAIT.

Le Serpent boit du Lait et vomit du poison. | Jésuites, pour vous ma fable est de saison.

XXXII.

LE PISSENLIT.

Un nom malsonnant ou vulgaire
   Au succès parfois est fatal :
Témoin la douce fleur qu'aux champs je vis naguère,
Et qui meurt dans l'oubli sur le terrain natal.

Au soleil éclatait sa jaune collerette,
   Et je lui dis : Tendre fleurette,
Je ne te vis jamais illustrer le crayon,
Ni le savant pinceau de l'artiste en renom,

A côté de tes sœurs, la blanche paquerette,
L'anémone, l'iris, le sceau de Salomon,
Et tant d'autres encor dont je tairai le nom.
Jamais tu n'apparus dans un bouquet de fête,
Ni dans les vers brillants qu'enfante le poëte,
Ni dans un vase étrusque, ornement de salon...
   — Mes compagnes, répondit-elle,
   Ont un nom qui les ennoblit;
   Moi, pauvrette, on m'appelle
   La fleur du *Pissenlit*. »

XXXIII.

L'EAU DE SELTZ ET LE CHAMPAGNE.

À MON AMI GRENO.

L'Eau de Seltz au Champagne, un jour, disait : « Mon frère,
   Vraiment, je n'ai jamais compris
Pour quelle cause à moi le gourmet te préfère,
   Et qu'il t'achète à si haut prix.
Cependant, comme toi je mousse, je pétille,
   Et fais sauter le bouchon...
— Folle, vous n'êtes pas de la même famille,
Lui dit quelqu'un ; renonce à la comparaison

Sur quelques vains détails tu bâtis un système
Qui flatte ton orgueil et blesse la raison ;
   Mais votre goût n'est pas le même ;
   Et votre esprit est différent. »

Avec nos grands auteurs un sot, un ignorant,
Par la *mousse* et le bruit a quelque ressemblance ;
Mais c'est la qualité qui fait la différence.

XXXIV.

LE LAMINOIR.

Lorsque le Laminoir est mu par la vapeur,
S'il vous saisit un doigt, tout votre corps y passe.

Ainsi fatalement le vice nous enlace :
Du vice, mes enfants, ayons toujours bien peur.

XXXV.

FLEURS DE RONCE.

A MON AMI A. NUZET.

Veux-tu lire des vers par la Ronce inspirés?
Parmi sa feuille sombre et ses dards acérés

Elle porte des fleurs d'une douceur extrême.
De ton sort, ô poëte, une ronce est l'emblème.

FIN DES FABLES.

POÉSIES DIVERSES

DOSSIER INVERSE

LA VAPEUR.

Et renovabis faciem terræ.
ÉVANG.

Un vieillard et son fils, au haut d'une montagne,
D'un regard attentif plongent dans la campagne;
Ils ont vu s'élancer vers des pays lointains,
Sur vingt chars attelés d'une locomotive,
La génération industrieuse, active,
Que la vapeur convie à de meilleurs destins.

LE PÈRE.

Sur ce nouvel enfant de la science humaine
Eclaire mes esprits et mes yeux incertains.
Quel est ce noir coursier qui vole dans la plaine,
Et porte pour panache un blanc nuage au front?
A saisir l'inconnu notre siècle si prompt
Ne l'accueille-t-il pas avec trop d'imprudence?
Est-ce un don de l'Enfer ou de la Providence?

LE FILS.

Ce coursier merveilleux, ce moteur tout-puissant,
Dont le fer est le corps, dont la vapeur est l'âme,
Que le chauffeur nourrit d'eau, de houille et de flamme,
Du sein de l'atelier s'échappe hennissant.
Où vont les aquilons, le cerf, l'aigle intrépide?
Ils luttent de vitesse avec son vol rapide!
Vains efforts! il dépasse en ses fougueux élans,
Le cerf aux pieds légers, les oiseaux et les vents.
Que des monts sourcilleux se dressent sur sa route,
Pour lui livrer passage ils entr'ouvrent leurs flancs;
Dans le roc le plus dur il se creuse une voûte;
Ni le fleuve écumeux, ni l'abîme béant,
Ne peuvent dans sa marche arrêter le géant;
Des ponts, des viaducs à ses rails parallèles
Offrent subitement leurs arches fraternelles;
Et que la grande mer lui dise : Halte-là!
Un bateau se présente, et répond : me voilà?
Et, traçant un sillon de l'un à l'autre monde,
L'homme avec la Vapeur fend l'Océan qui gronde.
Qui sait? prenant, un jour, un vol audacieux,
Tous deux ils tenteront le voyage des cieux!

Jadis, c'était le temps des contes fantastiques,
L'Enchanteur et la Fée, aussi prompts que l'éclair,
A leur gré parcouraient les royaumes de l'air :
La vapeur accomplit ces rêves poétiques.
C'est un agent si fort et si prodigieux,
Que Salomon de Caus, voulant à nos aïeux
En faire pressentir le résultat immense,
Fut accusé d'erreur, convaincu de démence.
Certain jour, dans un vase étroitement fermé,
L'onde bouillant au sein du foyer enflammé,
Dans sa prison de fer en vapeur se dilate;
Avec un bruit de foudre enfin le vase éclate.
Salomon à la cause, en voyant les effets,
Remonte, et la vapeur, et ce levier suprême,
Qui du bonheur humain résoudra le problème,
Lui dévoile à la fois sa force et ses bienfaits.
L'idée en son cerveau vient grandir et s'étendre;
Du cardinal-ministre il veut se faire entendre;
Mais, de la politique alors préoccupé,
Méditant des combats, ou, par malheur, peut-être
Par des savants jaloux le grand homme trompé,
Fit chasser l'importun... qui mourut à Bicêtre.
Tel fut souvent le sort du génie incompris.

Vous avez vu des prés, par le soleil flétris,
Ne donner aux troupeaux qu'un aliment stérile;
Nul ruisseau généreux, nulle source fertile
Dans le sol altéré n'infiltrait leurs engrais.
Mais on y creuse enfin des canaux purs et frais;
Et, riante, l'on voit la verdure renaître;
Et les bœufs bondissants y viennent se repaître.

Ainsi, dans les hameaux que n'ont point arrosés
Les abondantes eaux des bords civilisés,
Règnent la pauvreté, l'ignorance, l'envie.
Des artères de fer le réseau bienfaisant
Sur tous les points du sol s'étendant, se croisant,
Dans le corps social fait circuler la vie.
Chaque cité devient un vaste réservoir
D'où coulent à longs flots et richesse et savoir.
Une communion de mœurs et de langage,
Des hommes, des produits les faciles transports,
Tous les peuples unis par d'incessants rapports,
D'une féconde paix n'est-ce pas là le gage?
Frontières, ouvrez-vous; barrières et remparts,
Tombez, c'est la vapeur qui vient de toutes parts.
Est-il une contrée, à tous progrès rebelle,
Qui, refusant les fruits d'une moisson si belle,
Ne vienne prendre place à ce banquet promis,
Où tous sont appelés, où tous seront admis?
Lorsque Napoléon, captif à Sainte-Hélène;
Vit le *Fulton* passer sur la liquide plaine,
Il fut pris d'un regret bien profond, bien amer,
De pas n'avoir compris l'élément dont la force
Lui pouvait assurer l'empire de la mer.
Mais Dieu ne voulait pas que l'aigle de la Corse,
Poursuivant jusqu'au bout son belliqueux transport,
De l'instrument de paix fît l'instrument de mort.

L'homme enfin revenant à sa fierté native,
Pour se faire obéir, rend la vapeur captive.
Docile, elle lui dit : Médite, j'agirai;
Elle lui dit : Commande, et je te servirai.
Et l'homme, glorieux de sa noble conquête,
Renonce aux durs travaux et relève la tête.
Cent fois et mille fois, par ses soins importants,
Aussi bien que l'espace elle abrège le temps.
Décuplant, centuplant les puissances humaines,
On la voit dessécher les mines souterraines,
Dans l'usine agiter les sonores marteaux.
Lever, en se jouant, les plus rudes fardeaux;
Puis on la voit, fileuse adroite et délicate,
Tisser l'or et la soie et tourner les fuseaux :
Tel le roi des forêts tient un rat sous sa patte,
Sans lui faire de mal, près du tigre abattu;
Tel, après ses exploits, Hercule, revêtu
De la peau du lion, dépouille triomphale,
Amant doux et soumis, filait aux pieds d'Omphale.

LE PÈRE.

L'espérance t'abuse, ô mon fils; la vapeur,
De la fatalité c'est un présent trompeur.
Ce fléau que versa la boîte de Pandore,
Comme les dieux cruels, comme le Minotaure,
Dans sa rage implacable a soif du sang humain.
Il en voulut hier, il en voudra demain.
A ce monstre Lyon, Liverpool et Versailles
Ont payé leur tribut d'horribles funérailles.

LE FILS.

Le cheval, avant d'être et souple et familier,
Avant de supporter ou le mors ou la bride,
Au fond d'un noir ravin, dans quelque lande aride
Lança plus d'une fois le hardi cavalier.
Mais de l'homme, qu'enfin il reconnut pour maître,
Il fut le serviteur fidèle, obéissant.
A toute invention, c'est une loi peut-être,
Il faut payer sa dette et de pleurs et de sang.
Mais que dis-je, ô mon Dieu! quelle erreur, quel blasphème!
Ah! c'est l'homme lui seul, non ta bonté suprême,
Que de nos longs malheurs j'ai le droit d'accuser;
Avec précaution nous devons tout oser.
Mon père, croyez-moi, la vapeur, achetée
Par des deuils éternels, est à jamais domptée.

Oui, le génie est roi de la création.
N'écoutant qu'une noble et sainte ambition,
Il parcourt son domaine et soumet la matière;
Il impose des lois à la nature entière;
Tout obéit, tout cède à ses constants efforts.
La terre sous ses pas tressaille d'allégresse.
Et, se parant de fleurs, étalant sa richesse,
A son fils, à son maître elle ouvre ses trésors.
Dieu ne se voile plus de ses mystères sombres;
A Prométhée absous il prête son flambeau;
La presse des esprits a dissipé les ombres;
Chaque jour nous révèle un élément nouveau;
Et la vapeur enfin, reliant ses conquêtes,
Ramène l'âge d'or tant chéri des poëtes.

D'un monde imaginaire empruntant les couleurs,
Longtemps la poésie a vécu de symboles,
De mensonges dorés, de mythes, d'hyperboles,
Ou, du monde réel étalant les malheurs,
Elle chanta la mort, soupira l'élégie,
Et, pour se consoler, se vautra dans l'orgie.
Barde, n'exalte pas les combats destructeurs;
Célèbre désormais, pacifique Tyrtée,
Les amours, les beaux arts, les travaux créateurs;

Au nouvel Amphion, qu'à ta voix enchantée
Naissent des monuments utiles, glorieux;
Poëte, à la douleur que ton luth fasse trêve;
La vérité bientôt remplacera le rêve,
Et la réalité sera le merveilleux.

A vous une couronne, à vous une statue,
O Salomon de Caus, Watt, Papin et Fulton!
De génération en génération
Votre nom grandissant vole et se perpétue.
Chacun de vous, sublime en sa témérité,
Osa de la vapeur pénétrer le mystère :
Vos travaux seront chers à la postérité;
Ils ont renouvelé la face de la terre.

LE PÈRE.

O mon fils, à mon cœur il est doux d'entrevoir
Ce riant avenir que je n'osais prévoir.
Je croyais des mortels la race infortunée
Dans l'exil et les pleurs à vivre condamnée.
Oui, le ciel apaisé nous rendra son amour.
Dans toute sa splendeur si je ne vois ce jour
Qui se lève sur vous, éclatant météore,
J'ai du moins le bonheur d'en saluer l'aurore.

LE MÉDECIN.

A. M. R.

> Benedictus qui venit in nomine Domini!...
> ÉVANG.

Lorsque l'antique foi, vers les cieux envolée,
Laisse veuve ici-bas notre âme inconsolée,
Et que l'encens s'élève aux autels du veau d'or;
Lorsqu'au saint dévoûment l'égoïsme succède,
Que le pauvre maudit le destin qui l'obsède,
Que l'amour est vénal, que l'amitié s'endort;

Honneur à ces mortels dont le noble courage
Des fléaux destructeurs ose braver la rage,
Dont le bras toujours fort lutte avec le trépas!...
Gloire à ces demi-dieux!... leur science profonde
Vaut mieux que la richesse où notre espoir se fonde :
Leur sourire est le seul qui ne trahisse pas.

Vous qui volez partout où gémit la souffrance,
A chaque désespoir offrant une espérance,
Ma muse vous préfère aux plus vaillants guerriers.
Hommes aux doux regards, aux suaves paroles,
Anges qui sur vos fronts portez des auréoles,
Acceptez mon hommage et mes frêles lauriers.

Sous deux manteaux sacrés je vous vois apparaître :
Le manteau d'Hippocrate et la robe du prêtre
Entrelacent pour vous leurs replis fraternels;
Car, ainsi que nos corps, vous sauverez nos âmes,
Et vous saurez mêler, mystérieuses flammes,
Aux secrets d'ici-bas les secrets éternels...

Ainsi, lorsque Jésus, au bord de la fontaine,
Disait la parabole à la Samaritaine;
Quand d'une pécheresse il bénissait les pleurs,
Ou portait au bercail la brebis qui s'égare,
Sa voix du froid cercueil ressuscitait Lazare,
Et du paralytique apaisait les douleurs.

Fidèles au malheur dont le cri vous réveille,
Vous visitez l'asile où la charité veille,
L'humble paille du pauvre et l'édredon des rois;
De l'enfant au berceau, du vieillard qui chancelle
Quand s'éteint par degrés la dernière étincelle,
De l'agonie en pleurs vous allégez la croix.

Quand l'horrible typhus, la peste au souffle immonde,
Va dévorant sa proie et décimant le monde,
Dans ses flancs ténébreux vous fouillez tour à tour,
Et le fléau terrible, aux ailes redoutables,
Ô prodige! ô bonheur! vous trouve invulnérables,
Et vous sortez vivants des ongles du vautour!...

Oh! de l'humanité vous êtes les apôtres!
L'astre de votre gloire éclipse tous les autres;
Au fond de tous les cœurs vous avez des autels;
Et je veux que bientôt le barde prophétique,
Evoquant de son luth la flamme poétique,
Divinise vos noms dans ses chants immortels!

Ami, vous êtes grand parmi ceux que je chante :
Grâce, bonté, génie, en vous tout nous enchante;
Un archange du ciel se plut à vous bénir;
Et sans doute une fée, agitant des corbeilles
Pleines de doux parfums et de blondes abeilles,
De mille talismans dora votre avenir.

Comme l'enfant coupable, en sa frayeur amère,
Dans les bras d'une sœur, sur le sein de sa mère,
Va chercher un abri contre un père en courroux,
Ainsi le malheureux que la douleur accable,
Pour conjurer du mal le fantôme implacable,
Se sauve sous votre aile et n'espère qu'en vous.

Il dit que sous vos pas vous semez des miracles,
Et que de votre bouche émanent des oracles
Dont la magie empêche une âme de partir;
Et vous, vous souriez; et, plus le danger presse,
Plus douce est la liqueur, plus tendre est la caresse
Que votre main prodigue aux adieux du martyr.

Vous atteignez du front les plus sublimes têtes!
Dans les champs du progrès, riches de vos conquêtes.
Vous creusez des sillons où naissent des primeurs.
Laissez des détracteurs les hordes fanatiques
Traiter tous vos efforts de rêves fantastiques;
Courage! des méchants méprisez les clameurs.

Sachez que la science est une forêt sombre
Où croissent sous les fleurs des épines sans nombre,
Où siffle un noir serpent qui jamais ne s'endort.
Ce serpent, c'est l'envie, hydre affreuse sans doute;
Mais pour qui peut franchir les dangers de la route,
Bientôt au fond des bois brille le rameau d'or!...

LÉONTINE.

Ce soir, quand la lune argentine
Promènera sur nous son disque triomphant,
Nous irons au hameau qui berce Léontine.
Sous un chaume paisible, au haut d'une colline,
Une femme joyeuse allaite mon enfant.
    Nous partirons quand ma mère endormie
    Recueillera les songes du passé.
Pendant longtemps encor que son esprit bercé
Ignore... Ah! si jamais quelque voix ennemie
Lui découvrait l'erreur qui fascine ses yeux,
La douleur au tombeau conduirait sa vieillesse.
Ciel, prolonge l'instant des pénibles aveux!...
Venez; vous remplirez le plus doux de mes vœux.
— Oui, je viendrai, — lui dis-je; et je tins ma promesse.
Quand j'arrivai, le soir, douteuse elle attendait,
    Et, soucieuse, elle écoutait
Si rien ne vient troubler sa mère qui sommeille.
    A son bras pend une corbeille
Où sa main, dans le jour, a clos soigneusement
Les hochets de l'enfance et le pain du voyage.
Hors des toits sortis lentement,
Nous essayons sans bruit le doux pèlerinage.
Soudain ma voix murmure avec ravissement :
« Mortels, enivrez-vous du pavot salutaire,
Et de nos pas furtifs respectez le mystère.
Pendant l'heure des nuits, si votre œil curieux
Dans les sentiers déserts nous observait tous deux,
Votre souffle empesté noircirait notre vie,
Car j'ai pleuré souvent des fureurs de l'envie. »

    Cependant, silencieux,
Des chemins isolés nous franchissons l'espace.
Telle une ombre, agitant de funèbres flambeaux,
De la terre des morts effleure la surface
Et dans l'obscurité visite les tombeaux
    Ou tel le pasteur des hameaux,
Picux, atteint le seuil où languit la misère,
Allége sa souffrance et lui promet les cieux.
    Sur nous passait une brise légère,
Aussi douce à nos cœurs que le baiser d'un frère,
Que l'haleine des bienheureux,
Et la sœur du soleil de son phare nocturne
Répandait la lueur et passait taciturne.
Oh! je préfère, moi, cette molle clarté
A tout l'éclat du jour qui brille avec fierté.
L'âme alors s'égarant dans la foule des songes,
Heureuse, boit l'erreur de leurs vagues mensonges.
« Votre enfant, m'écriai-je, assise en son berceau,
Voit un ange de Dieu qui voltige autour d'elle,
Car ces esprits d'en-haut caressent de leur aile
    Le naissant et frêle arbrisseau...
    Derrière fuyaient les campagnes;
Gaîment nous gravissions l'âpreté des montagnes,
Quand nous voyons le chaume où Léontine dort.
« C'est là, voyez, c'est là! dit la mère ravie.
Je t'embrasserai donc, ô mon ange, ô ma vie!
J'aurai donc sur mon sein ce précieux trésor!...
Chantez-moi, poursuit-elle, un de ces airs champêtres
Que fait entendre au loin le jeune pastoureau

Lorsqu'il conduit au loin le troupeau de ses maîtres.
Elles croiront alors, les filles du hameau,
Entendre un beau berger que le ciel leur envoie;
Elles tressailleront d'espérance et de joie. »
J'entonne sur-le-champ de rustiques chansons;
L'écho des bois s'éveille et reconnaît ces sons.
La mère cependant, vers la porte élancée,
A coups redoublés frappe, et d'une voix pressée
S'écrie à plusieurs fois : « Montagnards levez-vous! »
Et de longtemps sa voix ne put être entendue :
Le sommeil est aux champs bien profond et bien doux.
Mais on ouvre, et chacun s'empresse autour de nous.
Et de chacun bientôt l'étrangère est connue.
Des berceaux sont épars; son regard les suit tous...
« Ne troublez pas l'enfant! dit la seconde mère :
Léontine savoure un tranquille sommeil.
Attendez; je vais, moi, découvrir sa paupière.
Et son front sourira, rayonnant et vermeil. »
Mais ce murmure étrange éveille Léontine;
Soudain des cris aigus annoncent son effroi,

Et sa mère, pleine d'émoi,
Pour apaiser ses cris, sur la couche s'incline.
 Elle dépose alors
Mille baisers brûlants sur la lèvre enfantine.
Des pleurs délicieux révèlent ses transports.
Impétueux élans de l'amour maternelle,
De vous qui peut tracer une image fidèle?
Moi, je brise ma plume et mon faible pinceau :
Les mères, mieux que moi, vous peindront ce tableau.
Elle s'éloigne enfin de la couche chérie
Et s'avance vers nous, radieuse, attendrie.
Aux villageois émus adressant nos adieux,
Avant le jour naissant nous repartons tous deux.
Notre course fut prompte, et dans la cité sombre
Nos pas d'aucun mortel ne furent découverts.
Quand l'astre oriental fit évanouir l'ombre
Et de ses rayons d'or éclaira l'univers,
On me vit promener avec indifférence,
Et nul ne se douta d'une aussi courte absence.

BRADAMANTE.

Sur le cours de Tourny, moi bien jeune à Bordeaux,
 Un soir, je vis sur des tréteaux
Une ardente guerrière; une fille charmante,
OEil de feu, casque en tête et panache flottant,
Robe de soie et d'or au corsage éclatant...
Sur une toile peinte on lisait : *Bradamante!*

A la foule ébahie un paillasse criait
 Qu'à l'escrime elle défiait
Les maîtres les plus forts et les plus fines lames :
« Le spectacle commence; entrez, messieurs et dames! »
 Le discours, ou plutôt la curiosité,
 Et les attraits de la beauté,

Parmi les spectateurs me firent prendre place.
    Que de vigueur et que de grâce,
De souplesse à la fois et de dextérité !
Tout à coup un désir me saisit et me presse ;
Je veux contre elle aussi déployer mon adresse.
Trois mois, d'un vieux grognard j'avais pris des leçons
Qu'interrompaient souvent le vin et les chansons.
Je fais signe, elle accepte, et je me mets en garde.
    Mais aussitôt je la regarde
    Avec amour, et sottement
    J'oublie en mon ravissement,
Et parade et riposte, et ma belle héroïne
De vingt coups de fleuret caresse ma poitrine.
D'un rire général je fus bientôt l'objet ;
Même je m'aperçus qu'elle me ménageait.

Près d'un sexe adoré, cause de tant de 'armes,
Voilà tout le succès de mes premières armes !
Présage menaçant... trop bien réalisé !
Par ma candide foi trop souvent abusé,
Et lutteur inégal, attiré par vos charmes...
Mais, du moins, l'amazone, avec des yeux moins doux,
    Fut plus indulgente que vous,
    Car je porte encore palpitantes
De vos traits acérés les blessures saignantes.
Eh bien ! de vos beaux yeux allumez les flambeaux,
De vos robes de soie agitez l'oriflamme...
Cachez sournoisement vos dards toujours nouveaux
Sous les paillettes d'or, sous les regards de flamme...
Femmes, je vous le dis, mon cœur, tant qu'il vivra,
Par vous toujours blessé, toujours vous aimera.

LE CHEMIN DE L'EXIL.

MARS 1852.

L'*Allier*, le *Mogador*, le *Duguesclin* sont prêts :
Partez pour la Guyane et la rive africaine !
Fier de vos souvenirs, triste de mes regrets,
J'ai choisi pour exil une terre prochaine.
L'amour est dans nos cœurs, chez nos juges, la haine :
Mais je n'ai pas compris leurs différents arrêts,
    Car, si rêver pour son semblable,
De longs jours de bonheur sans cesse renaissants
Est acte méritoire ou crime impardonnable,
    Autant que vous je suis coupable,
    Autant que moi vous êtes innocents.

Salut vieille Armorique, ô plage hospitalière !
Tes fils avec transport accueillent les proscrits.
Nous avons sur ton sol de généreux abris ;
Une voix consolante, une main familière
    Versaient leur baume en nos esprits.
    Et moi qu'une muse constante
Dans sa robe d'azur, toutes les nuits, endort,
Sur les *dolmen* gaulois je déployai ma tente ;
Le gui sacré tombait sous ma faucille d'or,
    Et dans les forêts druidiques
Des bardes j'entendais les harpes prophétiques,
Et mes contemporains, les poëtes bretons,
Accouraient vers leur frère échappé des pontons...
Mais la réalité dissipait ce beau rêve :
    Point de relâche ni de trêve !
    Et la voix du sombre alguazil
Criait : « N'oubliez pas le chemin de l'exil ! »

    L'hiver qui longtemps nous assiége
    Gagnait sa froide région ;
    Et doucement fondait la neige.
La neige de mon âme et son affliction,
    La paquerette solitaire
Absorbait du soleil les rayons éclatants...
    Dans mon cœur comme sur la terre,
    Déjà renaissait le printemps.
Bercé par le courant de molles rêveries,
    Du *biniou* j'entendais les sons,
    Du rouge-gorge les chansons,
J'admirais, déployant leurs corolles fleuries,
    Les narcisses dans les prairies,
    Les *fleurs de lait* sous les buissons ;
    Et voyant du sein des villages
Les clochers, *doigts de Dieu*, monter vers les nuages,
Je me disais : Enfin, abritons pour toujours,
A l'écart, sous un chaume et sous de frais ombrages,
Et mon corps, et mon âme et toutes mes amours...
Mais la réalité dissipait ce beau rêve :
    Point de relâche ni de trêve !
    Et la voix du sombre alguazil
Criait : « N'oubliez pas le chemin de l'exil ! »

A cet appel nouveau redoublant de courage,
Et le jour et la nuit je poursuis mon voyage.
    Je vois Landivisiaux, Morlaix ;
La vague de la mer me porte en Normandie,
Et l'antique cité qui règne en Picardie

Est le dernier de mes relais.
Là, bientôt oubliant mes malheurs et mes crimes,
Et les bourreaux et leurs victimes,
J'embrassais mon enfant, ce précieux débris
D'une famille dispersée,
J'embrassais une amie, à le suivre empressée,

Qui me disait : « Tous trois retournons à Paris!... »
Mais la réalité dissipait ce beau rêve :
Point de relâche ni de trêve!
Et la voix du sombre alguazil
Criait : « N'oubliez pas le chemin de l'exil! »

LA CHATELAINE ET LES DEUX ORPHELINS.

Femmes, enfants, veuillez m'entendre :
Nous sommes faits pour nous comprendre.
Soldats, chargez vos fusils,
Juges froncez les sourcils;
Vous ne détruirez pas de ma naïve enfance
Le souvenir,
Ni ma croyance
En l'avenir.

Par les forêts, par les bruyères
Au château conduisait un chemin tortueux.
Là, trois femmes vivaient, trois antiques sorcières,
Ou, pour être plus juste et pour les peindre mieux,
C'était comme un trio de bienfaisantes fées.
Dans l'ombre du passé je les entends parfois
Clapissantes, et je les vois
Marcher clopin-clopant, bizarrement coiffées,
Et risiblement attifées...
Mais pour les évoquer trop débile est ma voix :
Demandez à Nodier de vous donner trois fois
Le portrait de la *fée aux Miettes*.
Le voyageur nocturne, en sa route égaré,
Y venait oublier ses courses inquiètes :
Comme par la vertu des magiques baguettes,
La table était servie et le lit préparé.
A toute autorité précocement rebelle,
Enfant, quand je fuyais la maison paternelle,
De l'hospitalité j'y goûtais les douceurs.
Voici, dans les loisirs d'une calme veillée,
Moi, l'oreille tendue et l'âme émerveillée,
Ce que me raconta la plus vieille des sœurs :
« Deux enfants (leur naissance est pour eux un mystère)
Différents tous les deux d'âge et de caractère,

Du malheur, tout petits, par nous furent sauvés.
A nos frais au collège ils étaient élevés.
Voulant leur ménager une douce surprise,
Un jour, je fis seller notre bonne jument :
Vous savez, cette belle grise
Qui chemine si vaillamment.
La monture courut une journée entière.
Le soir vers les enfants je marchais toute fière :
J'avais mis, pour leur faire honneur,
Ma riche coiffe des dimanches,
Et ma robe à ramage avec ses longues manches.
Je me réjouissais déjà de leur bonheur.
Au collège je frappe, et le portier s'avance;
Je lui nomme aussitôt mes fils d'adoption :
« Madame, asseyez-vous et prenez patience ;
A l'instant va sonner la récréation. »
L'heure attendue arrive et des cris d'allégresse
Font retentir les cours et les longs corridors.
Les deux frères de loin m'aperçoivent ; alors
Le plus jeune vers moi s'empresse.
Il se jette à mon cou, dans ses bras il me presse.
L'autre, au lieu d'imiter de semblables élans,
Sans respect pour mes cheveux blancs,
Oubliant mes bienfaits ainsi que ma tendresse,
Me désigne du doigt, en riant aux éclats,
Et me livre au mépris d'une folle jeunesse.
De cet affront sanglant que je souffris, hélas!
De fruits et de gâteaux j'avais rempli mes poches;
Dans ma poche brillaient deux louis, quel trésor!
Tout fut pour le cadet, fruits, gâteaux, pièces d'or,
Et l'autre pour sa part eut de justes reproches... »

Elle ne parlait plus, je l'écoutais encor.

A bord du *Duguesclin*, rade de Brest, 9 février 1852.

UNE CONSULTATION.

SCÈNE HISTORIQUE.

Personnages : UN MÉDECIN, 50 ans.
UN ÉCOLIER, 15 ans.

La scène se passe en 1821, à Montignac (Dordogne), dans le salon d'un médecin.

LE MÉDECIN (entendant frapper à la porte du salon.)
Entrez !
(L'écolier, baissant les yeux, s'avance embarrassé vers le fauteuil du médecin, qui lui saisit la main, lui tâte le pouls ; après l'avoir examiné longtemps attentivement) :
Qu'as-tu ?

L'ÉCOLIER.
Des vers...

LE MÉDECIN.
Quoi ! des vers à votre âge ?

L'ÉCOLIER.
Les premiers que je fis je n'avais que dix ans.

LE MÉDECIN.
Que dix ans !..

L'ÉCOLIER.
Oui, monsieur ; dix ans, pas davantage.

LE MÉDECIN (à part.)
D'ordinaire, on les a plus tôt et moins longtemps.

L'ÉCOLIER.
J'en ai fait ce matin...

LE MÉDECIN.
Combien ?

L'ÉCOLIER.
Une vingtaine.

LE MÉDECIN.
C'est beaucoup... Eh ! dis-moi, te viennent-ils sans peine ?

L'ÉCOLIER.
Non pas... pendant la nuit je veille, haletant ;
J'ai la tête embrasée et le cœur palpitant...

LE MÉDECIN (à part, lui tenant toujours la main) :
Oui, son pouls bat deux fois à toutes les secondes.
(Haut.)
Eh ! sont-ils longs tes vers ? il faut que tu répondes

L'ÉCOLIER.
J'en ai de huit, de dix, de douze pieds.

LE MÉDECIN.
Douze pieds ! (à part.) Leur longueur est extraordinaire.

L'ÉCOLIER.
Pour vous les faire voir, si cela peut vous plaire.
J'en ai sur moi deux cents...
(Il tire de sa poche un long cahier roulé.)

LE MÉDECIN.
Ils sont dans ces papiers ?

L'ÉCOLIER.
Oui, monsieur...
(Il présente le cahier au médecin, qui le déroule, et n'y trouve que des fables.)

LE MÉDECIN.
Polisson, va-t'en !... Avec tes rimes
A me faire enrager je crois que tu t'escrimes.
(Il lui jette le cahier à la figure.)
Voyez le beau malade ! Il vient d'un air piteux
Me confier sa main pendant une heure ou deux ;
Je lui prête l'oreille en toute conscience.
Lui, sans égard pour l'âge et pour la Faculté,
D'un air de bonhomie et de simplicité,
Par un long quiproquo déroute ma science...

L'ÉCOLIER.
Il en faut accuser mon inexpérience,
Et d'une double erreur le risible accident...
Voyant tout récemment venir dans notre ville
Un docteur que l'on vante, un médecin habile,
J'espérais pour ma muse un nouveau confident...

LE MÉDECIN.
Je ne puis écouter tes folles rapsodies,
Et je dois tout mon temps à d'autres maladies.
Va-t'en !...

Or, apprenez, estimable lecteur,
Le nom de l'écolier... C'est votre serviteur

ALAIN CHARTIER ET MARGUERITE.

Dités-moi : Marguerite est-ce l'enfant timide
Dont la jeunesse et la beauté
Rayonnent sous le chaume et dans la pauvreté !
    Est-ce plutôt la fleur candide
    Qui dans les cœurs épris d'amour
        Éveille tour à tour
        La crainte et l'espérance?...
Non ; celle que je chante est la reine de France
Qui, rencontrant un jour le poëte endormi,
Imprime un chaud baiser (si l'histoire est fidelle)
    Sur sa bouche ouverte à demi.

Il était vieux et laid, la reine, jeune et belle.
Les courtisans entre eux se regardent, surpris...
    Avec un gracieux souris
    « Ce n'est pas l'homme, leur dit-elle,
    Qui fût l'objet de mes amours ;
Mais j'ai voulu baiser les lèvres inspirées
Qui livrèrent passage à tant de beaux discours,
    A tant de paroles dorées. »

Ce doux baiser de femme, inexprimable honneur,
D'Alain fit la fortune...; il eût fait mon bonheur

L'ONDINE.

Vénus du sein des flots apparut belle et blonde ;
Toi sa sœur, belle aussi, brune fille de l'onde,
    Tu vins pour charmer les mortels,
    Et tu méritas des autels.

Ta mère en ses écueils roule parmi les sables
Des richesses sans fin, trésors inépuisables,
Qu'avare, elle dispute à l'avide plongeur.
Brune fille des flots, ton esprit enchanteur
Et ton âme et ton corps au fond de notre cœur
Eveillent du désir les flux insatiables.

    De tes dents en voyant l'émail
    Et tes lèvres dont je raffolle,

    J'ai compris ta passion folle
    Pour les perles et le corail.

    Si ta mère tempétueuse
    Par sa houle tumultueuse
    Épouvante les passagers,
Son calme fait bientôt oublier les dangers.
    Quand ta prunelle étincelante
    Va soulever les flots dormants,
    Et que ton âme turbulente
    Se livre à ses emportements,
Il n'est pas un seul homme en nos paisibles plages,
Qui ne voulut braver les plus bruyants orages
    Pour tes divins embrassements.

HEUR ET MALHEUR.

Quel plaisir, quel bonheur, quel triomphe ? être femme,
Astre ou fleur, éblouir le regard enchanté,
Sur tous faire pleuvoir l'éclat de sa beauté,
De mille soupirants voir le cœur qui s'enflamme,
Sur chacun faire poindre un doux rayon d'espoir,
Sans aveux tout promettre et laisser entrevoir
Le jour étincelant des voluptés sans voile !...
Si c'est beau pour la fleur, pour la femme ou l'étoile,

Quoi de plus malheureux que l'heureux préféré
Qui de son lendemain n'est jamais assuré,
Craignant qu'un fier rival, accouru sur sa voie,
Du trésor ne s'empare et n'en fasse sa proie !...

O belle, n'es-tu pas cet astre, cette fleur ?
Et moi, ne suis-je pas cet amant plein de joie,
Chaque jour menacé d'un semblable malheur ?

LE MELON.

A UNE DAME.

Vous savez ce Melon qui vous a tant déplu
  Parce que vous l'auriez voulu
  Plus lourd, et plus mûr, et plus jaune.

Or, madame, entre nous, une chose m'étonne :
  J'ai juste ces trois qualités,
  Et pourtant vous me rebutez.

A UNE RELIGIEUSE NOVICE.

Si d'un autre mortel tu devenais l'amante ;
Dans mon cœur gronderait une horrible tourmente ;

Mais si Dieu seul est ton époux,
Je subis ma défaite et n'ose être jaloux.

BON VIN ET FILLETTE.

CONTE.

Pierre à genoux, d'un ton mal assuré,
Se confessait à monsieur le curé :
« J'ai fait deux gros péchés, j'ai commis deux grands crimes,
Mon père ! L'autre soir, par le démon poussé,
Je m'accuse d'avoir un peu trop caressé
  Et la bouteille et Pétronille.
  — Le vin était-il bon, la fille
  Jeune, sémillante, gentille ?

— Oh ! parfaits, exquis tous les deux :
Pétronille était jeune, et le vin était vieux.
  — Tant mieux, tant mieux, tant mieux !
Lorsque le vin est aigre et que la fille est laide,
Le crime est sans excuse et le mal sans remède ;
Mais vous fûtes, mon fils, délicat dans vos goûts :
Allez ; Dieu vous pardonne, et moi, je vous absous. »

PENSÉE.

Pour que le bouton s'ouvre éclatant et vermeil,
Que faut-il à la fleur ? un rayon de soleil.

Et moi, pour qu'en mon cœur la poésie éclose,
Il me faut un baiser d'une lèvre de rose.

PENSÉE.

De ses dards au rosier quoique l'on fasse un crime,
On l'aime pour ses fleurs aux pétales si doux.

J'ai mes défauts aussi; n'en avons-nous pas tous?
Mais j'ai des qualités dignes de votre estime.

HOMŒOPATHIE.

Vous pleurez une ingrate, à votre amour rebelle?
   Se lamenter est un abus;

On guérit d'un amour par une amour nouvelle :
   Similia similibus.

A LA MARGUERITE RENVERSÉE PAR LA CHARRUE.

IMITÉ DE ROBERT BURNS.

> Wee, modest, crimson-tipp'd flow'r,
> Thou's met me in an evil hour.
> (R. BURNS.)

Oh! tu m'as rencontré dans une heure fatale.
   Modeste fleur que j'aimais tant à voir!
Beau diamant, tu meurs sur la terre natale...
Hélas! changer ton sort n'est plus en mon pouvoir.

Que ne suis-je plutôt ta joyeuse compagne,
L'alouette si belle au duvet diapré,
Qui t'effleure en volant plus haut que la montagne,
Pour saluer les flots de l'orient pourpré!

Le vent aigu du nord souffla sur ta naissance;
Mais, fille des hivers tu bravais sa puissance,
   Et quand passaient les noirs autans,
Rieuse tu disais : « Je verrai le printemps! »

La fleur de nos jardins, de murs environnée,
   Des aquilons méprise la fureur;
Toi, tu naquis inculte, abandonnée,
   Sur le sillon du laboureur.

   Là, gaîment aux cieux élancée,
   Tu rêvais un meilleur destin;

Et quand tu t'es ouverte aux rayons du matin,
Humble fleur des champs, le soc t'a renversée.

De la beauté sans art tel est le triste sort :
Elle brille ici-bas, reine de la prairie;
Mais aux songes d'amour si la vierge s'endort,
Comme la Marguerite elle tombe flétrie.

Le barde insoucieux, balloté sur les flots
   Qui de la vie emportent le navire,
Méconnaît l'astre heureux qui luit aux matelots;
Il erre sur l'abîme et sa barque chavire.

Le mérite souffrant, sur la terre exilé,
   Vit en butte à la calomnie;
   Loin du monde qui le renie,
De misère et d'ennuis il tombe mutilé.

   Vous qui plaignez la Marguerite,
Pleurez! bientôt aussi la mort vous atteindra;
Contre son vol glacé nul mortel ne s'abrite;
Son char roule sans cesse et vous moissonnera...

VANITÉ DES TOMBEAUX.

Surrexit, non est hic.
(Évang.)

Au riche mausolée, à l'épitaphe altière
Qui caressent des grands l'orgueilleuse poussière,
Je préfère la rose et le saule pleureur
Qui vivent sur la mousse où dort le laboureur.

   O pyramides séculaires !
Tombeaux des Pharaons, sépulcres de granit,
   Vous n'êtes qu'un monceau de pierres
Où l'oiseau voyageur va déposer son nid.

Cherchons, cherchons plus haut les âmes envolées,
Brisons l'urne et le marbre, inutiles trésors :
Épouses au long deuil, mères échevelées,
La Tombe est impuissante à retenir les morts.

Répandre des parfums sur les ombres amies,
Clouer des ossements dans un cercueil de plomb
C'est vouer un vain culte à de froides momies,
   C'est honorer des reliques sans nom.

Au fond du noir caveau si vous osez descendre
Pour faire aux trépassés les suprêmes adieux,
Un ange vous dira, regardant vers les cieux :
« Ils ne sont plus ici, ce n'est qu'un peu de cendre. »

LA RETRAITE.

Or les ombres du soir descendaient sur la terre,
Et la Vierge priait, pieuse et solitaire,
   Quand Gabriel lui dit : « Ave !
Femme, par votre fils l'homme sera sauvé. »

Forts des biens que le Christ venait de vous promettre,
Apôtres, à l'écart vous pleuriez votre maître,
Et, quand de l'Esprit-Saint le feu vous couronna,
   A Sabaoth vous chantiez hosanna.

Poëte, fuis, comme eux, et le monde et ses fêtes;
Monte sur la colline ainsi que les prophètes;
La foule n'entend pas les harpes de Sion;
Le tumulte est funeste à l'inspiration.

Surprends toute pensée et tout vent d'harmonie
Qui, rapides rayons, sillonneront les airs;
Peut-être du Sina ce seront les éclairs,
Le souffle de la muse ou la voix du génie.

Ainsi, devant la tente où les coupes brillaient,
Les patriarches saints autrefois accueillaient,
Sans voir leurs ailes d'or, sans voir leur diadème,
Les anges du Seigneur et le Seigneur lui-même.

LE FEU DU CIEL.

ÉLÉGIE.

Anges, dans son tombeau déposez votre frère;
De guirlandes de fleurs couronnez son cercueil;
Mêlez l'encens du ciel à l'encens de la terre,
Joignez vos chants d'amour à nos hymnes de deuil.

Lorsqu'une large trombe, horrible météore,
Arrache de nos champs et les blés et les vins,
La foudre fend la nue et ce feu qui dévore
Va réclamer sa proie au milieu des ravins.

Hélas! pour l'éviter nulle route n'est sûre :
S'il éclatait, au lieu de frapper au hasard,
Sur le roi sacrilège et sur la ville impure,
Sur Babylone et Balthasar!...

Mais il brûle en passant le coursier hors d'haleine,
L'arbre de la montagne et l'arbre de la plaine;
Le vieillard qui se hâte, un bâton à la main,
Et l'enfant qui s'endort sur le bord du chemin.

Un, surtout! de la chasse il revenait folâtre,
Et dansait au soleil, tout fier de ses quinze ans,
Quand ce grand destructeur sur lui venant s'abattre,
N'a laissé qu'un cadavre aux bras de ses parents.

Il ne connaissait pas de bonheur éphémère,
Et ne voyait aux cieux que des étoiles d'or.
Aux enfants de son âge, aux baisers de sa mère,
 Pauvre enfant, il rêvait encor...

Anges, dans son tombeau déposez votre frère;
De guirlandes de fleurs couronnez son cercueil;
Mêlez l'encens du ciel à l'encens de la terre,
Joignez vos chants d'amour à nos hymnes de deuil.

HIER ET DEMAIN.

A CH. WOINEZ.

Ami, l'humanité, c'est un vaisseau sublime
A travers les écueils poussé par le destin;
Mille maux destructeurs, noirs enfants de l'abîme,
La suivent sur les flots comme un riche butin.

Mais courage! bientôt reparaîtra l'étoile
Que dérobait la nue au pilote alarmé,
Et le vent du bonheur venant gonfler la voile,
Nous pourrons jeter l'ancre au rivage embaumé.

Ami, tu sus chanter l'hymne de la souffrance,
Et signaler le port où l'on doit parvenir :
Hier, c'est la douleur, *Demain*, c'est l'espérance;
Hier, c'est le passé, *Demain*, c'est l'avenir.

LES FLEURS SUR LA COLLINE.

A MADAME ***.

Ceux qui péniblement gravissent la Colline
D'où s'élève, imposante et sublime, la tour
Où le ciel fait briller votre beauté divine,
Trouvent à son sommet, délicieux séjour,
Pour leur faire oublier les fatigues moroses,
Des jardins parfumés de jasmins et de roses.
A votre serviteur qui, pleurant nuit et jour,
Supporte les rigueurs de votre indifférence,
Pour couronner sa peine et sa persévérance,
Laisserez-vous cueillir les Fleurs de votre amour?

JALOUSIE.

Madame, écoutez, je vous prie :
Pour tenter une épreuve, où par espièglerie,
Ne me faites jamais; ce ne serait pas bien,
Ce que, par passe-temps, j'ai fait à votre chien.

Hier, — vraiment, la chose était divertissante,
Et nous amusa tous jusqu'à l'hilarité, —
Contrefaisant la voix d'un caniche irrité,
J'avais l'air de presser d'une main caressante
Un chien problématique, on ne sait d'où venu.
  Le vôtre, crédule, ingénu,
  Se laissa prendre à l'apparence,
Redoutant un rival qui serait de moitié
Dans les os du repas et dans notre amitié.
Par des gémissements s'exhalait sa souffrance,
Son erreur nous fit rire... elle nous fit pitié.
Pourtant, vous l'avez vu, la feinte était grossière...
  Eh! ne faites pas tant la fière :
Un péril aussi vain peut vous troubler aussi,
Et vous faire pleurer une journée entière.
  Le cœur humain est fait ainsi,
  Madame; de la Jalousie,
De son extravagance et de sa frénésie
Cet animal nous donne un exemple éclatant.
Devant une chimère il se tient haletant;
Jamais de ses terreurs sa pauvre âme saisie
Ne demande conseil aux probabilités;
L'invraisemblance enfin, l'absurde, l'impossible,
Pour lui ce sont autant d'affreuses vérités.
A de pareils tourments mon cœur est accessible.
Quel remède à ce mal allez-vous proposer?
  Il faut me plaindre et m'excuser.

Madame, en terminant, écoutez, je vous prie :
Pour tenter une épreuve, ou par espièglerie,
Ne me faites jamais, ce ne serait pas bien,
Ce que, par passe-temps, je fis à votre chien.

LE PAPILLON DU SOIR.

Déjà le rossignol prélude à ses chansons ;
L'eau murmure, un vent frais caresse les moissons.
Lève-toi, du soleil aimable fiancée ;
Prends ton voile d'azur, ta robe nuancée...

Et toi, Papillon blanc, corps diaphane, es-tu
Un messager d'amour pour mon cœur en souffrance ?...
Beau Papillon du soir, qui portes l'espérance,
Durant ma longue veille, oh ! sois le bienvenu.

Mais je m'enivre, hélas ! d'une folle chimère,
Car Anna m'a repris sa tendresse éphémère...
Et tu viens seulement, séduit par mon flambeau,
En cherchant le plaisir te creuser un tombeau.

Quitte ce vain mirage et ta funeste envie ;
Blanc Papillon, va-t'en... vole, vole ; ah ! crois-moi,
Plus d'une flamme brille où de plus forts que toi
Laissèrent en passant le bonheur et la vie...

A ÉDOUARD NEVEU.

TRADUCTEUR DES ODES D'HORACE.

16 Décembre 1843.

Voici que le printemps ramène l'hirondelle.
Sur l'aile du zéphir elle revient fidèle,
Saluer nos prés verts et notre ciel d'azur.

La vie, ô mes amis, n'est qu'une ombre légère !
Allons, la coupe en main, danser sur la fougère
Et couronner nos fronts des roses de Tibur.

— Que dis-je ! de l'hiver souffle la froide haleine :
L'urne de mes festins, c'est l'urne de la Seine ;
Avec les passereaux je loge sous les toits...

— Ah ! c'est que je rêvais en lisant ton *Horace*.
Et ces songes dorés que le réveil efface,
Je veux dans tes beaux vers les puiser mille fois.

A THÉODORE CARLIER.

J'ai vu poindre des jours d'un éclat sans pareil ;
Aux cieux, que de sa flamme inondait le soleil,
Nul sinistre ouragan ne déployait ses voiles !

J'ai vu de clairs ruisseaux et des lacs transparents,
Miroirs que respectait la fange des torrents,
Rideaux où, dans la nuit, se berçaient les étoiles ;

J'ai vu des prés couverts de leurs manteaux de fleurs,
Balsamiques tapis aux suaves couleurs,
Trésors où butinaient les abeilles sauvages...

— Théodore, tes vers sont aussi parfumés,
Aussi purs, aussi beaux que les prés embaumés,
Que les ruisseaux d'azur et les cieux sans nuages.

CONSOLATION.

A MADAME ***.

Barbares, insensés, à toute foi rebelles,
Madame, l'autre jour, par un rire moqueur,
Nous avons effrayé les blanches tourterelles
Qui chantaient leur amour au fond de votre cœur.

Que vous avez, hélas! pleuré de nous entendre!
Oubliez, oubliez nos paroles de fiel;
Soyez crédule encor, soyez naïve et tendre :
Le doute c'est l'enfer, et la foi c'est le ciel.

LES FEMMES.

De Femmes au cœur pur la tendresse ineffable
Veilla sur mon berceau favorisé des cieux.
Pour ébranler ma foi dans ce sexe adorable,
Que me font des Phrynès l'exemple malheureux
Et de vices sans nom le scandaleux modèle?
Détracteurs, épuisez vos traits avilissants :
Pour ébranler ma foi vos traits sont impuissants.

Toujours vous me verrez, à mon culte fidèle,
De mes illusions conserver la douceur,
Et mon pied foulera la loupe dérisoire
Qui de tableaux honteux me montre la noirceur.
Femmes, à vos vertus pour me forcer à croire,
N'avais-je pas ma mère et n'ai-je pas ma sœur?

RÊVERIE.

Le soir, si vous voyez l'enfance frêle et vive
Fouler entre ses doigts les hochets du matin;
La coupe pleine encor, si le jeune convive
Abandonne, furtif, la salle du festin;

Pour son beau fiancé si l'amante distraite
N'a plus un mot d'amour, un sourire du cœur;

Aux mains du ménestrel si la lyre est muette;
Si la lampe est sans huile au temple du Seigneur;

C'est que la muse est sourde à la voix du poëte;
L'amour ne laisse, hélas! que regrets après soi,
Le convive est blasé, l'enfance est inquiète,
Et le prêtre a perdu l'espérance et la foi!...

POURQUOI.....?

« Tes pétales si beaux, douce Fleur, où sont-ils?
— L'étamine a déjà fécondé mes pistils,
Et je vivre sans peine, épouse fortunée,
A l'aile des zéphirs ma robe d'hyménée.

— Tu ne vas plus la nuit éclairer le gazon,
Luciole? — L'éclat n'est que vaine chimère.
Hier, celui que j'aime est venu; je suis mère;
De briller, croyez-moi, ce n'est plus la saison.

— O vous, beauté frivole, autrefois si coquette,
Que deviennent le charme et la riche toilette,
Et le feu de vos yeux et de vos diamants
Dont vous éblouissiez la foule des amants?

— Regardez mon enfant, répond la jeune femme,
Le fils que jour et nuit je presse sur mon cœur :
Ce fruit de mon amour, cette âme de mon âme,
Voilà tout mon orgueil, voilà tout mon bonheur.

A MADEMOISELLE EUPHÉMIE VAUTHIER,

MA COMPATRIOTE.

Pour la remercier de son article de *la Semaine*.

Je veux te raconter un délicieux rêve :
Une nuit, il me vint du beau pays natal,
Apportant leur offrande à mon labeur sans trêve,
Un tendre Rossignol, au gosier de cristal,
Une Rose odorante, à la couleur vermeille,
Un Miel suave et pur sous l'aile d'une abeille.

En aspirant ta fleur, et le miel savoureux,
Et le chant de l'oiseau, combien j'étais heureux!
Au réveil, le matin, je lisais *la Semaine*,
Où ta voix chantait, pure ainsi qu'un pur ruisseau,
Et le beau rêve alors prit une forme humaine,
Car c'était toi la fleur et l'abeille et l'oiseau.

A MADEMOISELLE CORALY VERNET.

SONNET.

Le pollen fécondant, par les vents apporté,
O prodige! s'attache à la plante isolée,
Languissante d'amour au fond de la vallée :
Plus de deuil, de veuvage et de stérilité.

Par des signes certains, la pensée exhalée
De la terre et des mers rase l'immensité.
L'exil est adouci, l'amitié consolée;
L'amour rêve d'espoir et de félicité.

Elle a ce privilége, elle a cette puissance.
L'ardente poésie! Elle brave l'absence,
Et pénètre l'esprit par sa sainte douceur.

Mes vers, soyez bénis! Franchissant l'intervalle,
Vous m'avez fait connaître une âme sans rivale;
O mes vers, je vous dois une amie, une sœur!

A BÉRANGER.

14 juillet 1848.

Du génie et du cœur puissance souveraine!
Poëte, d'un captif quand vous brisez la chaîne,

Coupable, il est purifié;
Innocent, il se lève et sort glorifié.

A MADAME DESPRÈS.

A l'homme, — je le dis entre nous deux, madame, —
   J'ai toujours préféré la femme..
Par vous-même jugez si je n'ai pas raison :
J'étais malade et triste en ma froide prison;
Eh bien! votre mari que j'estime, que j'aime,
Vint, avec des accents d'une douceur extrême,
M'ordonner des boissons, topiques souverains
Contre le rhumatisme et les douleurs de reins.
   Malgré tisane et limonade,

Je dois vous l'avouer, j'étais toujours malade.
Mais vous, ne consultant que les élans du cœur,
Avec la chair, mêlée à la vive liqueur,
   Vous avez infiltré, madame,
Et la sève en mon corps et la joie en mon âme.
   Donc, entre vous et votre époux,
   L'habile médecin, c'est vous,
Et cette fois encor je vous le dis, madame,
A l'homme le meilleur je préfère la femme.

Fort de Bicêtre, 24 décembre 1851.

LES GOËLANDS.

   Heureux ceux qu'une croyance
   Affermit dans les douleurs !
   C'est alors que l'espérance
   Rend moins amers bien des pleurs.
   Il n'est aride vallée,
   Il n'est lande désolée,
   Ni lieu si rempli d'horreurs,
   Où riche de fantaisie,
   La divine poésie
   Ne fasse éclore des fleurs.

J'ai vu les Goëlands sur la vague écumante
Dormir, insoucieux, au sein de la tourmente :

Si l'un d'eux quelquefois poussait des cris plaintifs,
C'était pour son doux nid penché sur les récifs.

   Ainsi de nous, pauvres captifs!
   Sur la paille des casemates
   Et sous les humides sabords,
   Sur la plus vieille des frégates,
Nos âmes reposaient, calmes et sans remords.
Si des pleurs se mêlaient à des voix gémissantes,
C'est que nous regrettions nos familles absentes...
Mais, du moins, les oiseaux retournent à leurs nids...
Et nous, reviendrons-nous vers nos foyers bénis?

Rade de Brest, à bord du *Duguesclin*, 19 janvier 1852.

AUX DAMES DE BREST.

Oh! l'âme de la femme est l'urne d'où s'épanche
L'huile de l'espérance aux cœurs inconsolés :
Messagère du ciel, c'est la colombe blanche
Mêlant sa voix plaintive aux pleurs des exilés.

Toujours l'homme, envers l'homme inflexible, barbare,
Aux instincts de sa haine aime à s'abandonner :
La femme en leurs combats intervient, les sépare;
L'homme a soif de vengeance... elle veut pardonner.

Des rigoureuses lois que les hommes ont faites,
De leurs ambitions, de leurs plans hasardeux,
Femmes, vous consolez, doux anges que vous êtes,
L'enfant et le poëte... ils sont enfants tous deux.

Lorsque, pour racheter les races égarées,
Jésus portait sa croix, des Juifs environné,
Seules l'accompagnaient les femmes éplorées...
Ses disciples chéris l'avaient abandonné.

Mesdames, de nos maux vos âmes attristées
Ne versèrent jamais des pleurs compatissants
Sur des douleurs moins méritées,
Sur des cœurs plus reconnaissants.

Rade de Brest, à bord du *Duguesclin*, le 24 janvier 1852.

A MADAME LA SUPÉRIEURE DE L'HOSPICE MARITIME DE BREST.

POUR SA FÊTE, LE 1er MARS 1852.

Des paroles de miel coulent de votre bouche
Pour celui que le mal assiége sur sa couche ;
Vous versez des trésors de grâce et de bonté
A la douleur qui se lamente,
Et vous êtes, ma sœur, l'ange de Charité
Pour les pauvres captifs battus par la tourmente.

CONSEIL.

Frères, que notre corps soit le temple vivant
D'où s'exhale pour tous la vérité nouvelle.
C'est dans l'adversité que la foi se révèle
Par un hymne plus saint, un culte plus fervent.
Aux plaisirs absorbants ne livrons pas notre âme ;
Dégageons notre esprit de tous vils intérêts ;
Que jamais dans nos cœurs ne s'éteigne la flamme
Qui nous donne la force et nous fait tenir prêts
A répondre sans crainte aux volontés divines.
Frères, quand le malheur, venant nous visiter,
Tressera pour nos fronts la couronne d'épines,
Qu'il nous trouve toujours dignes de la porter.

BOUTADE.

Misère, à tes assauts ma constance est égale ;
  Tu ne saurais m'épouvanter.
Que le siècle-fourmi rebute la cigale,
  Toujours on entendra la cigale chanter !

SUR UN TABLEAU REPRÉSENTANT LA JUSTICE.

O Thémis, d'une main tu tiens une balance,
  Et de l'autre un glaive vengeur...
N'auras-tu donc jamais des fleurs pour l'innocence,
  Et des trésors pour le malheur ?...

A ADRIEN HOCK,

POUR METTRE EN TÊTE DE SON ALBUM.

Pour donner plus de charme à leurs pensers nouveaux,
Par des comparaisons s'expriment les poëtes.
Or, vous et votre album, mon cher ami, vous êtes,
    A mon avis, frères jumeaux,
Car la fleur de vos jours vient à peine d'éclore,
    Et votre album est vierge encore.

    Du beau, du laid, du bien, du mal,
    Notre existence est composée :
Sans se plaindre, à subir ce contraste fatal

La page blanche est exposée.
De quoi le vide s'emplira,
Nul ne le sait jamais... le sort décidera.

    Vous le savez, la poésie
Accorde à ses élus le don de prophétie :
    Eh bien, je lis sur votre front
Que les plus beaux destins à vos vœux souriront,
Et que de vers heureux, de riantes images
Le crayon et la plume enrichiront ces pages.

FLEURS D'ALLEMAGNE.

A MADEMOISELLE PAULINE M***.

Tressez-vous sous ma plume en un bouquet charmant,
Délicieuses Fleurs du pays allemand !

    Des bords du Rhin Fleur azurée,
    Doux symbole du souvenir,
    Voici mai : je vais te cueillir,
    O gracieuse germandrée.

Tressez-vous sous ma plume en un bouquet charmant,
Délicieuses Fleurs du pays allemand.

    Qu'elle est riche ta fantaisie,
    Uhland, ô poëte adoré !

    Qu'avec plaisir j'ai respiré
    Le parfum de ta poésie !

Tressez-vous sous ma plume en un bouquet charmant,
Délicieuses Fleurs du pays allemand.

    Une troisième Fleur encore
    Des autres peut me tenir lieu :
C'est vous... Oh ! je bénirai Dieu,
Si Dieu pour moi vous fit éclore.

Tressez-vous sous ma plume en un bouquet charmant
Délicieuses Fleurs du pays allemand.

A MADEMOISELLE MARIE DURIEZ.

EN LUI OFFRANT DES FLEURS DE LA VALLÉE DE JOSAPHAT.

Josaphat! ce n'est pas la célèbre vallée
    Où l'humanité désolée
Entendra le terrible et dernier jugement.
Josaphat, ô Marie, est un vallon charmant
D'où s'échappe à flots purs une claire fontaine.
    Là vont puiser des jours nouveaux
La santé chancelante et la vie incertaine.

    A mes poétiques travaux
Les muses de ces lieux ne sont jamais rebelles.

    De mes promenades fidèles
Ces fleurs sont la conquête : accepte-les, crois-moi;
Elles sont comme toi, jeunes, fraîches et belles;
    Elles sont pures comme toi.

A CÉLINE MONTALAND.

Suis-je ébloui par un songe perfide ?
Je vois, j'entends comme en un tourbillon,
Chanter, danser un ange, une sylphide,
Étinceler un charmant papillon.
Ce gai lutin qui dans les airs se joue,
Cette beauté dont grandit le renom,
C'est une enfant, et Céline est son nom.
Elle a — ne croyez plus que je sommeille, oh ! non ! —
Une pomme d'api sur l'une et l'autre joue ;
Sa bouche est un écrin où brillent à la fois
Les perles de ses dents, les perles de sa voix ;
Chacun de ses regards lance une double flamme...
Mais on dit qu'à ces dons elle unit ceux de l'âme,
Qu'elle a la noblesse du cœur,
Et que si la raison en fait presque une femme,
Elle est toujours enfant par sa douce candeur.

PENSÉES.

Dans un vase versez un liquide, une essence,
Le vide disparaît, le fait n'est pas nouveau.

Étudions, car la science
Chasse le vide du cerveau.

—

Hommes, femmes, destin, qui d'un doigt inégal
Répandez sur mes jours ou le bien ou le mal,
Dans le fleuve d'oubli j'ai noyé ma souffrance.
Hommes, femmes, destin, écoutez : Une fois,

Un rosier de ses dards ensanglanta mes doigts ;
Je lavai ma blessure à la source des bois,
Et des fleurs seulement j'ai gardé souvenance.

—

La fraise, sœur de l'ambroisie,
On la mange aussitôt qu'on vient de la cueillir.

Si je trouve un sujet de fine poésie,
Je le traite à l'instant sans le laisser vieillir.

LA PAUVRETÉ, C'EST L'ESCLAVAGE.

Liberté ! liberté ! mot sonore, doux songe
Que vingt siècles encor n'ont pu réaliser !
Si tu veux que ce mot ne soit plus un mensonge,
Peuple, c'est le travail qu'il faut organiser.
Tant que tu traîneras de rivage en rivage
Le boulet du mépris et de la pauvreté,
   Ne parle pas de liberté :
   La Pauvreté, c'est l'Esclavage.

— Tu marches à côté de ce conscrit novice ?
Grognard, dans tes foyers je te croyais rendu...
— Pour le fils d'un banquier j'ai repris du service ;
Hélas ! c'est par besoin que je me suis vendu.
— Toi qui sous les drapeaux sers après ton jeune âge,
Homme trop généreux par un lâche exploité,
   Ne parle pas de liberté :
   La Pauvreté, c'est l'Esclavage.

— J'ai quitté ma chaumière et les champs pour la ville ;
D'un favori des cours je me suis fait laquais.
Je déplore parfois ma condition vile ;
Mais j'ai toujours du pain dont souvent je manquais.
— Si tu portes encor, dans un honteux servage,
Le sceau que t'imprima la domesticité,
  Ne parle pas de liberté :
  La Pauvreté, c'est l'Esclavage.

— Passant, je veux te rendre heureux ; approche, écoute :
Daigne de ma misère avoir compassion.
J'avais faim, j'étais belle, et bientôt sur ma route
Un abîme s'ouvrit... la prostitution !

— O femme dont la honte a flétri le visage,
Femme qui pour tout bien a reçu la beauté,
  Ne parle pas de liberté :
  La Pauvreté, c'est l'Esclavage.

Le pauvre, en ses haillons, sait bien qu'il n'est pas libre,
Lorsqu'il passe courbé près des riches hautains.
Seul le travail viendra rétablir l'équilibre
Entre les deux plateaux de nos divers destins.
Mais tant que pauvre et riche, en un duel sauvage,
Déchireront tes flancs, vieille société,
  Ne parle pas de liberté :
  La Pauvreté, c'est l'Esclavage.

LES ENFANTS DU PÊCHEUR.

ROMANCE.

Notre père est parti ; pour que Dieu nous le rende,
  Frère, prions à deux genoux.
Sa barque est si petite, et la mer est si grande !
  Seigneur, ayez pitié de nous !

Contre l'écueil, contre l'orage,
  Seigneur, daignez le secourir ;
S'il ne revient pas au rivage,
  Tous deux il nous faudra mourir.

— Frère, vois ce point dans l'espace,
  Ce point que nous montre un éclair...
Hélas ! c'est un oiseau qui passe,
  Qui passe et disparaît dans l'air.

Notre père est parti ; pour que Dieu nous le rende,
  Frère, prions à deux genoux.
Sa barque est si petite, et la mer est si grande !
  Seigneur, ayez pitié de nous !

Depuis que notre pauvre mère
Parmi les anges remonta,
Seul, près de nous, douleur amère!
Tout seul notre père resta.
Frère, sa voile! bon courage!
La vois-tu, frère, à l'horizon?
Hélas! ce n'est qu'un blanc nuage
Qui vole au gré de l'aquilon.

Notre père est parti; pour que Dieu nous le rende,
　Frère, prions à deux genoux.
Sa barque est si petite et la mer est si grande!
　Seigneur, ayez pitié de nous!

Ses filets, sa barque fragile,
Voilà notre unique trésor;
Cette cabane est notre asile;
On y fait quelques rêves d'or.
— Frère, qu'apporte cette lame?
Du retour est-ce un précurseur?
— Hélas! elle apporte une rame
Et les vêtements d'un pêcheur.

Notre père est parti; pour que Dieu nous le rende,
　Frère, prions à deux genoux.
Sa barque est si petite, et la mer est si grande!
　Seigneur, ayez pitié de nous!

LA FÉE.

BALLADE.

La fée enchanteresse,
La fée aux ailes d'or,
Sur ses genoux caresse
Le jeune enfant qui dort.

Voyez le petit ange!
Voyez l'ange vermeil!
Un rêve, un rêve étrange
Couronne son sommeil.

Une puissante fée,
Aux yeux bleus, au front pur,
Porte comme un trophée
Une écharpe d'azur.

La fée enchanteresse,
La fée aux ailes d'or,
Sur ses genoux caresse
Le jeune enfant qui dort.

C'est pour lui, blanche reine,
Que tu portes des cieux
Une corbeille pleine
De fruits délicieux,
Et puis des fleurs écloses
Au souffle du zéphir,
Et des papillons roses
Aux ailes de saphir.

La fée enchanteresse,
La fée aux ailes d'or,
Sur ses genoux caresse
Le jeune enfant qui dort.

Heureux de sa chimère,
Quand il revit le jour,

La fée était... sa mère,
Son trésor, son amour;
Même il vit, ô merveille!
Épars sur son chevet
Les fleurs et la corbeille
Et tout ce qu'il rêvait.

La fée enchanteresse,
La fée aux ailes d'or,
Sur ses genoux caresse
Le jeune enfant qui dort.

Du Paradis venue
Vers notre premier nid,
Une fée ingénue
Nous berce et nous bénit;
Et puis, sœur ou compagne,
Par la joie et les pleurs
Elle nous accompagne
En nous couvrant de fleurs.

La fée enchanteresse,
La fée aux ailes d'or,
Sur ses genoux caresse
Le jeune enfant qui dort.

LA NUIT DE NOËL.

CHANT D'UNE MÈRE.

Noël! c'est la Nuit sainte où le fils de Marie,
L'Enfant-Dieu vint sauver le monde triomphant.
Jésus est favorable à celui qui le prie :
Je veux toute la nuit prier pour mon enfant.

Du Paradis, berceau d'ineffables merveilles,
O toi qui descendis au terrestre séjour,
Daigne cueillir les fleurs des célestes corbeilles
Pour cette tête blonde, objet de mon amour.

Doux Jésus, à mon fils accorde, en ta largesse,
Les trésors infinis émanés de ton cœur;
Donne-lui la bonté, la force, la sagesse;
Donne-lui la vertu, donne-lui le bonheur.

Pour toi qui méprisas, pendant ta vie amère,
Les palais fastueux des monarques puissants,
Le cœur d'un faible enfant et le cœur d'une mère
Ont des parfums plus purs que le plus pur encens.

O mon fils, qu'en chantant endormit ma tendresse,
Que les songes dorés visitent ton sommeil;
Qu'un brillant séraphin de ses ailes caresse
Et tes lèvres de rose et ton front si vermeil!

Demain tu trouveras, ô mon ange! ô ma vie!
Et l'arbre de Noël chargé de doux trésors,
Et les hochets, seuls biens que ta jeunesse envie,
Et ta mère qui prie et veille quand tu dors.

Paris. — Typographie de Gaittet et Cie, rue Gît-le-Cœur, 7.

ISELLE.

Iselle, dès son enfance,
Aux pauvres tendait la main,
Et disait à la souffrance
Assise au bord du chemin :
« Ta douleur sera tarie
Par celle qui tant pleura :
Aimez la vierge Marie,
La Vierge vous aimera. »

Aux pâtres du voisinage
Elle disait en riant :
« Toujours la vertu surnage
Contre les eaux du torrent.
Du berger qui croit et prie
Le troupeau prospérera :
Aimez la vierge Marie,
La Vierge vous aimera. »

Elle disait aux bergères :
« Que nos vœux soient réunis;
Récitons sur les fougères
Le rosaire aux grains bénits.

Le ciel sera la patrie
De celle qui le saura :
Aimez la vierge Marie,
La Vierge vous aimera. »

Ayant laissé chiens, houlette
Et moutons dans le hameau,
Un jour elle était seulette,
Seulette sous un ormeau.
A ses yeux dans la prairie
La Vierge alors se montra :
Aimez la vierge Marie,
La Vierge vous aimera.

Elle apparut dans sa gloire,
Comme Jésus au Thabor;
Elle avait fuseau d'ivoire,
Houlette et quenouille d'or.
Aussitôt l'enfant chérie,
Toute tremblante adora :
Aimez la vierge Marie,
La Vierge vous aimera.

LES BAISERS DE L'ENFANCE.

Les Baisers de l'Enfance
Sont plus doux que le miel ;
C'est une pure essence,
C'est un parfum du ciel.

Il n'est pas de parole
Au magique pouvoir
Qui plus vite console
Et ranime l'espoir.

Ineffable dictame
Et talisman vainqueur,

Ils épurent la flamme
Qui brûle en notre cœur.

Ils peuvent, ô prodige !
Chasser sans nul effort
Le mal qui nous afflige
Et conjurer la mort.

Les Baisers de l'Enfance
Sont plus doux que le miel ;
C'est une pure essence,
C'est un parfum du ciel.

OISEAU BLEU, COULEUR DU TEMPS.

O mes poétiques rêves,
Venez tous me consoler,
Et toi, martinet des grèves,
Jusqu'à moi daigne voler.
Oiseau Bleu, couleur du Temps,
Reviens avec le printemps.

Fleur de lin, si dans la plaine
Se joue un zéphir léger,
Quand te frôle son haleine,
On croit te voir voltiger.
Oiseau Bleu, couleur du Temps,
Reviens avec le printemps.

Papillon de la prairie,
Beau sylphe aux ailes d'azur,
Apparais ; l'herbe est fleurie,

L'air est frais, le ciel est pur.
Oiseau Bleu, couleur du Temps,
Reviens avec le printemps.

Fille des cieux, Espérance,
Toi qui sèches tant de pleurs,
Rends-moi, rends-moi de l'enfance
Le prisme aux mille couleurs.
Oiseau Bleu, couleur du Temps,
Reviens avec le printemps.

O mes poétiques rêves,
Venez tous me consoler,
Et toi, martinet des grèves,
Jusqu'à moi daigne voler.
Oiseau Bleu, couleur du Temps,
Reviens avec le printemps.

J'AI PEUR POUR TOI.

Hier encor, jeune fille rieuse,
De tes hochets tu faisais ton bonheur;
Ah! je te vois pensive et sérieuse...
Pour toi j'ai peur; oh! pour toi j'ai bien peur.

N'as-tu pas vu la barque gracieuse,
Qui sur un lac mollement se berçait,
S'aventurer vers la mer orageuse
Où l'imprudence, où l'orgueil la poussait?...

Hier encor, jenue fille rieuse,
De tes hochets tu faisais ton bonheur;
Ah! je te vois pensive et sérieuse...
Pour toi j'ai peur; oh! pour toi j'ai bien peur.

N'as-tu pas vu l'alouette rapide
A Dieu porter ses chants doux et pieux,
Et, pour l'éclat d'une glace perfide,
Fixer la terre et descendre des cieux?...

Hier encor, jeune fille rieuse,
De tes hochets tu faisais ton bonheur;
Ah! je te vois pensive et sérieuse...
Pour toi j'ai peur; oh! pour toi j'ai bien peur.

N'as-tu pas vu le papillon frivole
Quitter les fleurs pour un brillant flambeau?
Vers le mirage il vole, vole, vole...
Le malheureux! il y trouve un tombeau.

Hier encor, jeune fille rieuse,
De tes hochets tu faisais ton bonheur;
Ah! je te vois pensive et sérieuse...
Pour toi j'ai peur; oh! pour toi j'ai bien peur.

COUVRONS DE FLEURS LE CHEMIN DU DEVOIR.

Air : *Dis-moi, Soldat.....*

Législateurs, voyez-vous l'indigence
Braver les lois qui peuvent la punir?
Sur notre Code écrivez : Indulgence :
C'est le garant d'un meilleur avenir.
Ah! le bonheur est un astre si rare,
Que presque tous nous passons sans le voir!
Pour le mortel qui tombe ou qui s'égare
Couvrons de fleurs le Chemin du Devoir.

Quand la brebis erre dans les campagnes,
Le bon pasteur la cherche tout le jour;
Il la ramène auprès de ses compagnes,
Et de doux soins il l'accable au retour.
Il est des torts qu'une larme répare,
Et la clémence est mère de l'espoir :
Pour le mortel qui tombe ou qui s'égare
Couvrons de fleurs le Chemin du Devoir.

Plus d'anathème à la vierge candide
Qui, loin du nid poursuivant le bonheur,
Crut s'envoler vers un banquet splendide,
Et s'abreuva d'un amer déshonneur.
Elle aurait pu, sur un sol moins avare,
Sous la vertu s'abriter jusqu'au soir :
Pour le mortel qui tombe ou qui s'égare
Couvrons de fleurs le Chemin du Devoir.

L'infortuné qui souffrit sans relâche
Avant le temps veut-il fuir le malheur?
Loin de crier : Notre frère est un lâche!
Portons un baume à sa longue douleur.
Quand de ses sens le vertige s'empare,
Vite en nos bras courons le recevoir :
Pour le mortel qui tombe ou qui s'égare
Couvrons de fleurs le Chemin du Devoir.

MES RÊVES.

Air : *J'ai pris goût à la République.*

Mes amis, voulez-vous connaître
Tous les beaux Rêves que je fais?
D'ici-bas je vois disparaître
Tous les abus, tous les forfaits.
A l'homme accordant une trêve,
Les cieux annoncent d'heureux jours.
Le bonheur ne fût-il qu'un Rêve,
Ah! laissez-moi rêver toujours.

Dieu, ta justice est infinie :
Je vois le trône des Césars
S'éclipser devant le génie,
Céder la couronne aux beaux-arts.
Le peuple brûle sur la Grève
Le gibet, frère des vautours.
Le bonheur ne fût-il qu'un Rêve,
Ah! laissez-moi rêver toujours.

Amis, dans ce siècle équitable,
Le fils du riche et l'orphelin
Sont assis à la même table,
Ont part au même habit de lin.
Aux dignités nul ne s'élève
Par l'intrigue ou de vains discours.
Le bonheur ne fût-il qu'un Rêve,
Ah! laissez-moi rêver toujours.

Sillonnez nos plaines fertiles,
Phalanges de gais travailleurs;
Dans nos landes, jadis stériles,
Moissonnez des fruits et des fleurs.
Le vieillard, dont le temps s'achève
A l'aumône n'a plus recours.
Le bonheur ne fût-il qu'un Rêve,
Ah! laissez-moi rêver toujours.

Tous les hommes, unis en frères
Par des liens harmonieux,
Répandent aux deux hémisphères
Les mêmes lois, les mêmes dieux.
Le bruit des canons et du glaive
N'effarouche plus les amours.
Le bonheur ne fût-il qu'un Rêve,
Ah! laissez-moi rêver toujours.

Bonheur entrevu sous un prisme,
On l'oppose de toutes parts
Et l'ignorance et l'égoïsme,
Et des cachots et des remparts.
Malgré la digue qu'on élève,
L'humanité suivra son cours...
Le bonheur ne fût-il qu'un Rêve,
Ah! laissez-moi rêver toujours.

J'AI TRENTE ANS.

(1836.)

Air *de la Partie carrée.*

J'avais quinze ans lorsqu'un vieillard morose
   Dit à mon père : « Écoute bien :
L'art de prédire est une triste chose...
   Jamais ton fils ne fera rien. »
De la boutade du vieux sage,
   Incrédule, j'ai ri longtemps;
Hélas! trop bien s'accomplit le présage :
Je n'ai rien fait, et j'ai déjà Trente ans.

Je bâtissais des châteaux sur le sable,
   Châteaux qui ne vivaient qu'un jour;
Je poursuivais un rêve insaisissable,
   Un rêve de gloire et d'amour.
Après une trop longue enfance,
   J'ai vu s'envoler mon printemps.
Adieu l'amour, ainsi que l'espérance :
Je suis bien pauvre et j'ai déjà Trente ans.

J'aime les arts, que le peuple idolâtre,
J'aime les vers enfants du ciel;
J'aime la lyre et les chants du théâtre,
    Et les vierges de Raphaël.
Mais, comme un mendiant contemple
    De loin les palais éclatants,
Je ne m'assieds qu'à la porte du temple :
Je suis sans gloire, et j'ai déjà Trente ans.

Mais écartons la trop cruelle image
    D'une affreuse réalité;
A notre siècle une voix dit : Courage!
    C'est la voix de la Liberté.
Contre la paix et la justice
    Se brisera la faux du Temps.
Je veux porter ma pierre à l'édifice :
Le siècle marche, et j'ai déjà Trente ans.

REPRENDS TA LYRE ET TES PINCEAUX.

(A UN POÈTE-PEINTRE.)

Air : *Ah! que de chagrins dans la vie.*

« Adieu, dis-tu, plume et palette,
Vains hochets dans ma froide main !
Ma muse est une ombre, un squelette,
Un feu-follet sans lendemain. » (*Bis.*)
Ah! nous aimons tes beaux palais d'ivoire,
Tes rêves d'or, poétiques faisceaux.
Pour tes amis, si ce n'est pour la gloire, ⎫
Reprends ta Lyre et tes Pinceaux.   ⎭ *Bis.*

Heureux enfant ! deux auréoles
Te couronnent de leurs rayons ;
Ton âme a de douces paroles,
L'homme est vivant sous tes crayons. (*Bis.*)
Mille beautés, aux écharpes de moire,
A ton amour ont tressé des berceaux.
Pour tes amis, si ce n'est pour la gloire,
Reprends ta Lyre et tes Pinceaux.

Laisse sur les flots, dans les nues,
Laisse les aigles, rois altiers,
Cueillir des palmes inconnues,
Suivre de célestes sentiers. (*Bis.*)
Loin de la plage et du haut promontoire,
Doux rossignol, chante au bord des ruisseaux.
Pour tes amis, si ce n'est pour la gloire,
Reprends ta Lyre et tes Pinceaux.

Poëte, comme les abeilles
Dans la ruche épandent leur miel,
Étale à nos yeux les merveilles
Que ta muse apporte du ciel. (*Bis.*)
Chez nous tes vers, chers à notre mémoire,
De la censure affrontent les ciseaux,
Pour tes amis, si ce n'est pour la gloire,
Reprends ta Lyre et tes Pinceaux.

NE CRIEZ PLUS : A BAS LES COMMUNISTES!

Air *de Philoctète.*

Quoi! désormais tout penseur est suspect!
Pourquoi ces cris et cette rage impie?
N'avons-nous pas chacun notre utopie
Qui de chacun mérite le respect?
Ah! combattez vos penchants égoïstes
Par les élans de la fraternité;
Au nom de l'ordre et de la liberté,
Ne criez plus : A bas les Communistes!

Pourquoi ces mots seraient-ils odieux :
Égalité, *Communisme*, *Espérance*,
Quand chaque jour de l'horizon s'élance
Pour tout vivant un soleil radieux!
Ah! croyez-moi, les cruels anarchistes
Ne sont pas ceux que vous persécutez;
O vous surtout, pauvres déshérités,
Ne criez plus : A bas les Communistes!

Quand des chrétiens, réunis au saint lieu,
S'agenouillait la famille pressée,
Communiant dans la même pensée,
Grands et petits s'écriaient : Gloire à Dieu!
Frères, le ciel ouvre aux socialistes
Sa nef d'azur pour des rites nouveaux.
Pas d'intérêts, pas de cultes rivaux :
Ne criez plus : A bas les Communistes!

Amis, la terre a-t-elle pour les uns
Des fruits, des fleurs ; — des ronces pour les autres!
D'un saint travail devenons les apôtres :
Tous les produits à tous seront communs.
Rassurez-vous, esprits sombres et tristes :
La nuit s'envole, espérons un beau jour;
Si vous brûlez d'un fraternel amour,
Ne criez plus : A bas les Communistes!

AH! QU'IL EST DOUX DE REVOIR SON PAYS!

Air : Écho des bois et des accords champêtres.

Pour quelque temps un frère vous arrive;
Adieu Paris, turbulente cité;
Je viens encor saluer cette rive
Dont les échos raniment ma gaîté.
Chers compagnons de ma rapide enfance,
Auprès de vous que je me réjouis!
Mes bons amis, après dix ans d'absence,
Ah! qu'il est doux de revoir son pays!

Le troubadour, ainsi que l'hirondelle,
Vers son doux nid revole avec ardeur;
Dans les flots purs d'une source fidèle
Sa poésie a repris sa verdeur.
O mon berceau, de ta riche vallée
Mon cœur est plein, mes yeux sont éblouis.
Je puis bientôt reprendre ma volée :
Ah! qu'il est doux de revoir son pays!

On me disait : Pour ton âme amoureuse
Naîtront, hélas ! mille déceptions :
Elle n'est plus, la jeunesse rieuse
Qui fut l'objet de tes illusions.
Je le sais trop, les roses sont fanées,
Mais leurs boutons se sont épanouis.
Je crois revivre en mes belles années :
Ah! qu'il est doux de revoir son pays!

Le plus beau jour a parfois son orage;
Venez à moi, pensers attendrissants;
Ici la mort a signalé sa rage :
Mon luth pieux doit pleurer les absents.
Enfants, vieillards, douloureuse hécatombe,
Sont, pour le ciel, sous la terre enfouis.
Ne fût-ce, au moins, que pour bénir leur tombe,
Ah! qu'il est doux de revoir son pays!

L'USURIER.

Air : de la Treille de sincérité.

Ma complaisance,
Ma bienfaisance
Font médire, et dans le quartier
On m'accuse d'être Usurier.

Je me vouai, dès mon enfance,
Au bonheur de l'humanité;
Plus d'une bourse en défaillance
Chez moi recouvra la santé.
Chaque jour, un calcul prospère
Grossissait mon trésor naissant;
Et cependant, comme mon père,
Je ne prenais que cent pour cent.

Ma complaisance,
Ma bienfaisance
Font médire, et dans le quartier,
On m'accuse d'être Usurier.

J'ai vu dans leurs jours de détresse
Des grands descendre jusqu'à moi;
J'ai secouru plus d'une altesse,
J'ai des signatures de roi.
Sire, d'une noble opulence
Dorez votre éternel repos;
Quand vient le jour de l'échéance,
Du peuple on double les impôts.

Ma complaisance
Ma bienfaisance
Font médire, et dans le quartier
On m'accuse d'être Usurier.

Avec un débiteur honnête
Comme il faut des ménagements,
Je reçois, pour l'or que je prête,
Châteaux, bijoux et diamants.
Quand l'orage et les vents sinistres
Soufflent au front des parvenus;
De la défroque des ministres
J'enfle parfois mes revenus.

Ma complaisance,
Ma bienfaisance
Font médire, et dans le quartier
On m'accuse d'être Usurier.

Je dis à l'avocat en herbe
Dont le cœur est gros de désirs :
Brûle les Codes, jeune imberbe,
Et suis le Code des plaisirs.

Prends cet or, mène un train de prince;
Cours les femmes et l'Opéra;
Un jour, du fond de la province,
Ton père me remboursera.

Ma complaisance,
Ma bienfaisance
Font médire, et dans le quartier
On m'accuse d'être Usurier.

Chez vous quand les fonds sont en baisse,
Bon trafiquant, pâle joueur,
Vous venez puiser dans ma caisse
Des armes contre le malheur.
Mais si, dans cette lutte ouverte,
Le sort triomphe constamment,
De peur d'essuyer une perte,
Je vous dépouille entièrement.

Ma complaisance,
Ma bienfaisance
Font médire, et dans le quartier
On m'accuse d'être Usurier.

MES SOUVENIRS.

Air *de Philoctète.*

Sylphes errants, êtres mystérieux,
Subtils esprits créés par la pensée,
Qu'autour de moi votre troupe empressée
Sème des fleurs sur mon front soucieux.
Ressuscitez mon passé qui sommeille,
Par vos récits venez me rajeunir.
Sylphes légers, enfants du souvenir,
A vos accents j'aime à prêter l'oreille.

Vous le savez, quand mon esprit mutin
Foulait aux pieds les études moroses,
D'un beau printemps je préférais les roses
A tous les fruits d'un automne incertain.
Buvant le miel, sans imiter l'abeille,
Pour le présent j'oubliais l'avenir...
Sylphes légers, enfants du souvenir,
A vos accents j'aime à prêter l'oreille.

Dites, amis, dites ces heureux jours,
Age éphémère où, tout à la folie,
De Léonor courant à Nathalie,
J'éparpillais mes folâtres amours.
Mais des plaisirs j'ai brisé la corbeille,
L'illusion ne doit plus revenir...
Sylphes légers, enfants du souvenir,
A vos accents j'aime à prêter l'oreille.

Dites encor ce prisme radieux,
Et ces élans d'ardente poésie,
Et l'âme en feu d'un saint transport saisie,
Rêvant toujours des chants mélodieux...
Ces rêves d'or, que chaque nuit réveille,
Ma pauvreté n'a pu les rembrunir...
Sylphes légers, enfants du souvenir,
A vos accents j'aime à prêter l'oreille.

Paris. — Typographie de Gaittet et Cie, rue Gît-le-Cœur, 7.

LE LEVER DU PETIT ENFANT.

Air de la Bonne Aventure.

Mère écarte ce rideau;
 Mon sommeil s'achève;
Du jour le divin flambeau
 Vers le ciel s'élève.
Qu'il est beau le beau soleil!
Comme il brille à son réveil!

 La bonne aventure,
  O gué!
 La bonne aventure!

Je suis heureux avec toi,
 Ma mère, et je t'aime,
Et je t'aime, vois-tu, moi,
 Bien plus que moi-même.
Tiens, je me pends à ton cou :
Mère, embrasse ton bijou.

 La bonne aventure,
  O gué!
 La bonne aventure!

Aujourd'hui tu me fais beau :
 J'ai ma collerette,
Mes brodequins, mon chapeau,
 Avec son aigrette.
Tu m'as mis, comme aux grands jours,
Mon paletot de velours.

 La bonne aventure,
  O gué!
 La bonne aventure!

Du pain, du lait, des joujoux!
 Que ma mère est bonne!
Ah! n'en soyez pas jaloux,
 Mes amis, j'en donne.
Je voudrais que tout enfant
En eût chaque jour autant.

 La bonne aventure,
  O gué!
 La bonne aventure!

PLUS JE VOUS VOIS PLUS JE VOUS AIME.

J'ai vu sur les bords d'un lac pur,
Le myosotis solitaire
Qu'un jour dans son manteau d'azur
Un ange apporta sur la terre.
Salut à vous fleurs de saphir,
De l'amour gracieux emblème!...
Douces compagnes du zéphir,
Plus je vous vois plus je vous aime.

Vers les cieux ô toi qui partis
Malgré nos larmes fraternelles,
Tu fis de ton *Myosotis*
Une couronne d'immortelles.
De Moreau poétique fleur,
Tu vaux le royal diadème.
Beaux vers, enfants de la douleur,
Plus je vous vois plus je vous aime.

Il est des êtres surhumains,
Sexe que partout on encense,
Qui répandent à pleines mains
Les roses sur notre existence.
O femmes, à l'homme enchanté
Vous donnez le bonheur suprême;
Anges d'amour et de beauté,
Plus je vous vois plus je vous aime.

Amis, je me plais en ces lieux,
Temple de nos paisibles fêtes,
Où, par vous rendu plus joyeux,
Le peuple applaudit ses poëtes.
Vous dont on admira toujours
Les chants d'une douceur extrême.
Vous à qui je dois d'heureux jours,
Plus je vous vois plus je vous aime.

FERMEZ LES YEUX.

Air du Carnaval de Meissonnier.

Mon cher curé, souffrez que je vous parle,
Sans préjugé, du peuple et de ses mœurs :
Rebelle aux lois de Philippe et de Charle,
Il fait la guerre aux ruineuses grandeurs.
Fermant l'oreille aux croyances mystiques,
Il cherche en bas le royaume des cieux.
S'il rit des saints, du pape et des reliques,
Fermez les yeux, curé, fermez les yeux.

Pour héritage il reçut l'indigence ;
Sur ses haillons on prélève l'impôt ;
De par l'Église il doit faire abstinence,
Lui qui jamais ne mit la poule au pot.
Si de lard frais il se damne au carême,
Carpe ou brochet lui conviendrait bien mieux.
Vous qui vivez de tartes à la crème,
Fermez les yeux, curé, fermez les yeux.

Il ne craint plus les peines infinies
Des noirs enfers peuplés de noirs démons ;
Il lit Voltaire au lieu des litanies ;
On dit aussi qu'il bâille à vos sermons.
Comme il lui faut un prêtre à large manche,
Il se confesse à quelque ami joyeux.
Au cabaret s'il danse le dimanche,
Fermez les yeux, curé, fermez les yeux.

Voyez, voyez! d'une auberge il s'approche
Quand l'*Angélus* sonne la fin du jour ;
C'est qu'il préfère au bruit de votre cloche
Le bruit du verre et les chansons d'amour.
Sur des trésors il passe les mains nettes ;
Jeunes houris le rendent plus heureux ;
Si, malgré vous, il aime les fillettes,
Fermez les yeux, curé, fermez les yeux.

LES GRENOUILLES ET LES CRAPAUDS.

Air de Calpigi.

Hier, le long d'un marécage,
Cueillant des fleurs sur le rivage,
Caressé par les feux du jour,
Je me sentis épris d'amour. (*bis.*)
Tout à coup, ô surprise étrange !
Par milliers je vis dans la fange,
Pour le plaisir frais et dispos,
Les Grenouilles et les Crapauds. (*bis.*)

Pendant deux jours, bonheur insigne !
Le fait de remarque est bien digne,
On dit que les crapauds hideux
D'amour se parlent deux à deux. (*bis.*)
Je donnerais dix ans de vie
Pour pouvoir, tant je les envie,
Imiter dans leurs doux propos
Les grenouilles et les crapauds. (*bis.*)

Ces animaux nés dans la vase
Restent dans leur sublime extase,
Par couples, sur l'herbe accroupis,
Immobiles, presque assoupis. (*bis.*)
Enfants, toujours prêts à mal faire,
Ah ! gardez-vous, à coups de pierre,
De troubler dans leur saint repos
Les grenouilles et les crapauds. (*bis.*)

Ne voit-on pas sur les fougères
Les bergers suivant les bergères,
Au désir pour les exciter
A la danse les inviter? (*bis.*)
Mais on ne voit pas dans la plaine,
Pour s'échauffer à perdre haleine,
Danser au son des gais pipeaux
Les grenouilles et les crapauds. (*bis.*)

Le cœur battant, les yeux en flammes,
Jeunes garçons et jeunes femmes,
Dans la saison de leurs amours,
Étalent leurs plus beaux atours! (*bis.*)
Pour se livrer à la tendresse
Avec ardeur, avec ivresse,
Qui fait fi des vains oripeaux?
Les grenouilles et les crapauds. (*bis.*)

Au plaisir quand mon œil t'engage,
Tu me dis, ô beauté sauvage,
Que c'est pour un acte brutal,
Quitter le ciel de l'idéal. (*bis.*)
Dans mes vers, naïfs interprètes,
Puisque je fais parler les bêtes.
Ne puis-je imiter à propos
Les grenouilles et les crapauds? (*bis.*)

LA FUMÉE.

Air *de Turenne.*

Au cabaret suivez-moi, bons buveurs!
Enivrons-nous de punch et de fumée;
Que des flambeaux, des pipes, des liqueurs,
En flots épais se mêle la fumée.
   A chanter alors je me plais,
   Parmi l'odorante fumée,
Là, tous mes vœux sont satisfaits,
Quoique le vent emporte mes couplets,
   Comme il emporte la Fumée.

Un Lovelace, à quatre-vingt-dix ans,
Convoite encor le cœur des pastourelles;
Il s'évertue à réveiller ses sens,
Lui dont un siècle a déchiré les ailes.
   Vieillard, tes membres engourdis
   N'ont plus leur vigueur renommée :
Les belles t'adoraient jadis;
Mais, aujourd'hui, vieillard je te le dis,
   Ton amour est une fumée.

Devant l'avare, image des hiboux,
Passons, amis, sans frapper à sa porte,
Car à personne il n'ouvre ses verroux,
De son foyer la cendre est toujours morte.

Mais chez son voisin nous aurons
Bon vin et truffe parfumée;
Il est le roi des francs lurons,
Et ses fourneaux lancent en tourbillons
   De blancs nuages de fumée.

Puissants du monde aux orgueilleux destins,
Qui portez haut vos têtes fortunées,
Sans nul souci vous usez en festins
Des jours bien doux, de bien douces années.
   Sur la paille, loin de vos yeux,
   Gémit l'indigence affamée.
   Ayez pitié des malheureux :
Le pauvre, hélas! hôte malencontreux,
   Mange son pain à la fumée.

Un vil despote, éternel ferrailleur,
Couvre de sang sa patrie éperdue;
Contre le peuple un chétif rimailleur
Lance le fiel de sa plume vendue.
   Ils voudraient occuper en vain
   Les cent voix de la renommée...
   Leur nom disparaîtra demain :
Lâche tyran et vénal écrivain.
   Votre gloire est une fumée.

LE LABOUREUR.

Air : *Tendres échos errant dans ces vallons.*

Eh quoi! disait un pauvre Laboureur,
En sillonnant la terre de ses maîtres,
Faut-il toujours traîner dans la douleur
Le joug pesant qu'ont traîné nos ancêtres?
Fille du ciel, ô sainte Égalité,
Vers le bonheur conduis l'humanité.

Dans nos hameaux quand nous manquons de pain,
Riches altiers, pour vous naît l'abondance;
A vous les fleurs, la joie et le bon grain;
A nous l'ivraie et la longue souffrance.
Fille du ciel, ô sainte Égalité,
Vers le bonheur conduis l'humanité.

A vous toujours des rêves caressants
Sur le duvet trône de la mollesse;
A nous, hélas! des travaux incessants :
Point de repos, même pour la vieillesse!
Fille du ciel, ô sainte Égalité,
Vers le bonheur conduis l'humanité.

Luxe, plaisirs, richesse, dignités,
Par droit, dit-on, vous viennent en partage :
Haillons poudreux, mépris, infirmités,
Par droit aussi forment notre héritage.
Fille du ciel, ô sainte Égalité,
Vers le bonheur conduis l'humanité.

Vos vieux châteaux bravent les aquilons,
Les ouragans ébranlent ma chaumine,
Et quand vos chars roulent dans nos vallons,
Péniblement le laboureur chemine.
Fille du ciel, ô sainte Égalité,
Vers le bonheur conduis l'humanité.

Quand des combats vous craignez les fureurs,
Pour vous nos fils délaissent les faucilles,
Et vous osez, infâmes suborneurs,
Porter la honte au sein de nos familles!
Fille du ciel, ô sainte Égalité,
Vers le bonheur conduis l'humanité.

A votre orgueil on érige un tombeau ;
Avec splendeur vous voulez y descendre;
Un froid gazon, une pierre, un lambeau
Contre les vents protègent notre cendre.
Fille du ciel, ô sainte Égalité,
Vers le bonheur conduis l'humanité.

POUR L'AMOUR DE DIEU.

BALLADE.

Loin du monastère
Sœur Thérèse, un soir,
Gagne avec mystère
Un riche manoir.
« O toi, sentinelle
De garde en ce lieu,
Ouvre-moi, dit-elle,
Pour l'Amour de Dieu. »

Elle entre et s'arrête
En voyant soudain
Une foule en fête
Chez le châtelain.
Pourtant, dans son zèle,
Elle avance un peu...
« Donnez-moi, dit-elle,
Pour l'Amour de Dieu.

— Bonne sœur, à table,
Dit quelqu'un, sieds-toi;
On est charitable;
Obéis, crois-moi.
Vider l'escarcelle
Ne sera qu'un jeu...
Je m'asseois, dit-elle,
Pour l'Amour de Dieu.

— Tiens, ma bourse est pleine
D'or; si tu la veux,
Bois tout d'une haleine
Ce nectar bien vieux... »
Baissant la prunelle
Et la joue en feu,
« Je boirai, dit-elle,
Pour l'amour de Dieu.

— Veux-tu, sainte femme,
Perles et bijoux?
De toi je réclame
Un baiser bien doux.
Çà, voyons, cruelle,
Un baiser, morbleu!...
— J'obéis, dit-elle
Pour l'Amour de Dieu. »

Quoi! boire à plein verre,
Donner un baiser?
Censeur trop sévère,
Cesse de gloser :
N'est pas infidèle
A son chaste vœu
Qui pèche, comme elle,
Pour l'Amour de Dieu.

LE CHEVALIER DU DIABLE.

BALLADE.

Fuyez ce lieu redoutable,
Ces murs sombres, ce ciel noir;
C'est le Chevalier du Diable
Qui réside en ce manoir.

Cavalier qui, dans la plaine,
Viens à l'heure du beffroi,
Galope sans perdre haleine,
Passe, passe avec effroi.

N'allez pas, ô bachelettes,
Dans ces prés cueillir des fleurs,
Car il poursuit les fillettes
De ses lascives fureurs.

Fuyez ce lieu redoutable,
Ces murs sombres, ce ciel noir;
C'est le Chevalier du Diable
Qui réside en ce manoir.

Ce fut, dit-on, sur la terre
Un farouche mécréant;
Il portait long cimeterre,
Avait taille de géant.
Au versant d'un mont stérile,
Dans les chemins mal frayés,
Il vint chercher un asile
Loin des vivants effrayés.

Fuyez ce lieu redoutable,
Ces murs sombres, ce ciel noir;
C'est le Chevalier du Diable
Qui réside en ce manoir.

Il n'est plus; l'enfer dévore
Son corps au feu condamné :
Mais son âme s'offre encore
Au voyageur consterné.
Les soirs, on voit une flamme
Ondoyante, et l'on entend
Dans l'air une voix qui brame
Les cantiques de Satan!...

Fuyez ce lieu redoutable,
Ces murs sombres, ce ciel noir;
C'est le Chevalier du Diable
Qui réside en ce manoir.

LA ROSE DU CASTEL.

BALLADE.

Au bon vieux temps, sous le roi Charlemagne,
Le brave Arthur, riche et fier paladin,
Allait franchir les frontières d'Espagne
Pour repousser le cruel Saladin.
Pour le départ il préparait sa lance,
Son casque d'or et son beau cheval noir...
Mais il laissait seule dans le manoir,
Seule, à quinze ans, sa gentille Clémence.
Vent du midi, de ton souffle mortel
Ne touche pas la Rose du Castel.

« Je pars, ma fille, ô ma compagne unique,
Et de longtemps je ne dois revenir.
Reçois de moi cette rose magique :
C'est le garant de ton doux souvenir.
Beau chevalier sera ta récompense,
A mon retour, si la fleur brille encor;
Mais si tu perds un si rare trésor,
Un cloître obscur renfermera Clémence!
Vent du midi, de ton souffle mortel
Ne touche pas la Rose du Castel.

Arthur parlait à sa fille troublée,
Quand retentit la fanfare des preux;
Ce bruit trois fois étonna la vallée
Et du château l'écho mystérieux.
Il faut quitter l'heureux sol de la France
Pour pénétrer chez un peuple lointain.
Le vieux guerrier s'éloignait, incertain
S'il reverrait la rose de Clémence.
Vent du midi, de ton souffle mortel
Ne touche pas la Rose du Castel.

Mais une voix frappe la jouvencelle;
C'est la chanson du jeune troubadour :
« Ouvrez, dit-il, ouvrez, ô toute belle!
Je vous dirai la romance d'amour... »
Las! elle ouvrit pour ouïr la romance,
Puis il entra le joyeux ménestrel.
Sylphes légers et vous, anges du ciel,
Protégez bien la rose de Clémence.
Vent du midi, de ton souffle mortel
Ne touche pas la Rose du Castel.

En triomphant s'éloigna le trouvère;
Seule resta la naïve beauté;
Bientôt après elle revit son père,
De compagnons et de gloire escorté!
Le paladin demande avec instance
La fleur chérie... et Clémence pleurait.
Elle entendit ce redoutable arrêt :
« Un cloître obscur renfermera Clémence. »
Vent du midi, de ton souffle mortel
Tu fis tomber la Rose du Castel.

UNE NUIT D'ÉTÉ.

BALLADE.

Des moissons c'est le mois brillant;
Le pied léger, le cœur brûlant,
   T'en souviens-tu?
A l'heure où la lune étincelle,
Nous voilà partis, ô ma belle;
   T'en souviens-tu?

Du pain, du vin dans un panier,
Nous suivions un étroit sentier,
   T'en souviens-tu?
Toi plus heureuse qu'une reine,
Et moi plus fier qu'un capitaine :
   T'en souviens-tu?

Côte à côte, main dans la main,
Nos voix animaient le chemin,
   T'en souviens-tu?
En ces instants chaque parole
Est un mélodieux symbole :
   T'en souviens-tu?

Sur le gazon, n'est-ce pas, dis,
S'offrit à nous le paradis,
   T'en souviens-tu?
Sur nos têtes les tourterelles
En extase agitaient leurs ailes :
   T'en souviens-tu?

De son calme et mouvant flambeau
La lune argentait ce tableau,
   T'en souviens-tu?
Les chênes, les hêtres, les aulnes
Vers le ciel dressaient leurs colonnes :
   T'en souviens-tu?

Les fleurs embaumaient à l'entour;
C'était le temple de l'amour,
   T'en souviens-tu?
L'Opéra, fertile en merveilles,
Jamais n'en montra de pareilles:
   T'en souviens-tu?

Le couple, sans peur des jaloux,
Revint bras dessus bras dessous,
   T'en souviens-tu?
Leur âme comme une ambroisie
Buvait à flots la poésie :
   T'en souviens-tu?

Pour mon esprit et pour mon cœur
Que cette nuit eut de douceur!
   T'en souviens-tu?
Toujours, ô belle fiancée,
Elle vivra dans ma pensée :
   T'en souviens-tu?

LE FUSIL DE CHASSE.

BALLADE.

« Pierre, des balles, de la poudre,
Mon sabre et mon équipement!
Que ne suis-je armé de la foudre!
J'en finirais plus promptement.
Pour cette abominable race
Tout supplice sera trop doux...
Donne-moi mon fusil de chasse,
Mon fusil de chasse à deux coups.

— De bravoure aujourd'hui, mon maître,
Maître, d'où vous vient cet accès?
Les Turcs, les Cosaques peut-être
Vont envahir le sol français?
— Un danger plus grand nous menace,
Les barbares sont parmi nous...
Donne-moi mon fusil de chasse,
Mon fusil de chasse à deux coups.

— Maître, les loups, cette nuit même,
Ont ravagé tout le canton;
Ils ont, dans leur fureur extrême,
Mangé notre plus beau mouton...
— Près de cette horde rapace
Ce sont des agneaux que les loups...
Donne-moi mon fusil de chasse,
Mon fusil de chasse à deux coups.

Vois-tu ces monstres dans la plaine
Descendus du fond des forêts?
— Ce sont des ouvriers sans haine
Discutant de leurs intérêts.
— Pierre, seconde mon audace,
Et, pour les exterminer tous,
Donne-moi mon fusil de chasse,
Mon fusil de chasse à deux coups. »

LE JEUNE MÉNESTREL.

The Minstrel-boy to the war is gone.

Thomas Moore.

Le jeune Ménestrel est parti pour la guerre;
On le voit dans les rangs que ravage la mort;
Pour combattre, il a pris les armes de son père,
Pour chanter la victoire, il a sa harpe d'or!

« Irlande! dit le barde en brandissant sa lance,
Si tes fils les plus chers méconnaissent tes droits,
Une lance, du moins, brille pour ta défense,
Une harpe, du moins, chantera tes exploits!... »

Le barde tombe enfin; mais l'Irlande alarmée
Ne le voit pas gémir sous un joug oppresseur.
Nul ne fera vibrer sa harpe tant aimée;
Il la brise, en mourant, sous les yeux du vainqueur.

Il dit : « Harpe sacrée, âme de la victoire,
Tu ne dois pas survivre à nos derniers combats;
Toi qui ne sus chanter que l'amour et la gloire,
Les doigts de l'étranger ne te souilleront pas!... »

VOLE, PAPILLON, VOLE.

A MA PETITE FÉLICIE.

On a vu, ravissant prodige !
Un papillon vif et léger,
De fleur en fleur, de tige en tige,
Du matin au soir, voltiger.
C'était toi, ma petite folle,
O ma fille aux fraîches couleurs.
Vole, vole, papillon, vole
Parmi les fleurs, parmi les fleurs.

Ma Félicie, on te caresse
Pour ta jeunesse et ta beauté;
La véritable gentillesse,
C'est la vertu, c'est la bonté.

Tu le sauras, ô ma frivole ;
En attendant les ans vainqueurs,
Vole, vole, papillon, vole
Vers les bons cœurs, vers les bons cœurs !

Aux jardins, comme dans la vie,
Ma fille, écoute bien ceci :
Du chagrin, la joie est suivie,
La rose touche le souci.
Évite avec soin la corolle
A l'éclat faux, aux sucs trompeurs...
Vole, vole, papillon, vole
Loin des douleurs, loin des douleurs.

JE REVIENDRAI.

Le chiffonnier passait par les villages,
Le sac au dos, le crochet à la main.
Près d'une ferme, aux riches pâturages,
Il s'arrêta, lassé d'un long chemin.
« Nous n'avons pas de haillon ! dit le maître !
Sans tarder, pars, ou je te châtirai.
— Craignez le sort ! dit l'autre ; un jour, peut-être
    Je reviendrai. »

L'Amour poursuit sa route souveraine ;
Il voit Aline, et le dard est lancé.
La jeune fille avait treize ans à peine ;
Le trait la frappe et retombe émoussé.
Le pauvre Amour lui dit, l'âme chagrine :
« De ma méprise, oh ! je me vengerai !
D'un trait plus sûr pour te frapper, Aline,
    Je reviendrai. »

ROSINE.

Rosine, chacun vous admire :
Vous êtes un vivant trésor :
En prose j'osai vous le dire,
En vers je vous le dis encor.

Les biens dont votre cœur dispose,
Nous sommes prêts à les saisir
Ça vous coûte si peu de chose
Et ça nous fait tant de plaisir

Par vos yeux, messagers fidèles,
Votre âme, électrique foyer,
Fait d'amoureuses étincelles
Les mille globes flamboyer.
Le mal que votre regard cause,
Vous seule pouvez le guérir...
Ça vous coûte si peu de chose,
Et ça nous fait tant de plaisir!

Comme un pur ruisseau fait entendre
Un doux murmure dans son cours,
O femme, votre voix est tendre;
Parlez souvent, parlez toujours.

Pour chasser le chagrin morose
Votre bouche n'a qu'à s'ouvrir...
Ça vous coûte si peu de chose,
Et ça nous fait tant de plaisir!

La fleur qu'un beau jour vit éclore,
Ouvre à tous un sein parfumé,
Et l'abeille, insecte sonore,
Y puise son miel embaumé.
Laissez pour nous, charmante rose,
Votre beauté s'épanouir...
Ça vous coûte si peu de chose,
Et ça nous fait tant de plaisir!

L'ALOUETTE ET LE ROSSIGNOL.

L'ALOUETTE.

Je suis l'alouette
Qui vole, coquette,
Au firmament bleu;
Plus haut que la nue
Gaîment je salue
Le soleil en feu.

LE ROSSIGNOL.

Je suis Philomèle
Qui dort sous son aile
Tant que le jour luit;
Je soupire et chante
Quand la lune argente
Le front de la nuit.

L'ALOUETTE.

De sa collerette
Quand la pâquerette
Ouvre les rayons,
Je bénis, j'adore
Dieu qui fait éclore
L'herbe des sillons.

LE ROSSIGNOL.

Phébé, tu te lèves,
Berçant de doux rêves
Le lit du sommeil.
Ah! mon luth s'enflamme
A ta molle flamme,
O sœur du soleil?

L'ALOUETTE.

Rieuses et belles,
Venez, pastourelles,
Car voici le jour;
Nos voix se confondent,
Les échos répondent
A nos chants d'amour.

LE ROSSIGNOL.

O barde, ô poëte,
Magique interprète
Des divines lois,
Le bocage est sombre,
Viens unir dans l'ombre
Ta voix à ma voix.

ANACRÉON ET LA JEUNE FILLE.

Tu dis que je suis vieux,
O belle enchanteresse?
Apprends donc que les dieux
Conservent sa jeunesse
A mon cœur amoureux.
Que mon regard qui brille
T'inspire un doux émoi;
Aime-moi, jeune fille,
Jeune fille, aime-moi,

Tu dis que je suis vieux?
Mais l'arbre centenaire
Balance vers les cieux
Mainte fleur printanière,
Maint fruit délicieux.

Ah! mon corps et mon âme
Peuvent, si tu m'en croi,
Reverdir à ta flamme!
Jeune fille, aime-moi.

Tu dis que je suis vieux!
Que ta bouche m'effleure,
Et mon luth glorieux
Éclatera sur l'heure
En sons mélodieux.
Ma chanson meurt, plaintive,
Sans un baiser de toi.
Veux-tu qu'elle revive?
Jeune fille, aime-moi.

LES CHANSONS ET LES FUSILS D'ANTOINE CLESSE.

Air : À la façon de Barbari.

A Mons il est un armurier
  Bon, jovial, honnête;
Si le sort le fit ouvrier,
  Le ciel l'a fait poëte.
Il forge de bonnes chansons,
La faridondaine, la faridondon,
Et forge aussi de bons fusils,
    Biribi,
A la façon de Barbari
    Mon ami.

Loin de ne suivre sans retour
  Qu'une verve insensée,
Il consacre au travail le jour,
  La nuit à la pensée;
Pour la gloire il fait des chansons,
La faridondaine, la faridondon,
Et pour vivre il fait des fusils,
    Biribi, etc.

Du progrès fixant le flambeau
  Qui brille devant l'Arche,
Avec la lyre et le marteau
  Vers l'avenir il marche.

Fils du progrès par ses chansons,
La faridondaine, la faridondon,
Il l'est autant par ses fusils,
    Biribi, etc.

Pour celui qui voudrait encor
  Envahir la Belgique
Il serait, en donnant l'essor
  A son âme énergique,
Plus dangereux par ses chansons,
La faridondaine, la faridondon,
Que dangereux par ses fusils,
    Biribi, etc.

Le meilleur ouvrier, dit-on,
  Parfois gâte l'ouvrage :
A Clesse appliquer ce dicton,
  Ce serait un outrage.
Jamais ne ratent ses chansons,
La faridondaine, la faridondon,
Jamais ne ratent ses fusils,
    Biribi,
A la façon de Barbari
    Mon ami.

NOTRE AMOUR A LA FRANCE.

Air du chœur : Sans tambour ni trompette.

Ils sont venus furtivement,
   Dans l'horreur des ténèbres,
Nous entraîner brutalement
   Avec des cris funèbres.
Soldats, pourquoi nous arracher
   Au sol notre espérance?
Qu'avez-vous à nous reprocher?
   Notre amour à la France !

Voulons-nous que la liberté
   Sur le monde scintille,
C'est attaquer propriété,
   Religion, famille.
Nous sommes forts, entendez-vous,
   De notre conscience,
Et nous conservons, croyez-nous,
   Notre amour à la France.

Nous demandons que le travail
   Ait un juste salaire ;
Qu'un peuple, autrefois vil bétail,
   Sur l'avenir s'éclaire.
Nous voulons qu'un progrès prudent
   Éteigne la souffrance...
Pouvons-nous vouer plus ardent
   Notre amour à la France?

Que font à nos cœurs aguerris
   La douleur et l'orage?
Diffamateurs, par le mépris
   Nous repoussons l'outrage...
Quand il nous faudra dire adieu
   A la triste existence,
Nous léguerons notre âme à Dieu,
   Notre amour à la France.

MES TROIS AMOURS.

CHANSON.

J'ai Trois Amours, trois à la fois :
Les choses saintes vont par trois.

Mes trois amantes, mes épouses,
Par nature quoique jalouses,
Entre elles sont toujours en paix ;
De la *première* les attraits
Sont célébrés par la *deuxième*,
Toutes deux chantent la *troisième*.
J'ai Trois Amours, trois à la fois :
Les choses saintes vont par trois.

Chacune est pour moi sans rivale;
Je les aime d'ardeur égale,
Et toutes trois fidèlement;

Je veux mourir en les aimant.
A la trinité qui m'enflamme,
Nul n'oserait jeter le blâme !
J'ai Trois Amours, trois à la fois :
Les choses saintes vont par trois.

L'une est femme belle et choisie,
L'autre est sa sœur la poésie,
Et ma troisième déité
Quel est son nom?... L'humanité.
A toutes trois, l'on peut m'en croire,
Je dois plaisir, honneur et gloire,
J'ai Trois Amours, trois à la fois :
Les choses saintes vont par trois.

L'ANGE DE LA CHARITÉ.

Quel est cet Ange aux blanches ailes
Qui vient des sphères éternelles,
Brillant de grâce et de beauté?
Il a pour tous une caresse,
Pour tous un gage de tendresse :
C'est l'Ange de la Charité.

Il va par les monts, par les plaines,
Vers le pauvre abreuvé de fiel,
Répandre l'or de ses mains pleines,
Verser des paroles de miel.
Sa grande âme, essence divine,
Veille sur nous d'un œil constant :
Soucis profonds, il vous devine,
Soupirs muets, il vous entend.

Quel est cet Ange aux blanches ailes
Qui vient des sphères éternelles,
Brillant de grâce et de beauté?
Il a pour tous une caresse,
Pour tous un gage de tendresse :
C'est l'Ange de la Charité.

Enfant transi, femme qui pleures,
Vieillard aux longs gémissements,
Il porte en vos froides demeures
Le pain, le feu, les vêtements.
A ceux qui tombent dans la voie
Il veut, en leur tendant la main,
Donner l'espérance et la joie,
Au lieu du reproche inhumain.

Quel est cet Ange aux blanches ailes
Qui vient des sphères éternelles,
Brillant de grâce et de beauté?
Il a pour tous une caresse,
Pour tous un gage de tendresse;
C'est l'Ange de la Charité.

A chacun, d'une âme empressée,
Il saura, cet enfant du ciel,
Rompre le pain de la pensée,
Après le pain matériel.
Par les actes et la parole,
De toute peine il est vainqueur;
Il soigne à la fois et console
Le corps, l'esprit, l'âme et le cœur.

L'AVENIR.

Du réel j'ai franchi l'abîme;
Que l'idéal règne à son tour.
J'invoque, en mon rêve sublime,
La foi, l'espérance et l'amour.
De toute amertume passée
Perdant même le souvenir,
Sur les ailes de la pensée
Elançons-nous vers l'Avenir.

Non, ce n'est pas une utopie,
L'arbre de la paix refleurit.
Elle a cessé, la lutte impie
Entre la matière et l'esprit.
Je vois, toute haine effacée,
Un pacte sacré les unir.
Sur les ailes de la pensée
Elançons-nous vers l'Avenir.

Plus de vils frelons sur la terre,
Tant le travail offre d'attrait.
Du bourgeois et du prolétaire
La rivalité disparaît.
Pour le beau seul l'âme empressée
Ne sait plus qu'aimer et bénir.
Sur les ailes de la pensée
Elançons-nous vers l'Avenir.

Des garçons et des jeunes filles
Les harmonieux bataillons,
Pour toute arme ayant leurs faucilles,
Couvrent de gerbes les sillons;
D'ici-bas la faim est chassée,
On n'a plus de crime à punir.
Sur les ailes de la pensée
Elançons-nous vers l'Avenir.

Chargé de fraternels messages,
Plus vif que les coursiers sans frein,
Voyez flotter dans les nuages
Ce beau navire aérien.
Épis orgueilleux, mer courroucée,
Vous ne pouvez le retenir.
Sur les ailes de la pensée
Elançons-nous vers l'Avenir.

Vers les horizons prophétiques,
Où l'amour seul dicte sa loi,
O mes visions poétiques,
Toujours, toujours emportez-moi.
Par votre souffle caressée,
Mon âme se sent rajeunir.
Sur les ailes de la pensée
Elançons-nous vers l'Avenir.

FIN.

TABLE DES MATIÈRES.

FABLES.

LIVRE PREMIER.

	Pages.		Pages.
Lettre de Béranger	5	La Cloche et le Bourdon	18
Le Poëte	7	Le Serpent et l'Oasis	id.
La Goutte d'eau	11	Les deux Moineaux	19
L'Hirondelle et le Chien	12	Le Baquet d'eau	id.
La Vigne et l'Ormeau	id.	Les Dindons	20
La Poule et les Cailloux	13	La Forêt et la Lumière	id.
La Locomotive et le Cheval	id.	Homère	21
La Folle	14	Les Champignons	id.
L'Ane et son Maître	15	Les deux Ormeaux	22
Le Roi et le Peuple	id.	Le Maquignon, l'Ane et le Bœuf	id.
Le Voyageur	16	Le Dogue	23
Le Figuier stérile	17		
Les Enfants et le Papillon	id.		

LIVRE DEUXIÈME.

L'Avare et la Source	27	Le Bœuf gras et son Compagnon	32
La Fleur et le Nuage	28	La Rose mouillée	33
Adam chassé du Paradis	id.	Le Cygne et les Œufs de Tourterelle	id.
L'Enfant et le Chien	29	Le Hibou professeur	34
Les Alouettes, le Mannequin et le Miroir	id.	Le Chêne et l'Arbuste	35
Le Sac de Marrons	30	Le Fantôme	id.
L'Or et les Perles	id.	La Flamme et la Fumée	36
Le Prince et le Rossignol	31	L'Enfant au Spectacle	id.
Les Oiseaux et les Serpents	id.	Médor	37
L'Homme et les Chats	32		

LIVRE TROISIÈME.

L'Ombre de Salomon	41	La Réputation, la Gloire et le Génie	46
La Vertu et la Conscience	id.	Le Gland et le Champignon	47
Le Laboureur	42	M. Jobard et le Nuage	id.
Le Livre et l'Épée	id.	Le Singe et l'Éléphant	48
L'Assaut d'armes et le Paysan	43	Le petit Gourmand	id.
Le Roi et les Mines d'or	id.	Le Papillon, la Rose et le Pavot	49
Les Grenouilles et les Nuages	44	Les deux Sœurs et le Coucou	id.
Le Cèdre du Liban	id.	La Cigale, la Fourmi et la Colombe	id.
L'Homme et le Moineau	45	La Robe de l'innocence	50
Les deux Rivages	id.	Le Miroir double	id.
L'Homme et le Cadran solaire	46		
La Pomme d'api et le Ver	id.		

LIVRE QUATRIÈME.

	Pages.		Pages.
L'Enfant et le Géant	53	Le Léopard et le Renard	59
La Verge de Moïse	54	La Rose naturelle et les Roses artificielles	id.
Le Sauvage	id.	Un Riche d'à-présent	60
Le Torrent et le Nil	id.	Le Lion et le Renard	id.
L'Enseigne de cabaret	55	L'Oie que l'on engraisse	id.
L'Once et les Poids	id.	Le Laurier, la Lyre et le Lierre	61
L'Avare et les deux Pauvres	56	La Rose et le Papillon	62
L'Hiver et le Printemps	id.	Les Hommes et la Tour	id.
La Chouette voleuse	57	Le Cerfeuil et la Ciguë	id.
La Vieille Chatte et les jeunes Chats	id.	Le Meunier, le Fermier et l'Ane	63
Le Réverbère	58		
Le Fermier et la Vache	id.		
Hercule et le Satyre	id.		

LIVRE CINQUIÈME.

L'Avare et l'Hydropique	67	Les deux Canards	72
La Fauvette et le Pinson	id.	L'Enfant et les Fleurs	73
Le Moucheron et la Mouche	68	Le Corbeau et le Renard	id.
Le Flot	id.	L'Abeille et le Papillon	74
Les deux Ceps de vigne	id.	Le Coq et le Vautour	id.
L'Enfant et le Sucre	69	Lucy et sa Poupée	id.
Le Chien et le Lion	id.	La Chenille	75
Les Grenouilles qui changent de gouvernement	id.	Fanfan et le Bâton	id.
		Le Papillon et le Ver à soie	id.
Le Hanneton	70	La Source	76
Le Derviche et le Roi	id.	Le Pot de terre et le Vase d'or	id.
L'Araignée	71		
La Dame et le Miroir	id.		

LIVRE SIXIÈME.

La Conque et l'Enfant	79	Le Fleuve et le Ruisseau	82
L'Œuf et la Poule	id.	L'Ambre et l'Amour	id.
La Fusée et la Lampe	80	Ésope et Protée	id.
La Tourterelle choisissant un époux	id.	L'Attelage	83
		L'Aiglon	id.
Sic vos non vobis	id.	Le Rossignol, l'Étoile et la Fleur	id.
Le Laboureur accusé de magie	81	La Mort et l'Amour	84
Le Papillon et la Lampe	id.	L'Avare aux enfers	id.
Le Phénix mourant	id.	L'Escargot et la Chenille	85

Paris. — Typographie de Gaittet et Cie, rue Git-le-Cœur, 7.

TABLE DES MATIÈRES.

	Pages.		Pages.		Pages.		Pages.
L'Enfant et la Bougie	85	La Goutte d'eau et le Lis...	86	Le Bonheur	134	La Loire et l'Océan	136
Le Chat et la Tourterelle...	id.	Le Cormoran et les Rayons de		L'Ane et le Chien	id.	Le Nid abandonné	id.
La Fumée de l'encens et la Fumée de la forge	86	la lune	87	L'Aigle enchaîné	id.	L'éclair et l'Arc-en-ciel	id.
		L'Enfant et la Rose	id.	La Neige	135	Les Œufs et les Poulets...	137

LIVRE SEPTIÈME.

L'Ecolier et les Verges	91	Le Perroquet imitateur	95	L'Enfant et les Bottes de son père	141	Socrate, Héraclite et Démocrite	146
Le Fleuve et l'Océan	id.	Les Enfants et la Torrent	id.	La Cruche et le Courtisan	142	La Fermière, la Vache et le Cochon	id.
Le Coursier et l'Abricotier	92	Le Déjeuner à l'école	id.	Une Assemblée	id.	La Cloche et le Paratonnerre.	147
L'Hermine et le Rat	id.	Samedi et Dimanche	96	La Rose et l'Homme sans yeux et sans odorat	id.	Le Hibou, la Colombe et le Moineau	148
Le Rat dans la bibliothèque.	id.	La Marchande de gâteaux	97	La double Ivresse	143	Les Glands et les Pots	id.
La Truffe et la Pomme de terre	93	Les Quatre ailes du papillon	id.	Le Mat de Cocagne	id.	Le Nez et les Lunettes	149
L'Alouette et le Pourceau	id.	La Brebis et le Buisson	98	Le Chant du Cygne	144	Le Singe et les Animaux	id.
La Mère, l'Enfant et le Vieillard	94	Le Hibou et les Alouettes	id.	La Buche et le Charbon	id.	Le Torrent	150
Le Lion devenu vieux et l'Ane	id.	Le Coucou et le Moineau	id.	L'Armure et le Livre	id.	La Mascarade	id.
L'Ecueil et le Phare	id.	Le Dahlia et la Violette	99	Le Savoir et le Savoir-faire	145	Le Fou	151
		Le Bonheur et la Pauvreté	id.	Fascination	id.	Esope et le Laboureur	id.
		La Vérité et la Flatterie	100				

LIVRE HUITIÈME.

La Grenouille et l'Ecarlate	103	Le Voyageur et le Poteau	108			LIVRE DOUZIÈME.	
Le jeune Perroquet	104	Les Bœufs et la Bergeronnette, la Fée et sa Filleule	id.	La Statue de l'Amitié	155	Le Rhône et le lac de Genève	164
Le Châtaignier et le Voyageur	id.	Les Vents	109	La Fleur de Santé	id.	Le Malade	id.
La Pomme et l'Ecolier	id.	Le Poëte et l'Abeille	id.	Les deux Abeilles	156	Le Fermier et les Anes	165
La Brebis et la jeune Fille.	105	La Poule et ses Œufs	110	A Pied et en Voiture	id.	La Tache enlevée	id.
Le Loup et la Cigogne	id.	La Brebis et les Grenouilles.	id.	Le Pélican et ses Petits	157	Les Etrennes	166
L'Ane qui joue de la flute.	106	L'Habit de mon grand-père	id.	Les Fleurs et les Epines	158	Les deux Chevaux	id.
Le Nid renversé	id.	Le Casque et le Miel	111	Les Oiseaux de nuit et la Lumière	id.	Les Chiens et le Loup	167
Ne riez pas	107	Le Lierre et les deux Ormeaux	id.	Le Vin blanc et le Vin rouge.	159	Le Coquillage	id.
Les Deux croix d'honneur	id.			Les Sauvages et le Violon	160	L'Esprit et la Richesse	id.
Le Fouet et la Canne à sucre.	id.			Le Rameau d'olivier	id.	La Vérité et le Temps	id.
				Le Chou et sa Graine	161	L'Ivrogne et le Passant	168
	LIVRE NEUVIÈME.			Le Cygne et l'Oison	id.	Les Oiseaux, le Merle et le Rossignol	id.
La Tourterelle qui pleure	115	L'Eglise délabrée	121	Le Savetier et son Voisin	id.	Le Prêtre et le Marchand d'images	id.
L'Epervier et les Colombes	id.	Les deux Hommes qui nagent	id.	Le Marchand de Chien	162	Les Romains	169
Les deux Coqs	116	Le Papillon et le Chou	122	Riche et Pauvre	id.	Le Savant	id.
Les Moutons voyant venir le boucher	id.	La Charité	id.	Le Laboureur et les Ronces	id.		
Le Cor	117	La Trompette et le Glaive	123	L'Orchestre	163		
Le Somnambule	id.	L'Amour piqué par une abeille	id.	Le Bouquet d'Eglantines	id.	LIVRE TREIZIÈME.	
Le Pigeon et la Grenouille	118	Le Papillon bleu	124	Le Rouge-gorge	173	Le Crapaud	178
Le Rat et les Moissonneurs	id.	L'Esprit et le Cœur	id.	Le Couteau du grand-père	id.	Source et Courant	179
Le Marteau	119	Les Moutons et l'herbe au suc d'or	id.	La Rose la plus belle	174	L'Araignée et l'Homme	id.
Le Cheval de Don Quichotte et l'Ane de Sancho Pança	id.	La jeune Fille, le Chat et le Chardonneret	125	Le Berger et la Violette	175	Le Chat, la Souris et l'Oiseau	id.
Les Taches au soleil	120			Les Couronnes flétries	id.	Le Dompteur d'animaux	180
Les Oiseaux de Vénus	id.			Le Surène	176	Le Voleur et la Porte rouillée	id.
Les Sots au Parnasse	121			L'Abeille et l'Araignée	id.	Une Larme	id.
				Polichinelle et son bâton	id.	La Coquette	181
	LIVRE DIXIÈME.			L'Amour et le Chagrin	177	Le Lait de la brebis	id.
Le Troubadour à la croisade	129	L'Homme et le Rossignol	131	L'Enfant merveilleux	178		
Le Vent et le Sable	130	Les deux Chiens	132	La Fleur et le Fruit	id.	LIVRE QUATORZIÈME.	
Le Serpent et l'Anguille	id.	L'Ane	id.	Le Fou et le Blé	185	Le Crapaud et l'Ephémère	186
Le Papillon et la Guêpe	id.	Le Castor et le Chasseur	133	Les deux Chats et la Souris	id.	Le Roseau du lac et le Roseau du torrent	187
Le Prêtre et la Grenouille	131	Oui et Non	id.	Le Sac de farine	186		
Esope et Rhodope	id.	Le Télescope et le Microscope	id.				

TABLE DES MATIÈRES.

	Pages.		Pages.		Pages.		Pages.
L'Enfant et la Pendule	187	Le Cygne et la Colombe	190	Le Poulet, le Renard et le Chien	193	L'Artichaut	196
La Souris et le Lard	id.	Fleurs et Fruits	id.			Le Criminel et la Conscience	id.
La Foudre et le Laurier	188	Le Moineau qui porte crête	191	Le Paysan, le Chêne et le Coin	194	L'Enfant et la Fleur	id.
Le Lait et la Ciguë	id.	L'Image du Christ	id.			Le Serpent et le Lait	197
L'Éléphant et le Pain à cacheter	189	Le Paysan et l'Idole	id.	Le Coq et le Hibou	id.	Le Pissenlit	id.
La Fable et le Vaudeville	id.	Les Branches et les Racines	192	Le Sucre et le Café, le Miel et l'Absinthe	195	L'Eau de Seltz et le Champagne	id.
La Flèche	id.	Le Brochet	193	Les deux Tonneaux	id.	Le Laminoir	198
Le Scarabée et la Fourmi	190	Le Miel et l'Abeille	id.	Le Cuivre et l'Or	id.	Fleurs de Ronce	id.

POÉSIES DIVERSES.

La Vapeur	201	Jalousie	215	A mademoiselle Marie Duriez	221	Le Lever du Petit Enfant	234
Le Médecin	203	Le Papillon du soir	216	A Céline Montaland	222	Plus je vous vois, Plus je vous aime	id.
Léontine	205	A Édouard Neveu	id.	Pensées	id.		
Bradamante	206	A Théodore Carlier	id.	La Pauvreté, c'est l'Esclavage	id.	Fermez les Yeux	235
Le Chemin de l'Exil	207	Consolation	217			Les Grenouilles et les Crapauds	id.
La Châtelaine et les deux Orphelins	208	Les Femmes	id.	Les Enfants du Pêcheur	223		
		Rêverie	id.	La Fée	224	La Fumée	236
Une Consultation	209	Pourquoi ?	id.	La Nuit de Noël	225	Le Laboureur	237
Alain Chartier et Marguerite	210	A mademoiselle Euphémie Vauthier	218	Iselle	226	Pour l'Amour de Dieu	id.
L'Ondine	id.	A mademoiselle Coraly Vernet	id.	Les Baisers de l'Enfance	227	Le Chevalier du Diable	238
Heur et Malheur	id.			Oiseau Bleu, couleur du Temps	id.	La Rose du Castel	239
Le Melon	211	A Béranger	id.	J'ai Peur pour toi	228	Une Nuit d'été	240
A une Religieuse novice	id.	A madame Desprès	219	Couvrons de fleurs le Chemin du Devoir	id.	Le Fusil de chasse	id.
Bon Vin et Fillette	id.	Les Goëlands	id.			Le Jeune Ménestrel	241
Pensée	id.	Aux dames de Brest	id.	Mes Rêves	229	Vole, Papillon, vole	242
Pensée	212	A madame la supérieure de l'Hospice maritime de Brest	220	J'ai Trente ans	id.	Je reviendrai	id.
Homœopathie	id.			Reprends ta Lyre et tes Pinceaux	230	Rosine	id.
A la Marguerite renversée par la Charrue	id.					L'Alouette et le Rossignol	243
		Conseil	id.	Ne criez plus : A bas les Communistes !	id.	Anacréon et la Jeune Fille	244
Vanité des Tombeaux	213	Boutade	id.			Les Chansons et les Fusils d'Antoine Clesse	id.
La Retraite	id.	Sur un Tableau représentant la Justice	id.	Ah! qu'il est doux de revoir son pays !	231	Notre Amour à la France	245
Le Feu du Ciel	214			L'Usurier	232	Mes Trois Amours	id.
Hier et Demain	215	A Adrien Hock	221			L'Ange de la Charité	246
Les Fleurs sur la Colline	id.	Fleurs d'Allemagne	id.	Mes Souvenirs	233	L'Avenir	247

FIN DE LA TABLE.

PARIS. — IMPRIMERIE DE SIMON RAÇON ET Cⁱᵉ, RUE D'ERFURTH, 1.

www.ingramcontent.com/pod-product-compliance
Lightning Source LLC
Chambersburg PA
CBHW070619170426
43200CB00010B/1853